Inhalt

Einführung

> Ist Kritik lehrbar? – So wenig wie das Schreiben von Romanen, Erzählungen oder Gedichten – also: etwas doch, in Grenzen, mit wohlüberlegten Voraussetzungen und Zielen. Schaden wird ein kontrollierbares Schreibtraining nicht, also ein learning by doing mit begleitender Supervision, schaden auch nicht die Lektüre fremder Kritiken oder Einblicke in die lange Geschichte der literarischen Kritik. Das alles wird freilich auch nichts Entscheidendes nützen. Das kritische Temperament lässt sich nicht herstellen, die kritische Neugierde auch nicht, und den öffentlichen Auftritt kann ein Schreibseminar nicht simulieren. Man lernt das Entscheidende auch hier erst im Ernstfall, durch Vergleiche mit anderen und am besten durch eigene Fehler. Wer über Jahrzehnte und quer durch verschiedene Genres geschrieben hat und immer noch versucht, sich selbst und das Publikum nicht zu ermüden mit Routine, wird immer weiter Fehler machen, also unzufrieden sein. Aber gerade das kann erfrischen. Denn, wie der alte Goethe sagt: Der Mensch muss immer wieder ruiniert werden. Und das gilt sogar für Kritiker. (Positionen der Literaturkritik, 164)

Was der Literaturkritiker, Literaturwissenschaftler und Autor Reinhart Baumgart hier so pessimistisch formuliert, wird im vorliegenden Trainingsbuch mit Nachdruck optimistisch verstanden. *Ja:* Das Schreiben von Kritiken ist lernbar. In Grenzen, mit wohlüberlegten Voraussetzungen und Zielen. *Richtig:* Ein kontrollierbares Schreibtraining und eine begleitende Supervision schadet ebenso wenig wie die Lektüre fremder Kritiken und Einblicke in die Geschichte der Kritik. *Auch richtig:* Man lernt das Entscheidende erst im Ernstfall, durch Vergleiche mit anderen und am besten durch eigene Fehler. *Und vielleicht am wichtigsten:* Man lernt es nur dann, wenn man das Schreiben von Kritiken nicht nebenbei betreibt und die kritische Neugier nicht auf den Museumsbesuch oder ein Einführungsseminar beschränkt. Es ist eine Sache, die etwas mit Jahren und Jahrzehnten zu tun hat, mit dem ganzen Leben vielleicht, vielleicht ist es sogar eine Frage der Lebenseinstellung. Ganz sicher ist es eine bestimmte Art und Weise, wie man sich grundsätzlich in seiner Gegenwart bewegt.

Diese Grundsätzlichkeit, mit der die Entwicklung des kritischen Temperaments und der kritischen Neugier aufs ganze Leben ausgeweitet wird, soll aber nicht entmutigen. Im Gegenteil. Sie soll Anlass sein, überhaupt erstmal mit ein paar kleinen Übungen zu beginnen. Wenn man es nur richtig anlegt, können sich diese Übungen ja nach und nach so weit öffnen, dass man sie nicht als etwas Abgehaktes und ein für allemal Erledigtes versteht, sondern als Projekt, das sich fortlaufend darum bemüht, die Kultur der Gegenwart (und damit immer auch sich selbst) zu verstehen.

Dieses Trainingsbuch lebt von dem Optimismus, dass man sich diesem großen Projekt der fortlaufenden Gegenwartsbeobachtung über ein paar Übungen zur Kritik so weit nähern kann, dass es sich problemlos selbstständig weiterführen lässt. Es unterscheidet sich damit von Einführungen, die das Verständnis von Kritik auf das Verständnis von ein paar Strukturierungsregeln reduzieren. Es unterscheidet sich auch von Einführungen, die Kritik auf eine mehr oder weniger geistreiche Dienstleistung des Feuilletons für die Künste beschränken. Nicht zuletzt unterscheidet sich dieses Buch von Einführungen, die mittlerweile in fast allen geistes- und kulturwissenschaftlichen Studiengängen organisiert werden und die – abgetrennt vom sonstigen Seminarbetrieb – auf eine Berufspraxis jenseits der Universität vorbereiten wollen.

In diesem Buch sollen *auch* Regeln vermittelt und trainiert werden. Im Mittelpunkt steht dabei *auch* das Feuilleton. Und alle Übungen sind *auch* darauf ausgerichtet, dass man mit ihnen das richtige und wichtige Handwerkszeug für eine kulturjournalistische Berufspraxis lernt. Aber bei all dem soll Kritik als etwas verstanden sein, das die Regeln variiert, das Feuilleton überschreitet und nicht nur etwas mit der Berufspraxis, sondern auch mit dem Anschluss des eigenen Lebens an die Kultur der Gegenwart zu tun hat.

Wenn im Folgenden viel von Literatur die Rede ist und sich viele Übungen auf den Umgang mit Büchern beziehen, bedeutet das also nicht, dass es sich hier nur um eine Einführung in die Literaturkritik handelt. Alle Überlegungen und Übungen haben exemplarischen Charakter. Wer ihr Prinzip versteht, kann es auf alle nur denkbaren Gegenstände ausweiten, die sich als kulturelle Artefakte verstehen lassen. Und mehr noch: Wer ihr Prinzip versteht, kann Kritik als eine *Kulturwissenschaft der Gegenwart betreiben, die keine thematischen Beschränkungen kennt, sondern in allem, was man erfahren kann, kulturelle Zusammenhänge aufschlüsseln will.*

Kein Wunder also, dass wir davon ausgehen, dass sich die Entwicklung eines solchen Zugriffs nicht in einem Wochenendseminar oder in einem Semester erledigen lässt. Aber es ist eben auch kein Wunder, dass wir glauben, dass man durchaus mit einem Wochenendseminar, einem Sommersemester oder mit der aktiven

Lektüre dieses Buches beginnen kann, um sich die Verfahrensweisen dieser Art von Kulturbeobachtung anzueignen.

Die folgenden Übungen sind so aufgebaut, dass sie sich durchweg aus dem Zusammenhang herauslösen lassen, um sie allein oder gemeinsam im Seminar zu bearbeiten. Insgesamt sind sie aber so im Buch aufgereiht, dass man sie nacheinander (der steigenden Komplexität folgend) absolvieren kann, um das Schreiben von Kritiken Schritt für Schritt zu lernen.

- In den ersten beiden Abschnitten geht es um Fragen der *Adaption: Wie schließt man sich so an die Kultur der Gegenwart an, dass man sie beobachten kann?*
- Im dritten Abschnitt geht es um Fragen der *Deskription: Wie kann man die Kultur der Gegenwart anhand einzelner Bilder, Szenen, Gegenstände und Themen so beschreiben, dass man konkretes Material gewinnt, an dem sich kulturelle Zusammenhänge aufschlüsseln lassen?*
- Im vierten und fünften Abschnitt geht es um Fragen der *Analyse und Wertung: Wie kann man das durch Beobachtung und Beschreibung vorgeformte Material als etwas bestimmen, was seine Bedeutung aus kulturellen Zusammenhängen gewinnt und sie zugleich mit bestimmt?*
- Im sechsten und siebten Abschnitt geht es um Fragen der *Narration: Wie lässt sich dieser Vorgang des Beobachtens, Beschreibens, Analysierens und Wertens so erzählen, dass er als definitive und zugleich vorläufige Interpretation der Kultur der Gegenwart lesbar wird?*

Das alles mag jetzt noch abstrakt klingen. Wer sich aber den Übungen zuwendet, wird sehen, dass es an jeder Stelle um etwas ganz Konkretes geht. Die Übungen wechseln sich ab mit Passagen, in denen erklärt wird, welche Bedeutung die Adaption, die Deskription, die Analyse, die Wertung und die Erzählung für die Kritik haben. Wer sich damit bereits auskennt, kann sich auch nur an die Übungen halten. Und wer nichts üben will, kann das Trainingsbuch entlang der erklärenden Passagen als eine allgemeine Einführung in die Kritik lesen. Wer alles zusammen liest, kann es gleichermaßen als Erklärungs-, Übungs-, Ideen- und Reflexionsbuch nutzen, das zwar immer wieder zum Schreiben auffordert, aber auch auf das Gedankenspiel setzt. Manche Übungen sind mit voller Absicht so komplex entworfen und so ausführlich beschrieben, dass schon ihre Lektüre ausreicht, um zu verstehen, mit welchen Verfahrensweisen die Kritik jeweils angereichert wird.

Allerdings entfaltet dieses Buch seine Wirkung erst dann, wenn es tatsächlich vom Leser mit- und weitergeschrieben wird. Es ist aus der Praxis und aus einer Reihe kulturjournalistischer Einführungsseminare an einem literaturwissenschaftlichen Institut entstanden, in dem der produktive Umgang mit Literatur als Teil der wissenschaftlichen Arbeit verstanden wird (und umgekehrt die wissenschaftliche Arbeit als notwendige Basis für den produktiven Umgang mit Literatur).

Sollte es jene Leser, die nur an der Theorie interessiert sind, ebenso wenig zufrieden stellen, wie jene, die „einfach nur schreiben" wollen, dann ist das hier bereitwillig in Kauf genommen. Denn es wendet sich vor allem an jene, die von beidem nicht lassen können und die Wissenschaft und das Schreiben auf experimentelle Weise miteinander verbinden wollen.

Auf Fußnoten wurde verzichtet, ganz am Ende aber ist eine ausführlich kommentierte Bibliografie zu finden, in der die zitierten Texte aufgeführt sind. Darüber hinaus werden dort Texte empfohlen, die sich intensiver mit einzelnen Themen dieses Trainingsbuches, mit dem Kulturjournalismus oder der Schreibpraxis beschäftigen.

Eine nicht unwichtige Entscheidung, die getroffen werden musste, war die, ob man den Kritiker immer auch als Kritiker*in* und den Leser immer auch als Leser*in* nennt. Wenn hier darauf verzichtet wurde, dann nicht nur, weil es das Lesen erleichtert. Auch hält es der Autor (in diesem Fall) für uncharmant, so zu tun, als müsste fortwährend ganz besonders erwähnt werden, wer doch mit voller Selbstverständlichkeit immer mitgemeint ist.

Mein Dank gilt Martin Kordić, der große Teile des Manuskriptes gelesen und mit kritischen (!) Anmerkungen versehen hat. Mein Dank gilt auch dem Lektor Rüdiger Steiner, der dieses Buchprojekt nicht nur betreut, sondern auch unermüdlich vorangetrieben hat. Und dann gibt es noch die beiden, für die ein Dank bei weitem nicht ausreicht und denen dieses Buch deshalb von Herzen gewidmet ist.

1 Was man *nicht* darf

1.1 Ein fesselndes Buch

Auf den Seiten einer bekannten Onlinebuchhandlung hat sich eine Leserin mit dem Namen *liebelleee* verewigt. Sie wohnt, wie sie schreibt, in Wedemark, und sie liest nicht nur gern, sondern lässt auch andere gern an ihren Leseeindrücken teilhaben. Deshalb hat sie sich nach der Lektüre des Kriminalromans des schwedischen Schriftstellers Henning Mankell durch das Netz auf die Seiten der Onlinebuchhandlung geklickt und dort unter der Rubrik *Kundenrezensionen* die folgenden Zeilen geschrieben:

> Mittsommermord ist ein sehr fesselndes Buch, wenn man beginnt es zu lesen bekommt man einen sehr guten Einblick in die Gefühle von Kurt Wallander der die Ermittlungen leitet. Ich denke, man kann seinen Alltag auch mit dem der normalen Ermittler in echten Fällen vergleichen. Grade diese Einblicke, diese Gedanken die sich Wallander macht machen das Buch meiner Meinung nach besonders spannend. Ich gebe 5 Sterne, obwohl Mankells Mittsommermord eigentlich mehr verdient hätte!! Lesen!

Eine Literaturkritik! Man könnte daran herummäkeln und sagen: Sie ist nicht wirklich gut, und im Hinblick auf Grammatik, Zeichensetzung und Stil müsste noch einiges getan werden. Aber trotzdem lässt sich erkennen, dass es eine Literaturkritik ist. Woran?

Es wird der Gegenstand der Kritik genannt *(„Mitsommermord ist ein […] Buch")*; es gibt Spuren von Hinweisen auf den Inhalt (*„Kurt Wallander der die Ermittlungen leitet", „Alltag", „Gedanken die sich Wallander macht"*); es wird eine Leseerfahrung mitgeteilt *(„ein sehr fesselndes Buch", „bekommt man einen sehr guten Einblick")*; es wird die Leseerfahrung mit der Machart des Textes in Zusammenhang gebracht *(„Grade diese Einblicke, diese Gedanken die sich Wallander macht machen das Buch […] besonders spannend")*; es wird differenziert gewertet (*„5 Sterne, obwohl Mankells Mitsommermord eigentlich mehr verdient hätte!!"*), und es wird sogar eine deutliche Empfehlung ausgesprochen: *„Lesen!"*

Interessanterweise ist die Kritikerin an jeder Stelle des Textes anwesend. Zwar spricht sie von einer Leseerfahrung, die „man" machen kann, aber es wird trotzdem deutlich, dass hier niemand anders als *liebelleee* berichtet, bewertet und empfiehlt. *„Ich denke"* heißt es da zum Beispiel. Es heißt auch: *„meiner Meinung nach"*. Und: *„Ich gebe 5 Sterne." Liebelleee* lässt keinen Zweifel: Was sie hier beschreibt, das ist ihre eigene Lektüre, und es ist ihre eigene Wertung – allerdings deutet das „man" darauf hin, dass sie durchaus davon überzeugt ist, dass sich ihre *„Meinung"* verallgemeinern lässt. Wenn sie am Ende eine Empfehlung ausspricht, dann tut sie das wahrscheinlich im besten Glauben, dass andere von ihrer Leseerfahrung profitieren können.

Viele werden sagen: Das Gegenteil ist der Fall. Profitieren kann man von diesem Textstück nicht. Eher stellt sich bei der Lektüre solcher Kritiken wie der von *liebelleee* ein Fluchtreflex ein. Vor allem, wenn man lernen will, wie richtige, gute, treffende Kritiken geschrieben werden. Statt die Textchen auf den Seiten der Onlinebuchhandlungen zu lesen, sollte man sich vielleicht lieber die von Marcel Reich-Ranicki ausschneiden und sich über den Schreibtisch und vielleicht sogar über das Bett hängen. Oder die von Siegfried Kracauer, von Alfred Kerr, von Kurt Tucholsky… Aber bloß nicht die von *liebelleee*.

1.2 Das Schlechte ist das Gute

Das ist nur zur Hälfte richtig. Denn wer lernen will, wie man Kritiken schreibt, wie man überhaupt „kritisiert" oder wie man sich kritisch mit Dingen, mit Texten, mit Ereignissen, mit größeren kulturellen Zusammenhängen auseinander setzt, darf sich nicht um das Misslungene herumdrücken. Die Spitzenprodukte bieten zwar Orientierungspunkte. Aber sie geben kaum Einsicht in die Fehler, die man allenthalben machen kann. Und man macht welche. Jede Menge sogar. Das Problem ist: Man erkennt sie oft nicht.

Das Schöne am Misslungenen aber ist: Man erkennt, dass es misslungen ist. Man sieht, dass etwas nicht stimmt, und man kann vielleicht sagen, was es ist, wenn man nur genau hinschaut. Besonders hilfreich ist dabei erst einmal, wenn es nicht der eigene Text ist. Denn dem eigenen steht man viel zu nahe und glaubt oft genug, es sei „alles gesagt". Ein fremder Leser aber erkennt mit seinem fremden Blick: „Da stimmt nichts. Da ist zwar viel gesagt. Aber bestimmt nicht alles. Und schon gar nicht alles richtig."

Also nimmt der Leser den Stift zur Hand und streicht an, was hier nicht stimmt, wie es dort nicht richtig formuliert ist, was in diesem Abschnitt fehlt und was in jenem Abschnitt völlig vergessen wurde usw. Und wenn man eine Idee hat, wie es besser gehen könnte, dann schreibt man es gleich daneben.

Mit anderen Worten: *Schlechte* Kritiken sind für den angehenden Kritiker *gute* Kritiken, weil er sie kritisieren kann. Steht er den großen Texten der großen Kritiker gegenüber, kann er erstmal nur die Hände in den Schoß legen und brav nicken. Im Falle der schwachen Texte aber kann er zeigen, was er drauf hat. Dann sieht man schnell: Es reicht nicht aus zu sagen, dass der Text, der vor einem liegt, „gut" ist, „nicht so gut" oder „schlecht". Das muss der Kritiker auch begründen. Er muss es zeigen. Und er muss erklären können, was es ist, was da nicht funktioniert.

Für das Training des Kritikers bedeutet das: Die schlechten Beispiele müssen genau so gesammelt werden wie die guten, das Gelungene sollte man neben das Misslungene stellen. Es gibt eine Liste, die der Kritiker beim Training immer führen muss: die Don't-Liste, auf der alles steht, was man *nicht* machen darf, was *nicht* passieren darf, wie man *nicht* formulieren darf, wie man *nicht* anfangen darf, wie man *nicht* schließen darf usw. DON'T DO THIS! Auf dieser Liste stehen Sätze, die man aus Rezensionen abschreibt, weil sie einem sofort ins Auge fallen. Da kleben Zeitungsausschnitte mit dem ersten Absatz einer Rezension, der völlig misslungen ist – und daneben steht in rot: „Achtung! Misslungen! So *nicht*! Don't."

1.3 Was man alles falsch machen kann

Diese Don't-Liste gehört in ein größeres Journal, von dem gleich noch zu sprechen sein wird. Wenden wir uns erst einmal wieder der Kritik von *liebelleee* zu und schauen etwas genauer hin. Man darf sie ja jetzt interessant finden, gerade weil man sie nicht für so gelungen hält. Und man kann genauer fragen, was da nicht funktioniert. Der Leser rutscht damit in die Rolle des Kritikers, und der Kritiker rutscht in die Rolle des Redakteurs.

Das erste, was an der Kritik von *liebelleee* auffällt, ist: Sie ist nicht sehr ausführlich, fast ließe sich an einen Klappentext denken, der sofort zur Sache kommen muss. „Mitsommermord ist ein sehr fesselndes Buch." Das sitzt, das ist eine Kritik, die gleich sagt, wo es langgeht, kein langes Gerede, die Behauptung vorweg. Daran ist nichts auszusetzen. Die Kritikerin folgt einer offenen Strategie, bei der sie nicht erst umständlich argumentiert und alles erst Schritt für Schritt entfalten muss. Sie beginnt etwa so, wie ein Anwalt in einem Strafprozess beginnen könnte, der seinen Klienten rausboxen will. Den Richter oder die Geschworenen konfrontiert er gleich mit der Hauptthese, um zu zeigen, wie sicher er seiner Sache ist: „Mein Klient ist unschuldig!" Und dann erst kommt in der Rede vor Gericht die Überzeugungsarbeit, die am Ende dann noch einmal mit der Forderung nach einem Freispruch enden wird.

„Mitsommermord ist ein fesselndes Buch", nicht schlecht also für den Anfang. Doch was kommt dann? Es kommt nichts, was diese These stützen könnte: „Wenn man es zu lesen beginnt, bekommt man einen sehr guten Einblick in die Gefühle von Kurt Wallander, der die Ermittlungen leitet." Der Fehler liegt auf der Hand. Der zweite Satz hat nichts mit dem ersten zu tun. Durch das „wenn" klingt es zwar danach, tatsächlich aber ist es nicht so: Der Einblick in die Gefühle hat nun mal nichts mit Fesslung zu tun.

Und der nächste Fehler wird gleich mitgeliefert: Was ist ein „sehr guter Einblick in die Gefühle"? Sehen wir mal davon ab, dass man in Gefühle nicht hineinblicken kann (soll man sie sich als Räume vorstellen?) und fragen nach dem „sehr gut". Das ist zwar eine Bewertung, aber es ist nicht klar, worauf sie sich bezieht. So etwas nennt man eine Leerformel. Leerformeln sind oft in Rezensionen anzutreffen. Es sind leere, bezugslose Wertungen, die nicht hergeleitet sind und nicht weiter erläutert werden. Bücher sind dann „sehr interessant", „fesselnd", „gut lesbar", „spannend", „echt toll", sie sind fast alles mögliche, aber gesagt wird damit gar nichts. Dem Leser solcher Leerformeln sagt das höchstens, dass der Kritiker seinen Job mit dem eines Grundschullehrers verwechselt, der eigentlich nur das Urteil unter die Arbeit schreiben muss. Im vorliegenden Fall klingt das „sehr gut" mit dem „Einblick in die Gefühle" jedenfalls jämmerlich.

Aber man sollte hier trotzdem nicht abbrechen. Man sollte sich Schritt für Schritt klar machen, was falsch läuft. Schauen wir also weiter.

„Ich denke", so heißt es bei *liebelleee* weiter, „man kann seinen Alltag auch mit dem der normalen Ermittler in echten Fällen vergleichen." Auch dieser Satz hat nichts mit dem davor zu tun. Er kommt auch immer noch nicht auf das zu sprechen, was an diesem Buch eigentlich so fesselnd ist. Stattdessen wird hier etwas ganz Irritierendes geboten. Das Problem liegt im „Ich denke". Nicht, dass es nicht sinnvoll sein kann, dass der Kritiker mitteilt, dass er auch zu denken in der Lage ist. Manchmal ist es für Kritiker sogar ganz wichtig daran zu erinnern, weil sonst der Leser denken könnte, dass das Denken auf der anderen Seite ausgeschaltet ist. Nein, irritierend ist: Jetzt wird das, was im Buch passiert, mit etwas verglichen, was zum so genannten „normalen Alltag" gehört. Und da „denkt" die Kritikerin, dass sich das eine mit dem anderen vergleichen lässt.

Nun muss man sagen: Wenn die Kritikerin es nur *denkt* (was ja in diesem Fall nur „glauben" oder „schätzen" oder „ahnen" heißt), dann ist das zu wenig. Denn es ist ein deutlicher Ausdruck davon, dass sie eigentlich gar keine Ahnung hat: weder von dem, was im Buch passiert, noch von dem, was im „normalen Alltag" vor sich geht. Mit Ahnungslosigkeit allein kann man aber keine Kritik schreiben. Entweder man informiert sich vorher (oder ist durch eine Vertrautheit mit dem Gegenstand längst informiert) – oder man schreibt nicht darüber. Anspruch dieser Kritik ist ja, den Leser zu informieren. Dieser Satz aber enthält als einzige Information, dass *liebelleee* nicht wirklich Bescheid weiß. Und das lädt nicht gerade dazu ein, den Text weiterzulesen.

Wir tun es trotzdem, weil uns hier die Fehler interessieren, die man machen kann, wenn man Kritiken schreibt. Und da kommt es im nächsten Satz dicke: „Grade diese Einblicke, diese Gedanken, die sich Wallander macht machen das Buch meiner Meinung nach besonders spannend."

Jetzt kommt also doch noch die Erklärung für das Fesselnde. Allerdings wird das mit Hilfe der beiden Sätze begründet, von denen gerade eben zu sehen war, dass sie gar nichts begründen und auch durch nichts begründet sind. Wie die Floskel „Mitsommermord ist ein spannendes Buch, wenn man es zu lesen beginnt, bekommt man einen Einblick" zu Beginn der Kritik nur einen argumentativen Zusammenhang behauptet, so tut es die Floskel am Ende auch: „Grade diese Einblicke..." Gerade diese Einblicke machen das Buch eben nicht spannend, denn sie haben gar nichts mit Spannung zu tun, sondern erst einmal mit Gefühlen und dann mit dem Alltag.

Bei diesen Formulierungen ist deutlich zu sehen: Hier wird eine Kritik nur simuliert. Die Kritikerin gibt vor, zusammenhängend zu argumentieren, doch folgt nicht ein Satz aus dem anderen. Es sind eher Versatzstücke aus Kritiken, die hier zum Einsatz kommen, die aber nicht wirklich auf das Buch bezogen sind. Bis hinein in die Schlusspassage wird, um es jetzt doch etwas schärfer zu formulieren, das Abziehbild einer Kritik geliefert. Hätte man mit dem Text von *liebelleee* einen Text vor sich, mit dem die Autorin unmittelbar auf das Mankell-Buch reagiert und ihre Eindrücke als direkte Notizen eingespeist hätte, dann wäre dazu gar nicht so viel zu sagen. Hier aber handelt es sich nicht um einen Reflex. Hier wird „große Kritik" gespielt, und heraus kommen Leerformeln. „Ich gebe 5 Sterne, obwohl Mankells Mittsommermord eigentlich mehr verdient hätte!! Lesen!" –

1.4 Anfängerfehler

Man könnte jetzt natürlich sagen, *liebelleee* ist nur ein Sparringspartner, vielleicht tut man ihr sogar Unrecht, wenn man sie so Stück für Stück auseinander nimmt. Immerhin ist es ja nur für eine Seite im Netz geschrieben.

Diese Argumente könnte man gelten lassen, wenn das Problem nicht genau das hier wäre: *liebelleee* macht alle klassischen Fehler, die Anfänger machen, wenn sie damit beginnen, Kritiken zu schreiben.

- Anfänger benutzen gern Leerformeln der Kritik, die sie sich aus Rezensionen gemerkt oder vom *Literarischen Quartett* im Fernsehen abgelauscht haben. Sie „spielen" sozusagen Kritiker, indem sie diese Formeln übernehmen, ohne sie aber wirklich für ihren Gegenstand verwenden zu können.
- Anfänger sparen sich die genaue Auseinandersetzung mit ihrem Gegenstand und den kulturellen Kontexten, in denen er steht. Kurz gesagt: Sie haben keine Ahnung. Und sie glauben, dass man das nicht merkt. Aber so viel sei verraten: Meistens merkt man es.
- Anfänger haben keinen Blick dafür, dass die einzelnen Abschnitte ihrer Kritik nicht gut zusammenpassen, aufeinander folgen oder aufeinander aufbauen. Kompensiert wird das oft durch rhetorische Fügungen, die den Zusammenhang zum Schein herstellen sollen („Grade diese Einblicke…"). Oder sie versuchen es durch überzogene Thesen zu überspielen („Fünf Sterne!! Lesen!!!").
- Anfänger erzählen nicht gut. Sie haben nur ganz selten ein Gefühl dafür, dass das Zusammenpassen, das aufeinander Aufbauen nicht nur für die Argumentation wichtig ist, sondern für die kleine Geschichte, die mit einer Kritik erzählt wird. Anders gesagt: Anfänger sehen ihren Text nicht als ein kleines Erzählstück und Kunststück, das dem Leser eine exemplarische Lektüre an einem symptomatischen Gegenstand vorführt.

Das soll nun aber keineswegs den Elan stören. Im Gegenteil soll es deutlich machen, dass das Rezensieren, das Schreiben von Kritiken eine so komplexe Angelegenheit ist, dass sie nicht aus dem Handgelenk gelingen kann. Vielmehr müssen beim Schreiben sehr viele Sachen integriert und parallel verarbeitet werden: Die Formeln der Kritik, der Gegenstand und sein kultureller Kontext, die argumentative Fügung und die erzählerische Einfassung.

Dass das nur nach längerer Übung gelingt, dürfte allemal klar sein. In Seminaren zur Einführung in den Kulturjournalismus ist immer wieder zweierlei zu bemerken: Die Studierenden haben sehr genaue Vorstellungen von dem, was eine Literaturkritik ist, wie man sie formulieren muss und wie man sich überhaupt als Kritiker zum Text stellen muss. Sie halten überdies das Kritisieren für eine ganz wichtige Tätigkeit, durch die man zeigen kann, dass man sich Vorgegebenem nicht unterwirft, sondern seine eigene Meinung entwickelt und die eigene Position bezieht. Wenn es aber ans Schreiben von Kritiken geht, dann merkt man, dass sie schnell ins Schwimmen kommen. Dass sie „schwimmen", sagen sie dann selbst, und das heißt: Sie verlieren den festen Boden unter den Füßen und haben kein Gefühl mehr für den Gegenstand und den eigenen Text. Den Resultaten sieht man das an: Sie schwimmen auch. Sie haben keine Richtung, kein Ziel, weder halten sie etwas fest, noch binden sie den Leser. Unentschieden schwanken sie zwischen verschiedenen Themen, Motiven und Ansichten hin und her. Gibt man den Studierenden keine Vorgabe, wie lang der Text werden soll, dann finden sie überdies kein Ende. Oder sie haben zu schnell zu viel gesagt. Zu schnell zu stark kritisiert. Zu schnell zuviel gewollt.

Übung 1: Die misslungene Rezension

Hier ein Beispiel für eine Anfängerkritik, bei der der Autor ins Schwimmen kommt und am Ende untergeht. „Groß" und „vage" – was der Autor dem Titel von Milan Kunderas Buch bescheinigen will, trifft vor allem auf seinen eigenen Text zu..

Aufgabe: Mit Zettel und Stift lesen
Das Beste ist, man nimmt sich ein Blatt Papier und notiert beim Lesen, was hier alles falsch läuft.

- Schauen Sie nach den Leerformeln, die in diesem Text auftauchen und die offensichtlich aus anderen Kritiken geborgt sind.
- Schauen Sie, wie vertraut der Kritiker mit seinem Gegenstand ist.
- Wie sind die einzelnen Argumentationen und Abschnitte miteinander verbunden?
- Wie wird erzählt?

Im Anschluss an diese Rezension gibt es einen kurzen Kommentar, an dem man dann abgleichen kann, ob man dieselben Probleme identifiziert hat.

Milan Kundera – Die unerträgliche Leichtigkeit des Seins
„Die Ewige Wiederkehr ist ein geheimnisvoller Gedanke und Nietzsche hat damit manchen Philosophen in Verlegenheit gebracht."
Und nicht nur die Philosophen, auch die Leser von Milan Kunderas „Die unerträgliche Leichtigkeit des Seins" bringt dieser Satz am Anfang des Romans in Verlegenheit. Und nicht nur der Anfang, der Titel selbst ist groß und vage. Ein Titel wie ein Schloss auf einer Anhöhe, umgeben von den tiefen Wassern einer Ideenwelt, ein philosophischer Titel der sich selbst gerecht werden muss, um nicht dem Untergang oder schlimmer noch, der Lächerlichkeit preisgegeben zu sein. Zunächst jedoch vergewissert man sich als Leser durch einen Blick auf das Cover,

dass man wirklich einen Roman in Händen hält, liest dann noch ein Stück weiter und wird schließlich hinfort gespült von Kunderas philosophischen Spielereien, die zielstrebig in das Thema des Buches einführen: die Gegensätze, das Leichte und das Schwere, Körper und Seele. Und bald merkt der Leser, dass sich Milan Kundera kein geringeres Ziel gesetzt hat, als eben jene Gegensätze aufzuheben und empfindet das als unerhörte Anmaßung. Hat man es aber gewagt, in den philosophischen See Kunderas einzutauchen, wird plötzlich alles ganz leicht zu verstehen. Die Gedanken und Gefühle werden zu Personen. Zu dem Prager Chirurg Tomas, einem nimmermüden Casanova. Zur Kellnerin Theresa, die ihn liebt, wieder geliebt wird, aber unter seinen ständigen Seitensprüngen leidet. Zur Malerin Sabrina, die ihrerseits immer wieder den Verrat sucht und dem Professor Franz, der mit Sabrinas Hilfe aus seinem trüben Alltag aussteigen will. Zunächst jedoch ist da Tomas, der sich nicht entscheiden kann, der der Inbegriff wird für ein unentschiedenes Leben. Und in kleinen Anekdoten erklärt Milan Kundera auch warum. Er nimmt den Leser tief mit hinein in diese Person, bis dieser sich rückhaltlos mit Tomas identifiziert. Doch dann kommt Theresa, ihre Abhängigkeit von Tomas, ihr Leiden unter seiner Unaufrichtigkeit, ihr Entschluss ihn zu Verlassen. Und wieder ist man zu Tränen gerührt und hasst nun den, der einem ein paar Seiten zuvor noch ein großer Bruder war. Im weiteren Anekdoten und dem „kleinen Verzeichnis unverstandener Wörter" werden auch die vielschichtigen Personen von Franz und Sabrina vor einem ausgerollt und irgendwann scheint es, als finde man sich tatsächlich wieder in dieser Ewigen Wiederkehr der menschlichen Stärken und Schwächen. Man hat den Eindruck, Teil des Buches zu werden und Beobachter einer unerhörten, anmaßenden Entwicklung zu sein, an deren Ende sich die Gegensätze tatsächlich aufgehoben haben könnten. – Bis man zur letzten Seite gekommen ist und alles wieder wird wie zuvor. Wahrhaftig ein großes Buch, aber eben eines, zu dem man erst den Zugang finden muss.

Kurzer Kommentar
Der letzte Satz trifft den Nagel auf den Kopf: Der Autor hat keinen Zugang gefunden. Was gleich zu Beginn angekündigt wird – das Nietzsche-Zitat bringe den Leser in Verlegenheit – wird hier im ganzen Text geradezu exemplarisch durchgeführt. Vom Titel kommt der Autor auf das Cover, dann liest er ein bisschen weiter, dann wird er weggespült, bald „merkt der Leser" etwas Neues, „empfindet" etwas, „taucht" wieder „ein" in den „philosophischen See Kunderas" (was soll das sein?) und versteht plötzlich „alles ganz leicht": „Die Gedanken und Gefühle werden zu Personen." Das ist eine klassische Leerformel, mit der nichts gesagt ist, die nichts erklärt und die dem Leser dieser Rezension nicht ein Stückchen weiterhilft.
Wenig hilfreich ist auch das, was wie eine Zusammenfassung des Romans aussieht: Hier werden Bruchstücke geboten, nichts Zusammenhängendes, weder die Geschichte noch die handelnden Personen werden greifbar. Es wird nichts über die Form des Romans und nichts über den Zusammenhang von philosophischer Reflexion und Handlung erzählt. Mal ganz abgesehen davon, dass man nichts über den historischen Kontext erfährt, in dem die Handlung platziert ist. Statt sich mit etwas Konkretem zu beschäftigen, schiebt sich der Autor wieder als irritierter Leser ins Bild: „Und wieder ist man zu Tränen gerührt und hasst nun den, der einem ein paar Seiten zuvor noch ein großer Bruder war." Das ist furchtbar. „Irgendwann scheint es…", „Man hat den Eindruck…", alles vage, alles ungenau, unbestimmt, unverstanden und am Ende dann doch wieder mit großer Geste hohl: „Wahrhaftig ein großes Buch."
In dieser Rezension werden alle Fehler gemacht, die man als Anfänger machen kann: Erstens steckt sie voller Leerformeln; zweitens bekennt sich der Autor in jedem Abschnitt zur völligen Ahnungslosigkeit; drittens kompensiert er den mangelnden Zusammenhang der Argumentation durch die rhetorische Figur des Durchgangs durch das Buch (vom ersten Satz bis zur letzten Seite); viertens erzählt der Autor hier richtig schlecht. Er tut so, als wolle er den Leser mitnehmen und ihn souverän durch die Komplexität des Textes führen, aber er verläuft sich.

Nun muss man als Kritiker seine Sache nicht immer im Griff haben. Und einige Kritiker stellen gern heraus, dass sie ihren Gegenstand gerade nicht in den Griff bekommen wollen, weil sie nicht so tun wollen, als könnten sie über ihn verfügen. Aber in solchen Fällen muss man zumindest diese Methode des Lockerlassens im Griff haben. Man sollte sich nicht täuschen lassen: Gerade dort, wo die spielerischen Momente in Kritiken am stärksten sind und am überzeugendsten gelingen, da hat der Kritiker das Spiel unter Kontrolle.

Zu lernen, wie man Kritiken schreibt, das heißt zu lernen, wie man sich mit kulturellen Artefakten kritisch auseinander setzt. Das heißt eine Methode zu lernen, mit der man sich auf den Gegenstand einlassen kann, mit der man ihn in größeren Zusammenhängen wahrnimmt und mit der man eine eigene Position ebenso verbindlich wie vorläufig markieren kann. Und zu lernen, wie man Kritiken schreibt, heißt argumentieren und erzählen lernen. Das alles aber heißt: Man braucht Zeit, Übung, eine Menge Wissen und eine Menge Erfahrung.

In den nächsten Kapiteln soll gezeigt werden, wie man diese Erfahrung erwerben kann, wie man sich das Wissen aneignen kann, wie man in Übung kommt und in Übung bleibt. Dies hier war ein Abschnitt, der an das erinnern sollte, was man alles falsch machen kann, wenn man Kritiken schreibt: nämlich einfach alles! Sich aber mit dem Falschen auseinander zu setzen und das Falsche am Falschen genau zeigen zu können, das ist die Aufgabe der Kritik. Deshalb bleibt es dabei: Wer das Schreiben von Kritiken lernen will, der sollte immer auch die Kritiken sammeln, die misslungen sind. Der sollte sich daneben schreiben, warum sie misslungen sind. Und der sollte sich eine Verbotsliste machen und über den Schreibtisch hängen: *Don't!* Alles, was man so nicht machen darf!

Wer irgendwann seine eigenen Texte mit demselben kritischen Blick lesen kann, wie er diese fremden Texte liest, der ist schon ein gutes Stück weiter gekommen. Wenn man die Fehler in den eigenen Texten nicht nur entdecken und benennen, sondern die Texte auch so redigieren und überarbeiten kann, dass sie wenigstens ein bisschen besser werden, dann ist man schon fast am Ziel.

Übung 2: Die Don't-Listen erweitern

Hier kommt noch eine weitere Leserrezension, die auf der Seite einer Online-Buchhandlung zu finden war. Wieder ein Sparringspartner. Wieder ein Text, in dem eine Menge falsch gemacht wird.

Aufgabe 1: Die Kurzrezension kurz rezensieren
Die Übung besteht nun darin, diesen kurzen Text genau wie im letzten Abschnitt mit sehr viel Geduld Stück für Stück auseinander zu nehmen und zu zeigen, was an ihm falsch ist. Die wichtigsten Hinweise sollten direkt in eine *Don't*-Liste übernommen werden.

Aufgabe 2: Schlechte Rezensionen suchen
Wer dann noch nicht genug hat, kann z. B. bei www.amazon.de schauen, ob man noch andere misslungene Beispieltexte findet. Je mehr man von diesen

Texten liest, umso genauer sieht man übrigens, dass immer wieder dieselben Fehler gemacht werden.

Aufgabe 3: Wettbewerb
Wenn man in der Gruppe arbeitet, bietet sich ein Wettbewerb an: Wer im Netz die allermieseste Kritik findet und sie am besten kritisiert, der gewinnt!

Übungstext

Also ich gebe nochmal grade so einen Stern für Blu Chantrells neue LP, weil ich sie echt besser kenne! Wenn man diese CD mit dem ersten Album vergleicht dann wird man extreme Verschlechterungen feststellen...ich finde dieses Album alles in allem sehr öde und total langweilig, weil irgendwie alles gleich ist..Blu Chantrell ist 'ne coole Frau mit geiler Stimme, aber das war nicht alles was sie kann... das zeigt schon die erste LP von ihr.

Aufgabe 4: Gut gemacht, schlecht gemacht?
Wir haben uns die Kritiken, die auf den Seiten von Onlinebuchhandlungen lediglich daraufhin angeschaut, ob sie gut gemacht sind. Wir haben uns allerdings nicht gefragt, ob sie nicht in ihrem Rahmen, an ihrem Platz ihre Funktion sehr gut erfüllen (vielleicht besser als das eine hochintellektuelle, brillant formulierte Auseinandersetzung mit dem Text) könnte. Immerhin haben Medienforscher festgestellt, dass gerade diese – vom Standpunkt des erfahrenen Kritikers aus – misslungenen Statements nicht nur von den Onlinebuchhandlungen, sondern auch von den Lesern sehr geschätzt werden.

- Können Sie sich denken, was an diesen Kurzkritiken geschätzt wird?
- Können Sie sich denken, was das für die Erzählweise dieser Kritiken bedeutet (also: Wie müssen sie eigentlich geschrieben sein, damit sie als authentische Leserrezensionen erkannt werden, denen man Glauben schenken kann)?
- Und noch mal anders gefragt, nur um ein kleines Gedankenspiel in Gang zu setzen: Was bedeutet dann das Urteil, es sei eine „misslungene" Kritik? Sind die „schlecht gemachten" Kritiken in diesem Kontext nicht eigentlich „gut gemachte" Kritiken?

2 Das Kulturjournal

2.1 Stoff, immer wieder Stoff

Ein befreundeter Modedesigner hat sich eine kleine Wohnung in der Nähe der Kreuzberger Bergmannstraße gemietet und darin ein kleines Studio eingerichtet, mit dem er sich – mehr schlecht als recht – über Wasser hält. Ab und zu bekommt er einen Auftrag für einen Anzug oder ein Abendkleid, nebenbei arbeitet er als Kellner, irgendwann hat er seine Wohnung gekündigt und ist zu sich ins Studio gezogen. Dort lebt er jetzt in aller Enge, mit vielen Büchern, mit einer Menge dicker schwarzer Ordner, mit ganzen Jahrgängen von *Vogue* und *Elle*, mit Einzelexemplaren französischer und italienischer Modezeitschriften. Es ist ein großes Vergnügen, mit ihm im Studio Kaffee zu trinken, er spricht viel über das Zeichnen, das Nähen und die Mode an und für sich, er zeigt Bilder und Bögen aus den Zeitschriften und zieht mit dem Finger die Linien nach, wenn er die Schnitte erklärt. Ein noch größeres Vergnügen aber ist, mit ihm auf Stoffsuche zu gehen. Meist braucht er nicht wirklich neue Stoffe, meist fehlen ihm eben die Aufträge, trotzdem zieht er los, um sich eine Art Überblick zu verschaffen. Er kennt die einschlägigen Läden, die Verkäufer in den einschlägigen Läden kennen ihn. Sobald wir einen Laden betreten, wo die Stoffballen an den Wänden bis unter die Decke gestapelt sind und auf den Tischen in großen Rollen liegen, geht er mit großer Ruhe und Konzentration herum, er bleibt stehen und greift nach dem Ende eines Tuchs und beginnt, es zwischen Daumen, Zeigefinger und Mittelfinger zu reiben.

Er liest den Stoff mit geschlossenen Augen. Vielleicht wie ein Blinder Braille lesen kann, so liest er das Gewebe, seine Dichte, seine Feinheit, seine Bestandteile, das Zusammenwirken der Fasern. Er rollt den Stoff einen halben Meter ab, breitet ihn über den Tisch und fährt mit der Hand drüber, faltet ihn, knickt ihn, zieht ihn mit links und rechts zwischen Zeigefinger und Daumen straff, hält ihn waagerecht hoch in die Luft, dann dreht er die Stoffbahn senkrecht, lässt sie fallen und knickt sie wieder neu. Dann sagt er: „Dieser Stoff hier…", und dann erzählt er, was er gelesen hat.

Man muss ihn sehen, wie er im selben Laden Knöpfe studiert. Oder Garnrollen, sogar Nadeln. Man muss ihn aber auch sehen, wie er die Kleidung anderer Leute berührt. Er studiert an einem Anzug die Technik, schaut nach, wie das Bündchen genäht ist, wie das Problem am Revers technisch gelöst ist, wie das Futter eingelassen ist. Davon macht er sich kleine Skizzen in einem Büchlein, das er mitführt. Und er verlässt niemals einen Stoffladen, ohne sich kleine Streifen von seinen Entdeckungen abschneiden zu lassen. Die schneidet er sich zuhause noch kleiner und klebt Stückchen davon auf DinA4-Papiere, er schreibt Notizen dazu und heftet sie in die dicken schwarzen Ordner, die bei ihm im Studio herumstehen. Ab und zu schlägt er sie auf und zeigt einen von den Streifen und hält eine Zeichnung daneben oder eine Seite, die er aus einer Zeitschrift herausgerissen hat, um besser erklären zu können, wie das, was da zu sehen ist, genäht sein muss.

2.2 Kritiker sind Kosmologen

Ganz ähnlich muss sich der Kritiker durch die Kultur bewegen. Er muss auf Tuchfühlung gehen. Wer sich mit Mode beschäftigt, wer Mode machen will, wer Anzüge und Kleider nähen will, der muss Ahnung von Stoffen haben. Der muss wissen, wie viel sie wiegen, wie sie riechen, wie sie fallen, wie sie sich schmiegen. Modedesigner müssen Stoffe lesen können. Vor allem müssen sie dauernd lesen *wollen*. Und sie müssen sich interessieren für das, was andere aus dem Stoff gemacht haben, welche Techniken und Tricks sie anwenden, wie sie mit Umschlägen und Aufschlägen, mit Kragen, Revers und Ausschnitten umgehen. Sie müssen sich Skizzen davon machen, Entwürfe zeichnen, Ideen notieren, und sie müssen die Stoffe vor Augen und zwischen den Fingern haben. Vielleicht könnte man sie als nervöse Systeme bezeichnen, die unsichtbare Tentakel ausfahren, wenn Stoffe in der Nähe sind, wenn etwas genäht worden ist, wenn es um Mode geht, und mit diesen unsichtbaren Tentakeln tasten sie ihr Gegenüber ab (manch einer wäre wahrscheinlich erschrocken und fühlte sich ‚von seinen Augen ausgezogen').

Auch Kritiker sollte man als nervöse Systeme verstehen. Kritiker sind, bevor sie überhaupt „kritisieren", so etwas wie Aufnahmegeräte, Sammler, Mitschreiber, Protokollanten, Scangeräte, die genau aufnehmen, was sie sehen. Das hat, so scheint es, noch nichts mit Kritik zu tun: Herumgehen, Herumschauen, Herumschnüffeln, Blättern, Lesen, Notieren, Exzerpieren, Skizzieren. Man muss Bescheid wissen über die Stoffe. Man muss viele Bücher in der Hand gehabt haben. Man muss sehr viel gelesen haben, „es gibt vermutlich", schreibt der Literaturkritiker Gustav Seibt, „für die Aufnahme und Kritik von Literatur keine absoluten Werte, sondern nur Zwischenergebnisse von lebenslangen Lektüreerfahrungen, an die freilich höchste Anforderungen an Kanonbeherrschung, Sprachkenntnissen und philologischer Kompetenz zu richten sind." (Seibt, 636)

Aber das reicht natürlich noch nicht aus. Wer nur liest, weiß von der Literatur nicht viel. Einige Kritiker mögen sich auf einzelne Bücher, einzelne Texte, einzelne Autoren konzentrieren wollen; dann sagen sie: Mich interessiert nur dieses eine

Werk, ich will zeigen, wie es funktioniert, sonst nichts. Doch in Wahrheit müssen sie es, um dieses Funktionieren überhaupt zu erkennen, als etwas begreifen, was sich von anderen Werken gerade in seiner Machart und seinem Funktionieren unterscheidet. So müssen sie, auch wenn sie nicht explizit darüber sprechen, mit Kontexten arbeiten. Gustav Seibt sagt: mit dem Kontext des Kanons, mit dem Kontext der Sprache und Sprachen, mit dem Kontext der Philologie. Aber um zu verstehen, wie der Kanon funktioniert, die Sprache und die Sprachen und das Archiv und die Methode der Philologie, muss man mit noch größeren Kontexten arbeiten. Auch da gibt es keine absoluten Werte. Auch da gibt es nur Zwischenergebnisse und lebenslange Beobachtungserfahrungen, durch die das Wissen um den kulturellen Kontext, die Bekanntschaft mit anderen Künste und Wissenschaften und die kulturanalytische Kompetenz gesteigert wird.

Und wahrscheinlich reicht noch nicht einmal das aus. Eigentlich müsste der Kritiker ein Polyhistor und Alleswisser sein, ein Generalkenner und Alles-mit-Allem-Vernetzer, der über die ganze Welt und ihre Geschichte Bescheid weiß. Er müsste eigentlich auch noch über jene Kontexte verfügen, in denen die Welt und ihre Geschichte gestellt ist. In diesem Sinne wäre der Kritiker nur dann ein richtiger Kritiker, wenn er auch ein Kosmologe wäre. Ein Kritiker muss also genau das sein, wofür sich viele Kritiker tatsächlich halten: der liebe (oder lieber strafende) Gott.

Doch das trifft es nicht genau. Denn auch der Kosmologe weiß, dass er den Kosmos nicht von außen sehen und umfassen kann. Er beobachtet seine Strukturen von innen und schließt probeweise auf das Funktionieren des Ganzen und auf die inneren Zusammenhänge zurück. Genauso tut es der Beobachter der Kultur. Genauso der Beobachter der Literatur. Genauso der Kritiker. Er beobachtet nicht von außerhalb, er sieht sich (wenn er sich selbst beobachtet) als Teil eines Netzwerks von Bedeutungen und Wirkungen, in dem das, was er beobachtet, ebenso verstrickt ist.

So kann das Wissen des Kritikers immer nur ein Vorläufiges sein. Doch trotzdem muss er so viel wie möglich wissen. Er muss Erfahrungen machen, er muss seine Sinne öffnen, alle Sinne öffnen, um alles Mögliche aufzunehmen, was ihm begegnet, um daraus auf das zurückzuschließen, was ihn umfängt und was man Kultur nennt.

Im vorigen Abschnitt haben wir auf eines der großen Probleme hingewiesen, das Anfänger (und natürlich auch Fortgeschrittene oder „Überschrittene") immer wieder haben: *Sie haben keine Ahnung*. Sie kennen sich nicht aus. Sie wissen nichts – und ausgerechnet damit geben sie an.

Wer das Schreiben von Kritiken lernen will, muss deshalb vor allem erst einmal eins tun: Er muss sich wie der Modedesigner verhalten, der niemandem mehr, der angezogen ist, gegenübertreten kann, ohne ihn mit seinen Tentakeln abzutasten. Man muss neugierig sein. Man muss wissen wollen. Und man muss sich das, was man wissen will und wissen kann und gehört, gesehen und gelernt hat, notieren, um es dann durch das Medium der Schrift anders, vielleicht sogar besser beobachten zu können.

2.3 Akute Literatur

Eines der interessantesten Bücher der letzten Zeit trägt den Titel *Akute Literatur*. Es hat nur knapp 80 Seiten, es bietet keinen fortlaufenden Text, es hat kein Vorwort und kein Nachwort (nur eine Widmung: „*für* Elisabeth"), es bietet lediglich eine alphabetisch geordnete Liste von Buch- und Aufsatztiteln. Sie beginnt mit „Aberlich, O., Der Symptombeschleuniger. Bielefeld 1995" und endet mit „Zwingen, C., Die Wende durchs Buch". Dazwischen gibt es Titel wie „Immen, K., Possessivmarkierungen. Psychologische Wortgeschichte, 1972, 4, S. 1–29" oder „Rappeln, S., Der fleißige Schatten. In: Juline Heuwel (Hrsg.), Das Buch der Lösungen, S.335–374, Leipzig 1995". Einer der besten Titel lautet: „Strillen, H., Der verschleppte Tag. In: Nantje Baldern (Hrsg.), Zeitüberschreitungen, S. 76–102. Tübingen 1995".

Nun sind Literaturlisten in der Regel ziemlich uninteressant, obwohl es ein ganz eigener Spaß ist, solche Listen durchzuschauen. Das lässt sich sogar kultivieren. Man kann das Lesen von Bibliografien so anlegen wie einen Sonntagsspaziergang durch die Einkaufsstraßen in einer Stadt in einem fremden Land, wenn die Geschäfte geschlossen sind und man nur in die Auslagen schauen, aber nichts kaufen kann. Wenn man Literaturlisten hinten in Büchern liest, kann man sich einen Überblick über das verschaffen, mit was Leute in der jeweiligen Branche schreibend oder lesend ihre Zeit verbringen. Dabei lassen sich nicht nur die skurrilsten Funde machen, da gibt es Hinweise auf Texte, deren Titel so interessant sind, dass man sie sich am liebsten sofort in der nächsten Bibliothek aus dem Archiv bestellen würde. Aber nicht nur das. Das Lesen von Literaturlisten ist wie eine gemütliche Form der Kulturbeobachtung, des Flanierens durch ein wissenschaftliches Soziotop – eben: durch einen Stadtteil, den man nicht kennt, von dem man aber (erstmal in groben Zügen) etwas wissen möchte. Diese bibliografische Lektüre ist wie eine empirische Stichprobe im unendlichen Gewirr von Texten zu Themen in Bereichen, die man nicht kennt und die man nie und nimmer überschauen kann.

Übung 3: Der Bibliotheksbesuch

Für viele, die sich als Journalisten oder Kritiker verstehen wollen, gelten Bibliotheken als muffige Orte, an denen man staubhaltige Luft atmen, aber nichts über die Gegenwart lernen kann. Das ist natürlich ebenso naiv, wie die Idee, man könnte Kulturwissenschaften oder Literaturwissenschaft betreiben und dabei auf das Hören neuester Musik, auf das Lesen aktueller Bestseller, auf das Ausprobieren von Spielkonsolen oder auf das Durchblättern von Boulevardzeitungen verzichten oder etwa nur in die Philharmonie, aber nicht in die Karaoke-Bar, nur ins Literaturhaus, aber niemals in den Zoo gehen …
Um Bibliotheken ebenso richtig zu nutzen wie Karaoke-Bars muss man die Art und Weise ändern, wie man sich ihnen nähert: Man müsste mal schauen, was zu entdecken wäre, wenn man die Bar als eine Art Museum begreift, in dem die Kultur Events nachstellt, die etwa vierhundert Jahre alt sind und aus einer fremden, längst untergegangenen Kultur stammen (Karaoke-Abende bekommen dadurch tatsächlich eine ganz besondere Note, vor allem, wenn man selbst mitmacht). Und umgekehrt sollte man in die Bibliothek gehen, um zu schauen, wie viel Gegenwärtigkeit hier zu finden ist – nicht weil dort die Neuerscheinungen stehen, sondern weil dort all die Schriften stehen, aus denen sich die Kultur ein Netz gewoben hat, das über die Gegenwart geworfen wurde und an dem die Gegenwart weiter webt. (Sie werden sehen: Bei Bibliotheksbesuchen können Sie die absurdesten – und damit schönsten – Funde machen, wenn Sie einfach nur durchflanieren oder sich zu dem Thema, mit dem Sie sich gerade beschäftigen, ganz und gar fremdartige Bücher aus dem Archiv kommen lassen.)

Aufgabe 1: Das Fremde in der Bibliothek suchen
Gehen Sie in die größte Bibliothek vor Ort, die einen großen Präsenzbestand hat. Oder besser noch: Wenn es eine Universität gibt, besuchen Sie die Institutsbibliothek eines Faches, mit dem Sie noch nie etwas zu tun gehabt haben. Dort gibt es Regale, auf denen stehen Nachschlagewerke und Bibliografien. In letzteren sind einfach Titel aufgelistet, meist alphabetisch, die in einem bestimmten Bereich zu einem bestimmten Thema in einem bestimmten Zeitraum erschienen sind. Suchen Sie sich ein Thema, z. B. Ornithologie, Maschinenbau oder Kardiologie, die Hauptsache ist: Es muss Ihnen völlig fremd sein (Ornithologen, Maschinenbauer und Kardiologen suchen sich entsprechende Bibliografien aus den Bereichen Literatur, Philosophie und Pädagogik).

Aufgabe 2: Protokoll über den Zustand der Ornithologie auf einem der Jupitermonde
Jetzt gilt es, sich blätternd einen Überblick zu verschaffen und dabei so zu tun, als würde man als Ethnologe die Kataloge einer Wissenschaftskultur durchschauen, die auf einem anderen Planeten existiert.
Zu notieren sind Themen und Trends, skurrile und interessante Titel. Der Überblick soll schließlich zu einem kleinen Protokolltext zusammengefasst werden, in dem kurz notiert ist, was für eine Fragerichtung und was für ein Erkenntnisinteresse den jeweiligen Bereich in dem durchblätterten Zeitraum dominiert hat.
Die Überschrift dafür lautet: *„Über den Zustand der Ornithologie auf einem der Jupitermonde im Jahr 2005. Bericht an die Akademie"*
Der Text darf nicht länger als 2.500 Zeichen sein.

Zurück zu Rademachers akuter Literaturliste. Sie ist etwas ganz Besonderes. Denn sie steht in keiner Fachbibliothek neben anderen Bibliografien. Die Pointe, auf die der Leser schnell kommt (ohne sie erstmal verifizieren zu können), ist: Keiner der in dieser Liste angegebenen Texte existiert. Alle Titel sind erfunden, und zwar vom Autor, der Hartwig Rademacher heißt. Der von einem gewissen G. Flappe geschriebene Aufsatz „Der Buchbenutzer" ist genau so erfunden wie sein Erscheinungsort, die Zeitschrift „Soziologische Revision". Nicht anders der Artikel von B. Gauch: „Giftfestigkeit und psychisches Tempo", der angeblich 1996 in der Nummer 28 der Zeitschrift „Allgemeine Wahnkultur" erschienen ist.

Auch wenn kein Vor- oder Nachwort über Rademachers Absichten Auskunft gibt, so liegt es nahe, diese Sammlung erfundener Titel zu lesen, als sei es eine Liste von Texten, die der Autor selbst gern geschrieben oder gelesen hätte. Es gibt einen Helden bei Jean Paul, der sich, weil er kein Geld hat, die Bücher, die er gerne lesen mag, selbst schreibt. Rademacher *denkt* sich seine Bücher und Artikel selber. Damit gehört er zu der – von Hermann Melville in der Mitte des 19. Jahrhunderts begründeten – Familie der Bartlebys, also zu jenen kauzigen Persönlichkeiten, die sich immer nur vornehmen, etwas zu schreiben, aber das Schreiben eigentlich längst aufgegeben haben. Der Spanier Enrique Vila-Matas hat ein wunderbares Buch über diese Familie und über die „Literatur der Verweigerung" geschrieben, das voll echter und erfundener Anekdoten ist.

Rademacher gehört aber nicht nur zu denen, die nicht selbst schreiben. Er gehört auch zur Familie derjenigen Autoren, denen die ganze Zeit durch den Kopf geht, was sie eigentlich schreiben würden, wenn sie schreiben könnten. Man selbst gehört ja in gewisser Weise auch dazu. Immer wieder denkt man: *Darüber müsste man mal etwas schreiben!* Oder: *Das wäre ein guter Titel für ein Buch!* Oder: *Das ist ein Thema, über das man mal länger nachdenken müsste!* Doch was tut man? Man verwirft die Ideen, die Einfälle, die Titel, weil die Zeit zu knapp ist, weil es andere Dinge zu tun gibt und weil das, was man sich da ausdenkt, nicht zum eigenen Spezialgebiet gehört.

Rademacher macht nun mit seiner *Akuten Literatur* aus der Not eine Tugend und erfindet sich eine Bibliothek. In dieser Bibliothek taucht er selbst gar nicht als Autor auf (zwischen G. Rackens Aufsatz „Das Prophetenteam in der Psychiatrie" und T. Rallens Buch „Die Miene des Patienten" fehlen die Titel von Rademacher). Die Mühe, das alles zu schreiben, macht er sich nicht einmal in der Phantasie, er lässt die Texte lieber von anderen Autoren verfassen.

Wenn man will, lässt sich die *Akute Literatur* als eine Art Journal lesen, in das der Autor immer wieder eingetragen hat, was ihn interessiert. Und so ließe sich zurückverfolgen, mit was er sich beschäftigt hat, was ihm durch den Kopf gegangen ist, was er alles beim Tagträumen und Nachtwachen erfunden hat. Es ist der Möglichkeitssinn, der hier vorgeführt wird. *Könnte, hätte, würde, wäre* – Kulturkritik im Konjunktiv II: „Suggestion und Bereitschaft", „Der wichtigste Schwindel", „Gescheiterte Gedanken. Vorträge und Abhandlungen", „Chronisches Klagen. Forschungen zur Neurodevianz".

So gelesen offenbart Rademachers Bändchen seine Qualitäten als Journal gleich doppelt – und es weist gleich doppelt auf die Funktion hin, die es für jemanden, der das Geschäft der Kritik lernen will, genau so haben kann wie für jemanden, der sich längst als Kritiker bezeichnen würde oder gar von anderen Menschen als Kritiker bezeichnet wird.

Zum einen kann die Funktion eines Journals sein, dass in ihm Hinweise auf Arbeiten und Texte versammelt werden, die es tatsächlich gibt. Das können die skurrilen, die fremdartigen, die unfassbaren Texte sein, die man aus Bibliografien abschreibt oder aus Bibliotheken ausleiht, in die man sich als Ethnologe des Alltags begibt. Das können aber auch die Texte sein, die man sozusagen am Wegesrand aufliest, Texte aus der Zeitung, Hinweise auf Texte in Zeitungen, Zeitschriften, Werbungen, Mitteilungen, Tipps. Schließlich sollten es die Texte sein, die man tatsächlich liest und die für ein eingegrenztes Arbeitsgebiet von einiger Wichtigkeit sind. Diese bibliografischen Angaben kann man, wenn man sie liest (oder auch wenn man nur von ihnen hört) in kommentierte Bibliografien verwandeln. Mit jedem Kommentar schreibt man dann bereits eine Kurzkritik.

> *Enrique Vila-Matas: Bartleby & Co. Zürich 2001.* V.-M.s anekdotische Quasi-Enzyklopädie über Nicht-Schreiber und Sitzenbleiber im Literaturbetrieb; wer alles nicht geschrieben hat und wer

> `alles warum nicht geschrieben hat – V.-M. hat es hier zusammengetragen und dabei fiktive und echte Geschichten vermischt. Im Zentrum dabei: Die Ästhetik der Verneinung, der Hang der modernen Literatur zur Negation und zum Verschwinden. Unbedingt dazu lesen:` *Melville: Bartleby, der Schreiber; Gilles Deleuze: Bartleby oder die Formel, Berlin 1994; Hartwig Rademacher: Akute Literatur, Berlin 2003.*

Wer solche Einträge in einem Journal sammelt, schafft sich eine Art Lesetagebuch, das – wie es Tagebücher so an sich haben – dem Schreibenden nicht nur mehr Klarheit über die gegenwärtige Lage verschaffen kann, also die Reflexion verstärkt, sondern irgendwann auch im Rückblick interessant ist. Denn mit Hilfe eines solchen Journals erkennt man, was man eigentlich wann und mit was zusammen gelesen, welche Gedanken man mit welchen Ideen und Themen und Erzählungen und Argumentationen versponnen hat.

Zum anderen aber kann die Funktion eines Journals sein, dass in ihm Hinweise auf Arbeiten und Texte versammelt sind, die überhaupt erst noch zu schreiben wären. So wie für die Akute Literatur könnte man hier all die Themen auflisten, über die man mal schreiben oder zumindest doch intensiv nachdenken müsste. Und man kann es so wie Rademacher tun und die Ideen gleich als fertige Arbeiten eintragen, um ihnen eine mögliche Form zu geben, um sie zugleich aus dem Kopf heraus zu bekommen und ins Notizbuch zu bannen.

Vermischt man beide Funktionen – das Dokumentieren und das Virtualisieren –, so ergibt sich Stück für Stück, Eintrag für Eintrag ein zuerst ganz kleines, aber immer weiter wachsendes Netzwerk von Lektüren und Themen, über das sich langsam aber sicher das Bedeutungsgefüge der Kultur ermitteln lässt, in dem man sich bewegt und an dem man selbst mitarbeitet. Ein bisschen ist man dann schon wie der Modedesigner, der mit Stoffen und Kleidern so umgeht, dass er alles berühren und dokumentieren muss, um sich von dort aus neue Entwürfe zu denken. Nur dass man, so wie er mit Stoffen und Kleidern umgeht, mit Texten und Gedanken verfährt.

Übung 4: Virtuelle Bibliografien

Aufgabe 1: Was noch geschrieben werden muss!
Es gibt schon jetzt eine Menge Bücher, die Sie gerne schreiben würde, ein paar fallen Ihnen sicher sofort ein, Romane, Essays, Gedichtsammlungen, Briefe, Dokumente. Aufgabe ist, zehn bis zwanzig Titel (Autor, Titel, Untertitel, evtl.

Zeitschrift, Erscheinungsort, Erscheinungsjahr, ggf. Seitenzahl) zu notieren, die längst überfällig sind und unbedingt geschrieben werden müssen.

Aufgabe 2: Was noch zum Seminarthema geschrieben werden muss!
Es gibt darüber hinaus ein Thema, mit dem Sie sich aktuell beschäftigen – das Thema eines Seminars, einer Hausarbeit, einer Doktorarbeit, eines größeren Buches etc. Aufgabe ist, sich zehn Titel zu notieren, die noch nicht geschrieben worden sind, aber die man gerne im Rahmen der eigenen Arbeit zitieren würde, um die eigene These zu stärken.

Aufgabe 3: Nicht mehr aufhören
Diese Listen sollten Sie ab jetzt immer führen, am besten möglichst viele parallel. Wichtig ist: Es sollen nicht nur wissenschaftliche Texte aufgelistet werden, sondern auch literarische, journalistische, vielleicht auch lyrische (ab und zu sollte man sich mal notieren, wie der Gedichtband heißen würde, den man schreiben würde, wenn man Lyriker wäre.)
Solche Wunschtitel sollten aus jedem Thema, das Ihnen durch den Kopf geht, und aus allem, was Ihnen Tag für Tag begegnet und Ihnen erstmal „nur interessant" scheint, gebaut werden.
Eine Wette kann man jetzt schon abschließen: Einer dieser virtuellen Texte wird von Ihnen mit Sicherheit irgendwann realisiert! (Vielleicht sollte man auch eine Liste machen, auf der die Titel stehen, die man „auf jeden Fall" irgendwann schreiben wird, und daneben steht dann die Liste: „Was ich, Gott sei Dank, niemals schreiben werde", die so genannte Entlastungsliste.

2.4 Was die Kollegen machen

Das Journal hilft also, mit dem eigenen Nachdenken und Phantasieren über Literatur und Kultur Schritt zu halten. Die fortlaufenden Reflexionen (die dazu neigen, einfach fortzulaufen, um auf Nimmerwiedersehen zu verschwinden) lassen sich mit solchen Aufzeichnungen plötzlich von außen beobachten – und man selbst kann von sich denken: *So denke ich also … So habe ich also gedacht …* worüber man dann übrigens wieder nachdenken kann, um sich darüber wieder neue Notizen zu machen, usw. usw., man muss das gar nicht ausspinnen, um sich klar zu machen, wohin das führt: zum dauernden Notieren und Nachdenken über das Notierte.

Wer das macht, wird sich innerhalb von Wochen eine erste Routine des Beobachtens, Denkens und Notierens erarbeiten. Man wird eine Methode des Beobachtens, Denkens und Notierens bei sich erkennen und wird sich dazu Notizen machen können, um auf diese Weise das eigene Denken und die Methode fortzuschreiben und zu variieren.

Wer Kritiker werden will (oder bleiben will) führt allerdings kein philosophisches Journal im engeren Sinn, in dem allein Reflexionen über Reflexionen aufgezeichnet sind. Erinnern wir uns an den Modedesigner, der in die Stoffläden geht, sich dort die Stoffe ertastet und am Ende mit ein paar Proben nach Hause geht, um sie in seinen Ordner zu kleben. Und erinnern wir uns daran, dass er Kleidungsstücke von anderen Leuten genau untersucht und sich zu überraschenden Lösungen Skizzen anfertigt und ein paar Worte notiert. Für den Kritiker heißt das: Nichts wird man mehr lesen dürfen, ohne dass das Journal dabei ist. Kein Buch, keine Zeitung, kein Prospekt, kein Plakat am Straßenrand. Was immer man auch sieht, was immer auch interessant scheint, weil es *gemacht* ist – man sollte sich etwas dazu notieren.

Vor allem aber sollte man eines tun: Man sollte schauen, was die Kollegen machen. Zu den Kollegen zählen alle, die Kritiken publizieren. Kritiken über Kunst, über Musik, über Literatur, über Inszenierungen, über Sendungen im Fernsehen, über neue Formate im Internet. Kritiken im Feuilleton der Zeitung, in Zeitschriften, in Fachblättern der einzelnen Wissenschaften, in Online-Foren, in Netz-Zeitschriften und auf den Seiten Onlinebuchhandlungen…

Es gibt (gerade bei angehenden Kritikern) die Überzeugung, dass man von anderen eigentlich nichts lernen kann und vor allem auch nicht lernen *will*. Kritik, das ist ein weit verbreiteter Gedanke, erwächst angeblich aus der Autonomie des Kritikers, der nicht erst die Texte von anderen lesen muss, um wissen zu können, wie er schreiben kann. Er muss, so glaubt man gern, aus sich selbst heraus, aus dem eigenen Gefühl, aus der unmittelbaren Auseinandersetzung mit dem Gegenstand sagen, was er denkt und empfindet. Das Beste sei deshalb, sich so wenig wie möglich beeinflussen zu lassen oder gar vorschreiben zu lassen, was zu denken und was zu schreiben wäre.

Das ist falsch. Übertragen wir es auf den Modedesigner, wird das schnell klar. Sollte er wirklich ein Jackett schneidern wollen, ohne sich andere Schnittmuster anzusehen? Sollte er darauf verzichten, sich Jacketts bei anderen Leuten anzusehen, um stattdessen Jacken aus dem Kopf heraus zu entwerfen? Nun kann man sagen, dass das Entwerfen und Schneidern von Jacken etwas anderes ist als das Schreiben von Kritiken. Doch lässt sich genau so gut sagen, dass zum Schreiben von Kritiken genauso gut gewisse handwerkliche Grundlagen gehören, die überhaupt erstmal zu lernen sind. Man muss lesen können. Man muss schreiben können. Das sind die grundsätzlichsten Schlüsselqualifikationen, ohne die in dieser Branche überhaupt nichts geht. Das Lesen von literarischen Texten und das Schreiben über literarische Texte stellt ja – das weiß man, seit man zum ersten Mal einen literarischen Text in der Hand gehabt hat – ganz neue Anforderungen: Hier gilt es, anders zu lesen. Und es gilt dann, auch anders zu schreiben. Also gilt es, wie man einst das Lesen und Schreiben gelernt hat, auch das Lesen und Schreiben auf einer komplexeren Stufe zu lernen. Da macht es Sinn, anderen dabei zuzuschauen, wie sie (komplexer) lesen und (komplexer) schreiben. Nicht, weil man *genau so* lesen muss und schreiben muss wie die anderen. Aber zumindest doch, um zu verstehen, *wie* sie lesen und schreiben, um mit ihrer Hilfe durch sie hindurch und dann durchaus auch gegen sie das eigene Lesen und Schreiben zu entwerfen.

Die Überzeugung, Kritiken von anderen nicht lesen zu wollen, weil man sich lieber auf das eigene Gefühl oder die eigene unkorrumpierte Meinung berufen will, hat etwas Tragisches. Denn sie ist Ausdruck eines Desinteresses, Symptom einer inneren Stumpfheit, Hinweis auf eine Unempfindlichkeit, die zu einem Kritiker ganz und gar nicht passt. Wenn wir gerade eben noch darauf hingewiesen haben, wie wichtig es ist, sich selbst als nervöses System zu entwerfen, das Erfahrungen machen *muss*, alle Sinne öffnen *muss*, um alles Mögliche aufzunehmen, was einem begegnet, um daraus auf das zurückzuschließen, was einen umfängt und was man Kultur nennt – warum sollte das dann ausgerechnet vor den Kritiken von Kollegen Halt machen?!

Wer sich wirklich für alles interessiert – und der Kritiker sollte sich erst einmal *für alles* interessieren, um den Zusammenhang *von allem* begreifen zu wollen –, muss sein Interesse eben auch auf die Techniken des Lesens und Schreibens von anderen richten, um zu verstehen, wie die anderen auf die Welt und auf sich selbst zugreifen.

Es gibt aber auch noch eine pragmatische Seite des Interesses für das, was die Kollegen tun. Wenn ein typischer Anfängerfehler beim Schreiben von Kritiken ist, dass man schnell ins Schwimmen gerät, weil man den Umfang des eigenen Textes nicht kennt, weil man seine innere Struktur nicht begreift und weil man nicht wirklich versteht, wie man die einzelnen Hinweise und Argumente und Meinungen auf die Reihe bekommen soll, dann macht es Sinn, Texte zu lesen, an denen sich genau das beobachten lässt: Welche äußere Form hat der Text? Wie ist er gegliedert? In welcher Reihe stehen die Hinweise, Argumente und Meinungen? Wie ist er erzählt?

Und damit kommt ins Spiel, was bereits im ersten Kapitel angesprochen wurde: Wenn man sich diese Fragen stellt und sie an der Kritik des Kollegen durchgeht, tut man nichts anderes, als sich diesem Text gegenüber selbst schon wie ein Kritiker zu verhalten. Das Lesen und Analysieren von Kollegentexten ist also nicht etwas, was nebenbei erledigt werden darf, sondern was zum Kerngeschäft der Kritik und damit zur Hauptaufgabe jedes Kritikers gehört.

Deshalb also gilt als eine der wichtigsten Voraussetzungen für alle, die Kritiker werden oder bleiben wollen: Man muss gucken, sammeln, analysieren, was die Kollegen machen – um von dort aus verstehen zu können, was man selbst machen will und machen kann.

2.5 Einträge ins Journal: *Eine exemplarische Lektüre*

Werfen wir einen Blick ins Feuilleton von heute (16. Juli 2005), um zu schauen, ob sich etwas für das Journal finden lässt. Tatsächlich lässt sich immer etwas finden. Im Feuilleton der *Berliner Zeitung* gibt es auf der ersten Seite einen mittig gesetzten, von sechs Photos gerahmten Doppelartikel. „KOINZIDENZ" steht darüber: „In einer transatlantischen Parallelaktion entstanden vor 50 Jahren zwei epochale Kulturmodelle: documenta und Disneyland." In den Überschriften zu den einzelnen Artikeln heißt es dann: „50 Jahre Disneyland. Kunstwelt in Kalifornien" und „50 Jahre documenta. Weltkunst in Kassel".

Angewandt wird hier ein interessantes Verfahren, mit dem zwei Sachen zueinander gebracht werden, die auf den ersten Blick gar nichts miteinander zu tun haben. „Kunstwelt, Weltkunst" kann man sich ins Journal notieren:

> In der Frühromantik galt als Witz, was zwei ganz entfernt liegende Dinge (die miteinander völlig unvereinbar scheinen) blitzartig zusammenbringt. Die Idee, *documenta* und *Disneyland* zusammenzubringen, ist deshalb witzig im allerbesten Sinn.

Neben diesen Eintrag klebt man den Artikel und beginnt zugleich eine Liste, in der immer zwei Sachen notiert sind, die völlig unvereinbar scheinen und die übungshalber zu verbinden sind. „Koinzidenzen". Der Literaturkalender bietet für dieses Spiel der Verbindung von scheinbar Unvereinbarem genug Namen, Geburtstage und Todestage an: Walter Benjamin und Anton Chechov zum Beispiel, der 15. Juli ist Geburtstag für den einen, Todestag für den anderen. Daraus müsste sich etwas machen lassen.

Schon schwerer zu verbinden sind diese beiden: Andreas Gryphius und Jörg Christian Fauser. Der 16. Juli ist Todestag für den einen, Geburtstag für den anderen. Fast gar nicht zu verknüpfen (oder vielleicht doch?) sind Gottfried Keller und Wladimir Wladimirowitsch Majakowski, die beide am 19. Juli Geburtstag haben. *Benjamin meets Chechov, Gryphius meets Fauser, Keller meets Majakowski* – drei Grundkonstellationen für „witzige" Texte, die man mal irgendwann schreiben könnte. Also notiert man: „Liste ist fortzusetzen" und wendet sich wieder der Zeitung zu.

Im Feuilleton der *Süddeutschen Zeitung* auf der Literaturseite findet man heute die Rezension eines Bildbandes. Diese Rezension fällt besonders auf, weil sie einen Einstieg hat, der völlig misslungen scheint:

> Kann man Schönheit bemessen? Kann man sie besitzen? Kann man sie überhaupt begreifen? Ist sie eine Eigenschaft der Welt oder entsteht sie im Auge des Betrachters? Weil etwas die Sinne reizt, weil schöne Dinge und Wesen unmittelbar zu sprechen beginnen, weil sie ohne Aufdringlichkeit – berühren?

So viele Fragen, so viele langweilige Allgemeinheiten … Diesen Einstieg kann man sich gleich auf die Liste setzen, die anzulegen wir im ersten Kapitel empfohlen haben: *Don't!* Und man kann sich aufschreiben:

> Wer seine Kritik mit solchen ebenso größenwahnsinnigen wie schnöden Allerweltsfragen der Ästhetik beginnt, hat eigentlich schon verloren! Schon wenn man nur eine einzige von ihnen aufruft, bewegt man sich im Bereich der Leerformeln. Will man denn diese Fragen wirklich in einer Rezension beantworten können? Nein, will man nicht. Und kann man nicht. Deshalb sollten sie auch nicht gestellt werden.

Und hinzufügen kann man gleich auch noch:

> Es ist generell schwierig, eine Kritik mit einer Frage (oder sogar mit einer Reihe von Fragen) zu beginnen. Das wirkt immer formelhaft. Die Frage wird ja nicht entwickelt, sondern dem Leser einfach so vorgesetzt. Es ist nicht klar, warum sich die Frage überhaupt stellt. Man sollte sie besser in der Kritik Schritt für Schritt entwickeln – und zwar so weit, dass sie sich *von alleine* stellt. Sie sollte sich sogar so weit von alleine stellen, dass sie gar nicht mehr explizit gestellt

> werden muss. Der Leser soll vielmehr spüren, dass die Frage in der Kritik aufgebaut und dann auch beantwortet wird.

Wenn man das notiert hat, kann man sich wieder der Rezension zuwenden, um im nächsten Absatz zu lesen:

> Der amerikanische Fotograf Michael Furman hat für den Bildband *Klassische Automobile* (Delius Klasing Verlag, Bielefeld 2005. 264 Seiten, zahlreiche Abb. 49,90 Euro) die ausdrucksstärksten Mobile der Moderne aus den USA und Europa zusammen gebracht und in seinem Studio wie auf einem Altar zelebriert.

Was für eine Pointe! Nun stellt sich also im zweiten Absatz plötzlich heraus, dass der Autor der Rezension die ebenso größenwahnsinnigen wie schnöden Allerweltsfragen der Ästhetik herbeizitiert, um dann über Autos zu sprechen. Vom Heiligsten kommt er zum Profansten, um damit durch die Erzählweise vorzuführen, dass der Fotograf das Profane wie etwas Heiliges behandelt. Ein großartiger Trick. Ein ironischer Einstieg, dem man die Ironie selbst nicht ansieht, die sich dann aber schon im zweiten Absatz offenbart. Und dann das produktivmachen der Ironie, des Pendelns zwischen Hohem und Niedrigem in der Argumentation selbst: vom Heiligen zum Profanen und zurück.

Also macht man einen großen Pfeil von der Don't-Liste rüber auf die andere Seite und eröffnet eine Seite für gute Tricks, für ironische Einstiege. Doch schreibt man sich dazu:

> Grandios. Sehr grandios. Aber riskant. Wer Kritiken mit einer ironischen Finte beginnt, der man die Ironie nicht ansieht, riskiert, dass der Leser nicht merkt (oder nicht merken will), dass es sich um eine Finte handelt. Zwar kann man auf den ersten Zeilen so tun, als sei man ein schlechter Kritiker. Aber ob dann noch jemand den Text liest…?

Wir blättern weiter. Auf allen Zeitungsseiten gibt es irgendetwas, was interessant scheint und was man aufschreiben könnte (wenn man nur die Zeit dazu hätte – das Journal ist ja dann doch nur ein Journal und nicht der Hauptteil der Arbeit). Was auffällt ist noch eine schöne Passage aus einem Artikel von Ijoma Mangold auf der ersten Seite vom SZ-Feuilleton (man sollte sich übrigens immer auch die Namen von Kollegen notieren, deren Artikel man liest). „Der Online-Händler

Amazon wird zehn Jahre alt". Witzigerweise spricht Mangold auch über die Sparte der Kundenrezension (*liebelleee* lässt grüßen) und platziert sie im Kontext von Interaktivität, Kundennähe und Buchmarkt. Jetzt aber interessiert das Eingangsstück, für das der Kritiker eine kleine Schlüsselgeschichte erzählt, über die er das Thema für seinen Artikel findet, um alles Folgende daran aufzuhängen. In einem späteren Kapitel soll es darum gehen, wie wichtig für den Kritiker das richtige Erzählen ist – hier kann man sich schon mal einen wunderbaren Erzählungsbeginn ins Journal schreiben. Er definiert sehr kurz, sehr knapp, sehr prägnant eine Versuchsanordnung, aus der dann im Folgenden die ganze Auseinandersetzung mit dem Thema abgeleitet wird:

> Es gibt den berühmten Turing-Test Er bietet ein Kriterium, die Intelligenz eines Computerprogramms zu bestimmen. In einer Versuchsanordnung kommuniziert eine Testperson über Computer mit zwei Partnern: Der eine ist ein Mensch, der andere ein Programm. Wenn die Testperson irgendwann nicht mehr unterscheiden kann, ob sie nun gerade mit einem Menschen oder mit der Maschine kommuniziert, dann hat die Maschine den Turing-Test bestanden. Dann hat der Computer über den Menschen gesiegt.

Noch ist unklar, was das mit Amazon zu tun haben soll, aber schon im zweiten Absatz knüpft Mangold die Verbindung:

> Den Turing-Test kann man auch gut bei dem Online-Buchhändler Amazon anwenden. Wenn die Internetseite von Amazon unsere geheimen Lektüresehnsüchte besser erkennt als der Buchhändler nebenan und uns umfassender und kompetenter beim Kauf berät als ihr menschlicher Rivale, dann hat Amazon den Test bestanden. Und das in Seattle beheimatete Unternehmen, das am heutigen Samstag sein zehnjähriges Bestehen feiert, tut viel, um den Turing-Test zu bestehen.

Gerade haben wir ins Journal notiert:

In der Frühromantik galt als Witz, was zwei ganz entfernt liegende Dinge (die miteinander völlig unvereinbar scheinen) blitzartig zusammengebracht werden. Die Idee, documenta und Disneyland zusammenzubringen, ist deshalb witzig im allerbesten Sinn.

Jetzt kann man sich dazuschreiben:

> Ijoma Mangold macht in seiner Einleitung zum Amazon-Artikel nichts anderes als einen Witz: Er verknüpft den Turing-Test mit der Konkurrenz der Buchhändler. Er findet ein Bild, um das Problem zu erklären, das sich mit dem Erfolg der Online-Buchläden stellt. Der große Witz des Einstiegs ist, dass erst über das Bild vom Turing-Test klar wird, in welcher großen kulturellen Problemkonstellation sich die Erfolgsgeschichte von Amazon entfaltet. Das ist die große Kunst dieses Einstiegs. *Erstens* – er überrascht durch die Verknüpfung. *Zweitens* – er erhellt blitzartig die Situation, indem er das Thema kulturell kontextualisiert. *Drittens* – er beginnt eine Erzählung mit einem wunderbar erzählten Schlüsselbild und seiner Pointe, aus der heraus er den ganzen Argumentationsgang entwickeln kann.

Wir kommen später auf diese Erzählkunst und ihre Notwendigkeit ausführlicher zu sprechen. Hier sei nur noch, um alles abzurunden, das Ende von Mangolds Artikel zitiert, der heute im Feuilleton zu finden ist und der einen Ehrenplatz auf einer Seite bekommt, über der „großartig" geschrieben steht:

> Eines aber bleibt: In eine Buchhändlerin kann man sich verlieben. Da hat Amazon, solange Cybersex nur eine sehr unvollkommene Simulation ist, noch ein Problem. Wenn allerdings heute der neue, englische ‚Harry Potter' auf den Markt kommt, dann wird kaum ein deutscher Buchhändler mit den extremen Rabatten mithalten können, die Amazon seinen Kunden bietet.

Übung 5: Feuilleton-Obduktion

Aufgabe 1: Eine Zeitung und ein Notizheft besorgen

Starten wir mit einer Feuilleton-Obduktion. Vielleicht haben Sie schon länger mit dem Gedanken gespielt, endlich mal ein Journal anzulegen, aber wie das Leben so ist: Es kommt immer etwas dazwischen. Heute aber nicht. Kaufen Sie sich eine Tageszeitung: *Frankfurter Allgemeine Zeitung, Süddeutsche Zeitung, tageszeitung, Neue Zürcher Zeitung, Frankfurter Rundschau, Berliner Zeitung* oder *Die Welt.* Wenn Sie am Zeitungsladen vorbei kommen, bringen Sie sich gleich ein Notizheft mit. Wenn Sie schon eins haben, wenn Sie gar schon eines führen – umso besser. Dann geht's schneller los mit der zweiten Aufgabe.

Aufgabe 2: Feuilleton-Obduktion
Schlagen Sie den Kulturteil auf (achten Sie doch mal darauf, wo Sie ihn in der Zeitung finden. Schauen Sie auch, von welchen Themenbereichen er gerahmt ist, das gibt Ihnen einige Hinweise zum kulturjournalistischen Profil der Zeitung, von denen die jeweiligen Artikel auf grundsätzliche Weise vorbestimmt sind – aber dazu später mehr.)
Jetzt gilt erstmal das, was bei der exemplarischen Lektüre im letzten Abschnitt gegolten hat: *Es lässt sich immer etwas finden, was ins Journal passt.*
Der Witz ist dabei: Man darf nicht nur nach dem Gelungenen suchen; man muss die Sinne ganz weit öffnen für das, was überhaupt im Feuilleton von heute stattfindet. Interessant ist das Gute, das Schlechte, das Mittelmäßige, das Langweilige, das Überzogene… denn interessant ist es, weil ab jetzt immer die Frage sein muss: *Wie ist es gemacht*, dass es so gut, so schlecht, so langweilig usw. ist?

(a) **Was gibt's?** Dafür macht man zuerst eine Bestandsaufnahme.
- Über welche Themen wird geschrieben?
- Wie lang sind die Artikel?
- Auf welchen Seiten stehen sie?
- Wer schreibt?
- Gibt es Bilder?
- Wie sind die Überschriften formuliert?

Machen Sie sich Notizen, mit denen Sie sich einen Überblick über die grundsätzliche Machart des Feuilletons verschaffen.

(b) **Listen schreiben.** Machen Sie sich eine Liste der Themen, auf die Sie stoßen. Schreiben Sie zu jedem Thema zwei, drei weitere Themen auf, die man genau so gut auf dieselbe Weise, wie es in Ihrem Feuilleton von heute geschieht, untersuchen könnte.

(c) **Noch mehr Listen schreiben.** Beginnen Sie eine Don't-Liste. Tragen Sie dort Sachen ein, die Ihnen nicht gefallen und die Sie so nicht schreiben würden: Sätze, Formulierungen, Einstiege, Ausstiege etc. Beginnen Sie auch eine Seite, auf der nur „Gelungenes" verzeichnet wird, notieren Sie sich kurz, was Sie gelungen finden, vielleicht auch, in welchem Zusammenhang man dieses Gelungene gut einsetzen könnte.

(d) Feuilleton-Collage. Schreiben Sie ein bisschen was ab, schneiden Sie auch Artikel aus und kleben Sie sich die Schnipsel in das Journal. Unterstreichen Sie, markieren Sie, kommentieren Sie die Teile.
Ist das lächerliche Bastelarbeit? Wenn man es so sieht, verzichtet man darauf, sich einen Katalog von brauchbaren und unbrauchbaren Themen, Texten und Formulierungen anzulegen, über den man mit der Zeit nicht nur einen Überblick über die Aktivitäten (und die Qualitäten) der Kollegen bekommt, sondern auch ein Gefühl für das eigene Schreiben entwickelt. Es ist, als ob Sie Stoffe durch ihre Finger gleiten lassen. Je mehr sie berühren, umso empfindlicher werden ihre Finger, umso klarer wird Ihr Gedächtnis, umso genauer und praktikabler werden Ihre Einfälle.

2.6 Routinen erarbeiten!

Dass man sich ausgerechnet diese Zeilen und diese Artikel in das Journal einträgt und einklebt (und nicht irgendwelche anderen), ist mehr oder weniger Zufall. *Mehr*, weil es die Zeitungen von heute sind, weil es nur bestimmte Zeitungen sind und weil man sich diesmal nicht für Artikel über den Geist des Bürgertums oder über die Berliner Ur-Aufführung von „Klimbim" in Originalbesetzung (Ingrid Steeger! Elisabeth Volkmann!) interessiert. *Weniger*, weil man durch das Führen eines Journals die Aufmerksamkeit auf bestimmte Texte, Fragen, Probleme und Lösungen ausgerichtet hat. Vielleicht interessiert man sich derzeit nur für die Anfänge (*Wie* fängt man an?), vielleicht interessiert man sich dabei zugleich für bestimmte Autoren oder für Autoren überhaupt (*Wer* fängt seine Texte *wie* an?), vielleicht interessiert man sich für ‚witzige' Verknüpfungen, durch die sich kulturelle Zusammenhänge und Problemkonstellationen erklären. Irgendwann wird sich das Interesse wieder verschieben. Dann achtet man auf andere Sachen, andere Fragen und andere Texte. Auch das wird dann wieder seinen Weg in das Journal finden, und man wird irgendwann den Weg sehen, den die eigenen Interessen und Fragestellungen gegangen sind.

Mit anderen Worten: Es gibt für das Führen von Journalen keine Vorschriften oder Richtlinien. Ob es längere oder kürzere Notizen sind, ob man Texte exzerpiert oder einklebt, ob man sie nur zitiert oder paraphrasiert, ob man sie linear untereinander schreibt, ob man sie auf Karteikarten festhält oder in Büchern, ob man sie auf großflächigen Blättern in Form von Netzen arrangiert, ob man Tabellen und Listen oder die Erzählung bevorzugt... das alles sind Entscheidungen, an denen sich spezifische Methoden des Beobachtens, des Lesens, des Zugreifens, des

Denkens erkennen lassen. Und weil man solche Methoden durch das Führen eines Journals bei sich selbst erkennt, kann man davon ausgehen, dass sich die Methode mit der Zeit ändern wird, weil man sie eben über das Journal beobachten und variieren kann, um sie besser an das anzupassen, was man für die eigene Arbeit als Kritiker braucht.

Wichtig ist allein, dass man überhaupt ein Journal führt, wenn man lernen will, wie man Kritiken schreibt. Denn dann ist es wichtig, überhaupt erst einmal das Beobachten zu lernen und sich beim Beobachten zu beobachten, um zu wissen, *was* man eigentlich tut, *warum* man es so tut, *wie* man es tut, *und ob* man es nicht auch anders tun könnte. Es gibt Kritiker, die brauchen kein Journal, die machen sich auch keine Notizen. Die arbeiten, wenn sie lesen und schreiben, ohne sichtbare Hilfestellung. Doch sind sie, insofern sie gute Texte anfertigen, einfach nur routiniert. Was man zu Beginn einer Laufbahn als Kritiker explizit verhandeln muss (auf dem Papier, im Journal), das läuft bei den Routinierten implizit ab: das Beobachten der Kollegen, das Merken von guten und schlechten Schreibweisen, das Entwerfen von Ideen, das Verknüpfen der einzelnen Ereignisse und Vorkommnisse zu einem ständig aktualisierten Kulturnetzwerk. Routiniert sein heißt, dass das – für andere völlig unsichtbar – im Kopf abläuft. Routiniert sein heißt, komplexe Verfahrensweisen mit einer Selbstverständlichkeit zu absolvieren, die geradezu verblüffend ist, weil man nicht glauben kann, dass sich etwas so Komplexes so einfach erledigen lässt.

Routinen werden aber nur dann Routinen, wenn sich dieselben Vorgänge immer wieder wiederholt und auf eine gewisse Weise verselbstständigt haben. Nach Wochen, nach Jahren (manchmal nie). Zur Routine gehört viel Wissen, viel Erfahrung, vor allem: sehr viel Praxis. Und es gehört die Ruhe und die Disziplin dazu, sich Routinen erarbeiten zu wollen. Sie fallen dem Kritiker nicht zu. Wer glaubt, als Routinier einsteigen zu können (und zum Beispiel auf das Führen eines Journals zur Beobachtung der Welt und der Beobachtung seiner selbst verzichten zu können), hat schon verloren. Vielleicht glaubt man von sich, man sei ein Genie, das alles aus sich selbst heraus bewegen kann und sich für alles die eigenen Regeln setzt, statt sich an anderen zu orientieren. Aber auch dann darf man nicht vergessen, dass sich – wie man aus der Kreativitätsforschung weiß – Genies nicht am grandiosen Einfall, sondern erst in der Phase der Realisierung bewähren.

Einem wirklich schönen Bonmot zufolge braucht das Genie zur Arbeit ein Prozent Inspiration und neunundneunzig Prozent Transpiration. Wer ein Journal führt, wird spüren, dass das Verhältnis von Transpiration und Inspiration in diesem Fall fünfzig-fünfzig steht. Denn hier muss man nicht nur abschreiben, auseinander nehmen, erklären, Listen führen und analysieren. Hier darf man auch die ganzen Einfälle notieren, die sich ganz automatisch einstellen, wenn man (um noch einmal den Modedesigner zu bemühen) mit den Fingern über die Stoffe fährt und sie zu lesen beginnt.

2.7 Funktionen des Journals

Auch im Fall der Journale hat man eine Menge Kollegen, die man sich anschauen sollte und über die man sich einiges im eigenen Journal notieren kann. *Georg Christoph Lichtenberg* hat in seinen Sudelbüchern notiert, was ihm durch den Kopf geschossen ist: Ideen, Gedankenblitze, Einfälle, Bonmots, Kurzanalysen, Skizzen, Entwürfe zu größeren Arbeiten. Zugleich hat er mit den Notizen das Notizenmachen reflektiert, mit den Gedankenblitzen über Gedankenblitze nachgedacht und vorläufig über die vorläufige Endgültigkeit der Vorläufigkeit spekuliert.

Gustave Flaubert hat dreißig Jahre lang Notizen angefertigt, mit denen er alle Dämlichkeiten und Mickrigkeiten aus Zeitungen, Büchern und Gesprächen festgehalten hat, die ihm untergekommen sind. Sein Plan war, eine *Universalenzyklopädie der menschlichen Dummheit* zu schreiben, um mit dieser unendlichen „Kotzerei" das 19. Jahrhundert zu „beschmieren" – ein Unternehmen, dass sich ja geradezu beliebig in allen möglichen Gegenwarten wieder erneuern lässt.

Emile Zola hat für seine Romane Notizen- und Skizzenbücher angelegt, so genannte *Carnets d'enquete,* in denen er im Detail verzeichnet, was auf den Märkten passiert (und was die Marktfrauen und die Kunden tun und sagen und tragen), an den Börsen (und was die Börsianer tun und sagen und tragen), was auf Bauernhöfen passiert oder während einer Eisenbahnfahrt, wie die Architekten, die Maler und Bildhauer arbeiten, was im Foyer eines Theater abläuft, beim Pferderennen. „Angewandte Soziologie" hat er das genannt, eine Zettelmanie haben es die Zeitgenossen genannt, und beides ist richtig, weil tatsächlich beides miteinander zusammenhängt: Das eine ist ohne das andere nicht zu haben.

Franz Kafka hat ein Tagebuch geführt, um den eigenen Gedankenstrom zu kanalisieren, um Einfälle zu notieren, Geschichten zu skizzieren, Lektüren festzuhalten – und um immer wieder über das Verlobungsproblem mit Felice Bauer nachzudenken. Oft wurde das Tagebuch als Dokument existentieller Not gelesen. Mit einigem zeitlichen Abstand lässt sich aber an den Einträgen die Innenarchitektur eines Labors erkennen, mit dem Kafka das eigene Schreiben am Laufen gehalten und literarische Projekte wie in einem kapillaren Filtersystem kanalisiert und entwickelt hat.

Ludwig Wittgenstein hat ein Journal geführt, um philosophische Probleme in wenigen Sätzen zu pointieren, um überraschende Konstellationen zu skizzieren, sie mit neuen Fragen zu variieren, um sich damit immer wieder selbst neue Fragen zu stellen. Es ist ein Journal, das vorführt, wie man die Ideen in Bewegung halten kann, indem man sie notiert, wenn man sie hat, und wieder überprüft und neu durchspielt, wenn einem etwas anderes durch den Kopf geht.

Harry Graf Kessler hat über 57 Jahre ein großes Gesellschaftstagebuch geführt, um die kulturellen Netzwerke und ihre Energieströme der Zeit einzufangen. *Victor Klemperer* hat sein berühmtes Tagebuch während der Nazi-Zeit geführt, um die Ungeheuerlichkeiten des Alltags in der Diktatur festzuhalten.

Max Frisch hat seine Tagebücher geschrieben, um das, was sich immer weiter fortbewegt, als Bewegtes festzuhalten. „Wir leben auf einem laufenden Band", notiert er, „und es gibt keine Hoffnung, dass wir uns selber nachholen und einen Augenblick unseres Lebens verbessern können. [...] Indem man es nicht verschweigt, sondern aufschreibt, bekennt man sich zu seinem Denken, das bestenfalls für den Augenblick und für den Standort stimmt, da es sich erzeugt."

Max Goldt hat mit seinen Kolumnen ein Kulturtagebuch geführt, von dem der Literaturwissenschaftler Moritz Baßler so prägnant gesagt hat, es habe „einen großen Teil genau jener Sprachspiele unserer Kultur in sein und unser Archiv eingefahren [...], für die es bislang noch kein Speichermedium gab".

Der Publizist *Johannes Gross* hat für die *Frankfurter Allgemeine Zeitung* „Notizen aus der Berliner Republik" angefertigt. Jede Woche wurden ein paar von ihnen abgedruckt, kleine Reflexionen, Fundstücke, Zitate, die wie kleine Edelsteine funkeln sollten (und tatsächlich oft so gefunkelt haben), dass der politische Betrieb und die Politik der Kultur gleichermaßen beleuchtet werden.

Rainald Goetz hat ein Jahr lang das geschrieben und im Internet publiziert, was er dann „Abfall für alle" genannt hat: „strukturell fragmentarisch, fragmentiert von Zeit/die Zeitmaschine/das Jahr/die Minutendinger und ihre Plausibilität/die Sekundegedanken: der Wahn/Tag für Tag, die Erzählung/Zahlen und Ziffern/ALLES IST TEXT/und über und unter und in allem: Melancholie".

Otto E. Rössler, Professor für theoretische Biochemie und Chaosforscher, hat aufgezeichnet, was für Sätze sein Sohn Jonas zwischen dem zweiten und dem fünften Lebensjahr gesagt hat. Rössler hat das nicht etwa gespeichert, um am Ende ein kleines kitschiges Erinnerungsalbum zu haben, sondern um am konkreten Material beobachten zu können, wie sich das Denken und Sprechen entfaltet: „Milchstraße – woher kommt das", „Müllauto war da, heute ist Dienstag".

Der Lyriker und Essayist *Durs Grünbein* hat das erste Jahr im neuen Jahrtausend von Berlin aus beobachtet und von der S-Bahnfahrt zum Alexanderplatz über die Hirnforschung bis zur Komplettgeschichte des Abendlandes alles in kleinen Essays und Gedankenbildern verdichtet.

Hanns-Josef Ortheil hat in einem kleinen Bändchen alle Notizen zusammengefasst, die er anlässlich eines Literaturfestivals gemacht hat, um auf diese Weise die literarische Eventkultur genauer in den Blick zu bekommen und sich von dort aus Gedanken über die Literatur- und Kulturgeschichte zu machen.

Und gerade jetzt gibt es einen unglaublichen Hype um die so genannten *Weblogs*, die Tagebücher und Chroniken im Netz, die von einzelnen und im Kollektiv geschrieben werden, die ihre Welt nicht aus der Perspektive der professionellen Medien, sondern aus dem Hier und Jetzt heraus in unmittelbarer Reaktion und Reflexion beobachten wollen, um dabei die Grenzen zwischen realer Erfahrung und erfundener Welt auszutesten.

Es gibt bei all diesen Journalen ganz unterschiedliche Zugriffe auf Zeit, auf Raum, auf Ereignisse, auf Einfälle und Ideen. Doch ist mit ihnen gemeinsam der Nutzen und Zweck eines Journals genau umrissen.

- Es dient der *Dokumentation und Archivierung* von dem, was Tag für Tag passiert.
- Es dient aber auch – um es mit einem steilen Wort zu sagen – dem *Ideenmanagement*. Und das heißt: Das Journal ist ein Ort, an dem man Ideen notieren kann, um sie zu objektivieren, um sie von außen anzuschauen und mit anderen Ideen zusammenzubringen.
- In diesem Sinn kann es dann auch dem *Innovationsmanagement* dienen: Hier kann man Ideen in kleinen Gedankenspielen und Textexperimenten durchgehen, ohne sie sofort in die Öffentlichkeit oder sogar auf den Markt bringen zu müssen. Ein Journal lässt sich immer auch als eine Teststrecke verstehen, auf der Prototypen laufen und auf der folglich Probleme beobachtet und analysiert werden können, die sich mit diesen Prototypen ergeben.
- Verwandt ist damit die Funktion des Journals als *produktionsbegleitendes* und *produktionsentlastendes Medium*: Viele Autoren führen ihre Journale, um sich hier „warm zu schreiben" oder „warm zu denken", einige beheben Schreibblockaden, indem sie ins Journal hinüberwechseln, weil hier der Ort ist, an dem man nicht für alles, was man schreibt, gerade stehen muss.
- Schließlich gibt es aber noch eine ganz wichtige Funktion des Journals, die sozusagen alle Funktionsaspekte auf eine andere Stufe hebt. Gemeint ist, dass viele Autoren ihr Journal nicht als etwas Nebensächliches, Vorläufiges, Unernstes führen, sondern in ihm *die eigentliche ästhetische Form* sehen, in der sich die hochdynamische, komplexe, verwickelte, uneinheitliche Entwicklung der modernen und postmodernen Kultur reflektieren lässt. All die genannten Autoren haben immer auch das im Sinn: Was sie notieren ist nicht nur Mittel zum Zweck, es ist immer auch eine gültige Methode, Kultur zu beobachten und Erkenntnisse zu gewinnen, die über große Texte nicht zu gewinnen sind. Gerade deshalb ist es nicht verwunderlich, wenn ihre Journale (zuweilen auch ohne, dass es von ihnen intendiert war) als eigenständige Bücher erscheinen und deshalb auch als eigenständige Werke zu lesen sind.

Lichtenberg, Flaubert, Kafka, Kessler, Wittgenstein, Klemperer, Frisch, Goldt, Gross, Goetz, Ortheil, Roessler, Grünbein und die Weblog-Autoren – wer ihre Journale liest, wird sehen, dass nicht jeder von ihnen alle Aspekte integriert, aber immer mit mehreren zugleich arbeitet. *Gegenwartsarchivierung, Ideen- und Innovationsmanagement, Produktionsbegleitung und -entlastung, Ästhetisierung der Gegenwart*: In ihren Texten durchmischen sich die einzelnen Aspekte derart, dass man ihr literarisches und kulturjournalistisches Profil danach bestimmen könnte, in welchem Mischungsverhältnis sie operationalisiert werden.

Doch ganz gleich, wie diese Mischungen auch aussehen, eines haben sie gemeinsam: Mit ihren Journalen sind sie Journalisten in einem ganz emphatischen Sinn. Denn sie orientieren sich mit ihrem Schreiben an der Gegenwart. Sie beobachten die Gegenwart (heute!), sie schreiben für die Gegenwart (heute!), und alles muss sich in die Gegenwart (ins Heute!) übersetzen lassen.

Wenn wir zu Beginn dieses Kapitels vom Modedesigner erzählt haben, der durch die Läden geht, um Stoffe zu lesen und Stücke von ihnen zu sammeln, und wenn erzählt wurde, dass er sich die Machart anderer Kleidungsstücke anschaut, um von dort aus eigene Stücke zu entwerfen, so hat man mit den genannten Autoren solche kreativen Stoffeprüfer, Stoffeverwerter und Stoffeverwandler vor sich. Keiner von ihnen führt ein Journal, das man exakt so übernehmen kann und soll, wenn man Kritiker werden will. Aber wenn man ein Journal beginnt, kann man von diesen Autoren lernen, was für Methoden, Arbeits- und Schreibweisen es gibt, wenn man die Gegenwart beobachten will. Für das eigene Journal wird man eine eigene Methode finden müssen. Aber auch hier gilt: Man muss immer wieder schauen, was die Kollegen tun. Und man muss sich fragen, warum sie es so tun, wie sie es tun. Über die Antwort auf diese Fragen, die man nur in der direkten Auseinandersetzung mit den Gegenständen (also hier mit den Journalen von Lichtenberg, Flaubert usw.) gewinnt, kann man verstehen lernen, was die anderen tun und was man selbst tut, wenn man Kultur beobachtet und in dieser Kultur sich selbst beobachtet. Mit anderen Worten: In dem Moment, wo man es tut, verwandelt man sich in einen Kritiker.

Übung 6: Die Journale der Kollegen

Aufgabe 1: Ein Journal auswählen

Wählen Sie ein Journal aus, blättern Sie es durch und lesen es mehr oder weniger systematisch. Machen Sie sich Notizen zur Methode. Bestimmen Sie jeweils das Mischungsverhältnis, das die Eigenart des Journals ausmacht. Wie viel ist drin von

- Gegenwartsarchivierung,
- Ideen- und Innovationsmanagement,
- Produktionsbegleitung und -entlastung,
- Ästhetisierung der Gegenwart.

Aufgabe 2: Schreiben wie XY
Schreiben Sie eine Woche lang ein Journal im Stil des Autors, den Sie sich ausgewählt haben. Versuchen Sie, mit seinem Beobachtungsinstrumentarium, mit seinem Mischungsverhältnis und seiner Schreibweise Ihre Gegenwart zu beobachten.

Aufgabe 3: Brauchbar oder nicht?
Notieren Sie nach dieser Woche in Stichworten, was für Ihre eigene Arbeit brauchbar ist und was Sie nicht gebrauchen können. Versuchen Sie etwas genauer zu definieren, was Ihre eigene Methode, Ihr eigenes Mischungsverhältnis wäre, wenn Sie eins entwickeln würden oder schon entwickelt haben. (Nur nicht verkrampfen! Es ist nicht die letzte Methoden-Liste Ihres Lebens. In der nächsten Woche, wenn sich die Welt schon wieder verändert hat und Sie sich mit großer Wahrscheinlichkeit auch schon wieder verändert haben, können Sie auch Ihre Liste verändern.)

3 Beschreiben und analysieren

3.1 Bejahen statt verneinen, beschreiben statt „kritisieren"

Wer ein Journal als Tagebuch zur Beobachtung der Gegenwart führt, unterhält – um es ganz emphatisch zu sagen – ein Trainingscamp zur Ausbildung von Neugier. Das Journal richtet die Neugier auf die täglichen, alltäglichen Dinge, die einem entgegenkommen, zustoßen und vorbeirauschen wollen. Im Journal werden sie festgehalten und näher angeschaut. Entwickelt wird ein Blick für die Details und Nuancen der Gegenstände. Und entwickelt wird eine Art und Weise, diese Gegenstände vorzustellen, auseinander zu nehmen, zu durchdenken und wieder so zusammenzusetzen, dass sie Auskunft von sich und ihrer Zeit geben. Das Journal übt darin, diesen Blick und dieses Denken kontinuierlich, regelmäßig anzuwenden, um den Fortlauf der Gegenwart Stück für Stück, Schritt für Schritt bestimmen zu können. Das Journal muss genau deshalb als Grundform des Journalismus verstanden werden: weil es dazu anhält, *die Gegenwart in der Gegenwart für die Gegenwart zu beobachten und zu reflektieren.*

Für die Kritik ist eine solche Schulung nicht nur ein wichtiger Aspekt unter anderen. Insofern Kritik dem Journalismus zugehört – weil sie ebenso die Gegenwart in der Gegenwart für die Gegenwart beobachtet – gehört das Trainingscamp zur Ausbildung von Neugier und die Schule des Sehens sogar zu ihren Voraussetzungen. Einem alten Vorurteil nach zielt Kritik ja vor allem darauf, ihren Gegenstand oder ihr Thema so zu behandeln, dass mit Nachdruck gezeigt wird, was nicht stimmt und was anders gemacht werden muss. Doch damit verkürzt man die Kritik um etwas Fundamentales. Denn bevor man einen Gegenstand auf diese Weise angehen kann, muss man ihn überhaupt erst einmal greifen und bestimmen können. Mit anderen Worten: Es muss überhaupt erst einmal einen Gegenstand geben, an dem man sich abarbeiten kann. Das heißt *erstens*: Man muss ihn finden. Und das heißt *zweitens*: Man muss sich intensiv mit ihm beschäftigen. Und man muss ihn, *drittens*, so vorstellen, dass klar wird, dass sich eine genauere Auseinandersetzung mit ihm lohnt. Was Sie auch immer als Kritiker schreiben werden, fragen Sie sich bei allen Texten, ob Sie alle drei Aspekte (in welchem Umfang, mit welchem Zugriff und in welcher Kombination auch immer) berücksichtigen.

Ganz hartnäckig hält sich die Idee, Kritik sei vor allem etwas Ressentimentgeladenes, eine Form der Negativität, etwas Verneinendes, Nein-Sagendes, Schlechtfindendes oder Besserwissendes. Diese Idee führt gerade bei Anfängern dazu, dass sie sich ihren Gegenständen nicht wirklich nähern, sondern lieber etwas Unbestimmtes „kritisieren". Weil das oft mit der Überzeugung verbunden ist, Kritik habe zuallererst etwas mit der Äußerung der eigenen Meinung in Form einer Einschätzung oder Wertung zu tun, rutscht der Gegenstand fast völlig aus dem Blick. In den Vordergrund rückt dann das „ICH finde" oder „ICH meine". Und unklar bleibt meist, was in Bezug auf was dieses „Finden" und „Meinen" gefunden und gemeint ist. Das Finden und Meinen hängt in der Luft. Es bezieht sich auf nichts. Und ein „Finden" und „Meinen", das sich auf nichts bezieht, kann man sich auch sparen. Es sei denn, es geht wirklich allein darum festzustellen, dass es ein „ICH" gibt (nämlich *MICH*!) und dass dieses „ICH" in der Lage ist, etwas zu meinen und zu finden und dadurch seine Existenz, vielleicht sogar seine Autonomie unter Beweis zu stellen. Das kann man tun. Aber Kritik übt man damit nicht. Man stellt eben nur fest, dass man da ist.

Die eigentliche Kunst, einen Gegenstand für die kritische Auseinandersetzung zu bestimmen, liegt deshalb erst einmal gar nicht im „Finden" und „Meinen". Paradoxerweise liegt sie in einer (wie zu sehen sein wird: *scheinbar*) affirmativen, zustimmenden, bejahenden, vielleicht sogar rühmenden Beschreibung. Wer kritisieren will, muss beschreiben können. Und beschreiben heißt, sich erst einmal vollständig rauszuhalten, den Gegenstand ins Bild zu rücken und ihn zum Sprechen zu bringen.

Genau in diesem Sinn gilt es jetzt, das Journal zu erweitern. Bisher wurden vor allem Fundstücke – sozusagen *objets trouvés* – gesammelt und kommentiert. Jetzt sollen die Fundstücke beschrieben werden. Das Journal wird also zu einem Skizzenbuch erweitert, in das keine fertigen Bilder mehr eingeklebt, sondern Beschreibungen von eigener Hand eingefügt werden. Auch hierbei soll es sich allerdings um Fundstücke handeln – also um das, was Ihnen entgegenkommt, zustößt und was an Ihnen vorbeirauschen will.

3.2 Der Katalog der wichtigsten Beobachtungen

Als der Schweizer Autor Peter K. Wehrli 1968 mit dem Zug von Zürich nach Beirut fährt, bemerkt er mit Schrecken, dass er eins seiner wichtigsten Reiseutensilien zuhause vergessen hat: den Fotoapparat. Und „so beschloss er", schreibt Wehrli im Rückblick über sich selbst, „die Erinnerungsbilder dieser Reise statt mit der Kamera nun mit den Mitteln der Sprache anzufertigen. Alles, was ihn ansprang, alles, was er fotografiert haben würde, wenn er die Kamera bei sich gehabt hätte, bildete er nun mit Wörtern ab."

Für diese Verschriftlichung des Gesehenen entwirft sich Wehrli zwei Regeln. *Erstens*: „ … weil man ein fotografisches Bild, einen Schnappschuss durch den einmaligen Druck auf den Auslöser erzeugt", gilt für den Schreiber, „alles, was er fotografiert *hätte*, in einen einzigen Satz zu fassen". *Zweitens*: „Die Aufzählung der Dinge, die also nicht Bild werden konnten und deshalb Sprache werden mussten, setzte strikt ihre eigene Sprachregelung voraus: In Katalogen haben Sätze kein Prädikat." (Wehrli, 390)

Folgerichtig sieht es in Wehrlis *Katalog der 134 wichtigsten Beobachtungen* während einer langen Eisenbahnfahrt so aus:

15. das Blättern
das suchendunsichere Blättern des Schalterbeamten im Bahnhof Zürich in Preislisten und Streckenverzeichnissen, weil er nur selten eine solche Fahrkarte ausstellen muss.

16. der Soldat
der Soldat, der, welkgrün und eigentlich wie ein guter Soldat aussehend, sein Gewehr mit uns weiterfahren lässt, als er in Goeschenen aussteigen muss.

17. der Zeiger
das ratlose Drehen am Uhrrädchen, um den Zeiger eine Stunde vorzustellen, weil die Uhr im Schweizer Teil des Bahnhofes Chiasso 10 Uhr 23 zeigt, jene im italienischen Teil aber 11 Uhr 23; ratlos deshalb, weil ich, immer wenn ich dies tue, nie weiß, ob ich eine Stunde gewinne oder verliere – aufs Ganze gesehen.

18. die Aufhebung
die von den Fahrgästen selber unternommene Aufhebung der Unterteilung in Raucher- und Nichtraucherabteil, kaum dass der Zug Schweizer Boden verlassen hat.

[...]

Wie man sieht, ist dieser Katalog mit dem verwandt, was im letzten Abschnitt als Journal vorgestellt wurde. Doch geht er über die bisherige Journal-Idee hinaus. Denn jetzt geht es um ganz konkrete *Snapshots*, um Momentaufnahmen, die – weil sie nicht fotografiert werden können – mit Worten fixiert sind. Und es geht darum, sich selbst in diesen Skizzen mit Wertungen *ganz ausdrücklich rauszuhal-*

ten. Man muss sich selbst geradezu in eine Kamera verwandeln, die aufnimmt, was es zu sehen gibt. Das klingt mechanisch. Man kann aber auch an den Blick eines Kindes denken, das in der Bahn, halb wach, halb dösend, einen fremden Menschen betrachtet, der nichts Besonderes an sich hat, der sich nicht besonders auffällig bewegt, der auch mit dem Kind gar keinen Kontakt aufnimmt, sondern sich um etwas anderes kümmert, etwa um seine Zeitung, um seine Hände oder um ein paar Gedanken, die ihm durch den Kopf gehen. Kinder haben in solchen Momenten, in denen ihnen etwas Lebendiges ruhig gegenübersteht oder –sitzt, einen Blick, der auf ganz schlichte Weise das Gegenüber studiert, aufnimmt und scheinbar im Detail in einer Abteilung archiviert, in der Sachen abgelegt werden, die das Etikett *„Das gibt es also interessanterweise auch"* tragen.

Wenn Wehrli unter der Überschrift „die Mutter" schreibt –

> die gestiefelte Mutter in Zöllneruniform, die mit energischem Balkangesicht im Bahnhof Sezana die verlassen im Korridor stehenden Gepäckstücke eigenhändig öffnet und, gar nicht sorgsam, darin herumwühlt, dies offenbar, ohne sich verpflichtet zu fühlen, die herumfliegenden Wäschestücke wieder in den Koffern zu verstauen.

– dann sieht man ihn am Eingang stehen, wie er mit einem Kinderblick in den Korridor hineinschaut. Mit diesem Blick nimmt er auf, was er sieht. Er notiert es und katalogisiert es, um zu wissen, dass es so etwas also interessanterweise auch gibt. Mehr nicht. Aber auch nicht weniger.

Für das Schreiben von Kritiken ist dieses Sehen und dieses Schreiben eine gute Übung, weil es die Aufmerksamkeit auf das einzelne Bild lenkt und dazu zwingt, nicht sofort einzuordnen, sondern erst einmal zur Kenntnis zu nehmen. Diese Übung dient der Sammlung, die eben keine Sammlung von Gedanken und Kommentaren ist. Diese Sammlung konzentriert sich auf das, was es interessanterweise auch gibt, und lässt es zu seinem Recht kommen.

3.3 Webcam: „…nur das, was ist"

Bevor etwas über die Erkenntniskraft eines solchen *Katalogs der wichtigsten Beobachtungen* gesagt und das hier vorgestellte Katalogisieren in eine Übung verwandelt werden soll, erweitern wir das Verfahren und kommen vom Bild zur Szene, vom Snapshot zur kurzen Filmsequenz, vom Fotoapparat zur Webcam.

Die *Webcam* ist eine digitale Kamera, mit der Bilder aufgenommen und direkt ins weltweit gespannte Datennetz eingespeist werden, damit sie von jedem angeschlossenen Computer aus auf jedem Bildschirm in Echtzeit gesehen werden können. Webcams haben zuerst die Netz-Euphoriker installiert: in ihren Wohnungen, in ihren Büros, in ihren Laboratorien; dann sind die Betreiber von Erotikseiten dazugekommen, die ihren Kunden Live-Bilder anbieten; schließlich haben auch die Fremdenverkehrsämter begriffen, dass man ausgewählte Plätze ihrer Stadt 24 Stunden im Netz präsentieren kann. Die heutigen Webcams leisten meist alles zusammen: Sie feiern den Alltag, indem sie fast beliebige Perspektiven auswählen, von belebten Straßenecken, Boulevards, Plätzen und Cafés bis zu tristen Orten, an denen scheinbar so gut wie gar nichts passiert. Jede Kamera bedient aber auch immer die voyeuristischen Wünsche und Süchte, heimlich zu beobachten, was andere tun. Schließlich gibt es die Idee, Ausschnitte aus dem wirklichen Leben zu präsentieren, um das *Hier & Jetzt* zu feiern.

Webcam wurde eine Kolumne genannt, die von 1999 bis 2002 auf den *Berliner Seiten* der *Frankfurter Allgemeinen Zeitung* erschienen ist und für die mehrere Autoren geschrieben haben. Es sind kurze Texte, für die ein Merkblatt angefertigt wurde, auf dem die Regeln verzeichnet sind, die alle Autoren einzuhalten hatten. „Eine Webcam", so hieß es da,

> „ist eine Art Bildbeschreibung, wobei dieser Begriff sehr weit gefasst ist. Es kann auch ein Hörbild beschrieben werden. Der Autor ist ein Aufzeichnungsapparat, der keine Meinung beisteuert und kein Wissen. Er weiß also nicht, was früher da war, wo jetzt etwas ist, ebenso wenig, was dort später einmal sein wird, und auch nicht, was da nicht ist, auch wenn es da sein könnte. (Solcherlei kann durch Zitate vermittelt werden.) Konjunktiv und Potentialis kommen in einer Webcam nicht vor, auch Frage- und Ausrufezeichen nicht (wiederum: außer in Zitaten). Gleichermaßen wird auf einschränkende Konjunktionen und Adjektive verzichtet. Es gibt kein ‚vielleicht' oder ‚anscheinend' in dem, was eine Kamera oder ein Mikrofon auszeichnet, sondern nur das, was ist."

Die Redakteure haben hier also ein recht striktes Regularium entworfen, das vor allem auf eins zielt: die Autoren davon abzuhalten, mit Wertungen in die Darstellung einzugreifen. Gefordert wird eine Beschreibung. Und zwar, wie die Redakteure sagen, eine Beschreibung besonderer Vorkommnisse oder kleiner Geschehnisse. „Man muss nicht warten, bis man eine Kampfhundattacke miterlebt oder den Herzinfarkt eines Schauspielers auf offener Bühne, bevor man eine schreibt." Genauso gut sei die Darstellung der „laufenden Ereignisse beziehungsweise Nicht-Ereignisse, also des alltäglichen Lebens in der Stadt". Allerdings, so schränken sie ein, „sollte eine gewisse Darstellungsnotwendigkeit erkennbar sein".

Der Umfang der Webcam ist ebenso fest geregelt – zwischen 2.400 und 3.200 Zeichen. Auch Anfang und Ende sind immer gleich: Es ist eine Art Codezeile, mit der festgehalten wird, wann und wo die Szene beginnt und wann sie endet.

So reguliert wird der Beobachter in die Stadt geschickt. Und was er mitbringt, liest sich dann zum Beispiel so:

> 14.34 Uhr, Witzlebenplatz
> Mit Schwung kommt ein junger Radfahrer mit Rastafarifrisur um die Ecke. Kurz bevor er den Kaiserdamm bei Rot überquert, rutscht ein Umschlag aus seiner Tasche und fällt auf das Trottoir. Unbemerkt bleibt der Brief liegen, bis zwei Männer den Bürgersteig entlang kommen. Ohne Eile nähern sie sich dem Umschlag. ‚Da liegt meine Rettung', sagt der größere von beiden. Er trägt Budapester Schuhe, einen hellen Leinenanzug und eine runde Stahlbrille: ‚Wenn da Geld drin ist, bin ich aus dem Schneider.' Ohne sich umzusehen, hebt er den Umschlag im Gehen auf und klopft ihn prüfend mit der einen Hand auf die andere. ‚Oder ein dicker Scheck, den lösen wir gleich in der Bank ein.' Mit einem Schlüssel ritzt er den Umschlag einige Zentimeter auf, hält inne, blickt auf die handgeschriebene Adresse. Sein Begleiter, in Turnschuhen und khakifarbener Militärhose, drängt: ‚Mach auf, kannst du später immer noch wieder zukleben.' – ‚Wieso eigentlich nicht?' Der Mann schlitzt den Brief weiter auf und zieht eine fotokopierte Einladung zu einem Ärztekongress aus dem Umschlag. ‚Natürlich kein Geld, wäre ja auch zu schön gewesen.' Der Mann steckt die Fotokopie zurück in den Umschlag, reißt die Ecke mit den ungestempelten Briefmarken sorgsam ab und steckt sie in die Tasche des Jacketts. ‚Ärztekongress', sagt der Mann in den Turnschuhen abschätzig. Als sie wenige Meter weiter an einem Papierkorb vorbeikommen, wirft der andere den Umschlag im Vorbeigehen lässig in die Öffnung des Behälters. Langsam verschwinden sie im Strom der Fußgänger. 14.45 Uhr [Roland Brockmann]

Deutlich wird: Der Autor hat sich in eine Webcam verwandelt, die das, was sie sieht, ausdrücklich nicht wertet. Beschrieben wird nur, was tatsächlich zu sehen ist.

Beschrieben wird auch nur eine einzige Szene, ein abgeschlossener Sinnzusammenhang, dem hier allerdings ein kleiner Prolog (das Verlieren des Briefumschlags) vorangesetzt ist. Es ist eine kurze Darstellung von dem, was im Regularium der Redakteure „laufende Ereignisse beziehungsweise Nicht-Ereignisse, also des alltäglichen Lebens in der Stadt" genannt wird. Was hier passiert, ist nicht weiter auffällig. Es passiert nebenbei. Erst dadurch, dass es in einen kurzen Text verwandelt wird, verwandelt sich die ganze Szenerie. Plötzlich ist jedes Detail bedeutungsvoll. Es ist ein kleiner beliebiger Ausschnitt. Aber gerade weil er ausgeschnitten ist, verliert er seine Beliebigkeit und lässt sich als etwas verstehen, was Kultur „auch" ist – was es also interessanterweise „auch" gibt. Zum Beispiel „auch" dies:

> 10.37 Uhr, Anhalter Bahnhof
> In dem Wartehäuschen neben der Litfasssäule sitzen drei Knaben in einer Reihe. Sie sind vielleicht acht oder neun Jahre alt und türkischer Herkunft. Einer trägt eine Schirmmütze mit der Krempe nach hinten. An der linken Wand lehnt ein junger Mann mit gestähltem Körper und Gel in den nach hinten gekämmten schwarzen Haaren. ‚Gehst du zur Sonderschule?' fragt er den Knaben neben ihm. Der Knabe nickt und schaut verschämt zu Boden. Der junge Mann fragt rasch den dritten. Auch der bejaht und senkt den Blick. ‚Leck mich am Arsch, ihr geht alle drei zur Sonderschule, ich fass' es nicht', ruft der junge Mann mit den Muskeln. ‚Scheiße, Mann.' Er blickt dabei in Richtung der Wartenden. Dann klingelt sein Handy. ‚Hallo! Hallo!' schreit er und spricht kurz mit dem Anrufer. Danach wendet er sich wieder an die Jungs auf den Sitzen. Sie schweigen. ‚Mensch, Schule ist doch nicht so schwer. Deutsch zum Beispiel, da musst du nur gut zuhören. Hab' ich doch auch so gemacht.' Er schweigt nun selbst eine Weile, schüttelt den Kopf und setzt nochmals an: ‚Alle drei Sonderschule, ich fass' es nicht.' Aus Richtung Gleisdreieck naht der Bus. Die Wartenden gehen ein paar Schritte vorwärts. Auch die drei Knaben stehen auf und trotten mit hängenden Schultern zum Straßenrand. Der junge Mann mit den Muskeln folgt ihnen. ‚Gut, Chemie ist verdammt schwer. Da war ich auch schlecht, Alter. Chemie ist verdammt schwer.' 10.46 Uhr [Michael Angele]

3.4 Qualitativ statt quantitativ

Das Verfahren, das dem Snapshot und der Webcam zugrunde liegt, ist keineswegs nur ein journalistisches. Es gilt auch als wichtiger Bestandteil eines wissenschaftlichen Verfahrens, das angewandt wird, wenn es darum geht, so genannte qualitative Analysen durchzuführen. Qualitative Analysen unterscheiden sich von quantitativen dadurch, dass sie nicht darauf abzielen, eine große Menge an statistisch verwertbaren Daten mit Hilfe vorformatierter Fragebögen und Formulare einzusammeln. Sie arbeiten stattdessen mit der intensiven Beobachtung und Interpretation konkreter Phänomene und Szenerien. Und sie arbeiten mit so genannten qualitativen Interviews – also mit strukturierten, aber offenen Gesprächen mit „Experten des Alltags", in denen deren Sicht auf die Verhältnisse erkundet wird. „Einige Forschungsgebiete sind", schreiben Anselm Strauss und Juliet Corbin in einer Einführung in diese Methode,

> ihrem Wesen nach angemessener mit qualitativen Methoden zu beforschen. So zum Beispiel Forschungen über die Art der persönlichen Erfahrung mit Phänomenen wie Krankheit, Glaubenswechsel oder Sucht. Qualitative Methoden können verstehen helfen, was hinter wenig bekannten Phänomenen liegt. Sie können benutzt werden, um überraschende und neuartige Erkenntnisse über Dinge zu erlangen, über die schon eine Menge Wissen besteht. Darüber hinaus können qualitative Methoden Aufschluss geben über verwickelte Details von Phänomenen, die mit quantitativen Methoden schwierig aufzuzeigen sind. (Strauss/Corbin, 4f)

Zu diesen Forschungsfeldern gehört auch die Kultur. Natürlich wird auch immer wieder versucht, kulturelle Zusammenhänge quantitativ – also über die Präsentation von Tabellen, Diagrammen, Kurven und Prozentsäulen – zu bestimmen. Nur ist das Problem der quantitativen Untersuchung, dass man in gewisser Weise immer schon vorher wissen muss, was für Fragen zu stellen, was für Antworten zu bekommen und wie die Bögen und Formulare entsprechend zu gestalten sind. Kultur aber ist dafür zu komplex (sagen die Verteidiger der qualitativen Forschung). Die Beziehungen, durch die Kultur konstituiert wird, die Vernetzungen, über die kommuniziert, Sinn konstruiert, wieder dekonstruiert und rekonstruiert wird, sind zu verworren, als dass man wirklich nur quantitativ verfahren könnte.

Also wenden sich viele Forscher gegen die Quantifizierung. Sie versuchen, kulturelle Zusammenhänge über die intensive Analyse ausgewählter Phänomene zu verstehen. Mit anderen Worten: Man macht Stichproben. Dem geht in der Regel eine genauere Sondierung des genau definierten Beobachtungsfeldes voraus, ein längeres Beobachten des üblichen Betriebs und des Alltags. Das kann durchaus eine so genannte „teilnehmende" Beobachtung sein, bei der der Beobachter etwa in einem Betrieb mitarbeitet, mit einer Familie zusammenlebt oder rituelle Handlungen mit vollzieht.

Dass diese längere, kontinuierliche Beobachtung der Verhältnisse, das Einleben in die jeweilige Kultur auch für den Kritiker wichtig ist, haben wir bereits am Beispiel des Modedesigners gezeigt: Die Forderung, sich fortwährend mit kulturellen Kontexten bekannt zu machen und darüber ein Journal zu führen, zielt genau auf diese konzentrierte Sondierung des Feldes ab. Erst wo das Feld sondiert ist, wo man mit dem Ablauf des Alltags bekannt ist, kann man beginnen, Stichproben zu machen, um sie qualitativ zu untersuchen.

Ethnologen machen solche Stichproben, wenn sie „fremde Kulturen" untersuchen. Psychologen machen solche Stichproben, wenn sie zum Beispiel „persönliche Erfahrungen mit einer Krankheit" erforschen wollen. Unternehmensberater und Organisationsforscher machen Stichproben, wenn sie erfahren wollen, wie sich das Binnenklima einer Firma verändert. Nicht zuletzt machen Kritiker solche Stichproben, wenn sie die Kultur verstehen wollen.

Die qualitative Methode eignet sich für alle Phänomene, Ereignisse, Aussagen, Produkte und Werke, über deren Bedeutung man vor der Untersuchung nicht Bescheid wissen kann. Für den, der qualitative Forschung betreibt, ist dieses Nicht-Bescheid-wissen-können etwas ganz Universales. Selbst den alltäglichsten und bekanntesten Dingen gegenüber muss man sich als Forscher so verhalten, als wisse man von ihnen nichts und müsse über genaue Beobachtungen, über ein genaues Zuhören, Tasten und Fühlen alles von Grund auf neu erfahren. Sich fremd zu machen, wird damit zur wichtigsten Voraussetzung für den Umgang gerade mit Alltäglichem. Um überhaupt etwas verstehen zu können, muss man erst einmal zu einer Art Aufnahmegerät werden, das mitschneidet, was vor sich geht.

„Lassen Sie uns an diesem Punkt innehalten", schreiben Strauss und Corbin, nachdem sie den theoretischen Hintergrund skizziert haben, „und ein Beispiel einführen" – ein Beispiel, das direkt zum Snapshot und zur Webcam zurückführt.

> Stellen Sie sich vor, Sie befinden sich in einem ziemlich teuren, aber beliebten Restaurant. Das Restaurant ist auf drei Ebenen gebaut. Auf der ersten Etage befindet sich eine Bar, auf der zweiten ein kleiner Speiseraum und auf der dritten der Haupt-Speiseraum und die Küche. Die Küche ist offen, so dass sie sehen können, was dort vor sich geht. Weine, Liköre und entsprechende

> Gläser zum Servieren sind auch auf dieser dritten Etage verfügbar. Während Sie auf Ihr Essen warten, bemerken Sie eine Dame in Rot. Sie scheint einfach nur in der Küche herumzustehen, aber Ihr gesunder Menschenverstand sagt Ihnen, dass ein Restaurant keine Dame in Rot bezahlen würde, nur damit sie dort herumsteht - besonders nicht in einer Küche in vollem Betrieb. Ihre Neugier ist geweckt, also entschließen Sie sich, eine induktive Analyse durchzuführen, um herauszufinden, ob Sie den Job der Frau feststellen können."

In Gang gesetzt wird jetzt ein Spiel, das aus einer Reihe von Fragen besteht, mit denen anhand der fortlaufenden Beobachtung ergründet und in Begriffen gefasst werden soll, nach welchen Regeln der Betrieb funktioniert. Der Beobachter fragt sich:

- Was tut die Frau hier? Antwort: Sie beobachtet etwas.
- Nächste Frage: Was beobachtet sie? Antwort: Küchenarbeit.
- Als nächstes kommt jemand und stellt ihr eine Frage. Sie antwortet. Diese Handlung unterscheidet sich vom Beobachten, also kodieren Sie sie als *Informationsweitergabe.*
- Sie scheint alles zu bemerken. Sie nennen das *Aufmerksamkeit.*
- Unsere Dame in Rot geht zu jemandem und sagt etwas zu ihm. Da dieses Ereignis auch Information beinhaltet, die weitergegeben wird, nennen Sie es auch *Informationsweitergabe.*
- Obwohl sie inmitten dieser Aktivität steht, scheint sie das nicht zu stören. Um dieses Phänomen zu beschreiben, verwenden Sie den Begriff *Unaufdringlichkeit.*
- Sie dreht sich um und geht schnell und ruhig mit *Effizienz* in den Speisesaal und fährt fort, auch hier die Aktivität zu *beobachten.*

Was Strauss und Corbin hier vorschlagen und was jeder eigentlichen Interpretation des Datenmaterials vorausgeht, nennen sie das *Konzeptualisieren.* Die einzelnen Bezeichnungen müssen wieder gruppiert werden, Kategorien müssen gefunden werden, es muss also ein Abstraktionsprozess in Gang gesetzt werden, der aber immer eines zur Grundlage hat: die genaue Beobachtung und das genaue Zuhören.

Genau deshalb heißt die Methode, die Strauss und Corbin entwickelt haben, *Grounded Theory.* Theorien hängen hier eben nicht im luftleeren Raum, sie werden erst in der Auseinandersetzung mit dem konkreten Gegenstand entwickelt und damit also geerdet.

Kommen wir zurück zu den Snapshots und den Webcams. Was mit dem Restaurant-Beispiel entworfen wurde, ist die klassische Situation, in die sich jemand begibt, der einen Text für einen *Katalog der wichtigsten Beobachtungen* oder eine Szene schreiben will, die dem Kriterienkatalog der Redakteure der *Berliner Seiten* gerecht werden will. Was man in Peter K. Wehrlis *Katalog* und im Buch mit den gesammelten *Webcams* liest, sind Aufzeichnungen, wie sie auch ein Wissenschaftler anfertigen könnte, der mit der Methode von Strauss und Corbin arbeiten will. Man könnte vielleicht sagen: Auch Snapshot- und Webcam-Autoren sind Wissenschaftler, die den Alltag untersuchen. Sie halten plötzlich inne und skizzieren eine Szenerie, die dann einer intensiven Interpretation unterzogen werden kann. Um aber genau diese Szenerien überhaupt erst einmal zu erfassen, ist es wichtig, das Notieren zu lernen. Wichtig ist damit dann auch zu lernen, solche Szenerien *als Szenerien* zu sehen, die man als kulturelle Szenen interpretieren kann.

Übung 7: Aufnahmen aus dem Kulturbetrieb

Das Format: Snapshot oder Webcam

Angefertigt werden sollen Snapshots und Webcams nach den bekannten Regeln:

Snapshot

- Jeder Snapshot ist ein Bild, das durch den einmaligen Druck auf den Auslöser erzeugt wird.
- Dieses Bild wird nicht mit der Kamera gemacht, *es wird notiert.* Es erscheint also als Text, der aber nur aus einem Satz bestehen darf.
- Dieser Satz muss rein deskriptiv sein, er darf nicht werten, nicht vermuten, kein Konjunktiv enthalten, darf nichts einholen, was vorher war oder später kommt.

Webcam

- Jede Webcam gibt eine einzige kurze Szene wieder, die durch das *On* und das *Off* der Kamera begrenzt wird.
- Diese Szene wird nicht mit der Kamera gefilmt, *sie wird notiert.* Sie erscheint also als Text – der aber höchstens 3.200 Zeichen umfassen darf.
- Die Szenerie muss ein Ereignis aus den „laufenden Ereignissen oder Nicht-Ereignissen" fassen.
- Die Webcam verfährt rein deskriptiv. Sie darf nicht werten, nicht vermuten, keinen Konjunktiv enthalten, darf nichts einholen, was vorher war oder später passiert.

Das Thema: Der Kulturbetrieb

Wir nähern uns jetzt wieder den Bereichen, um die sich Kritik traditionell kümmert: Literatur, Theater, Kunst, die Musik, die Architektur. Diese Bereiche sollen aber jetzt mit einer gesteigerten Aufmerksamkeit beobachtet und einzelne Szenen genau protokolliert werden.

Denkt man noch einmal daran, dass sich auch Ethnologen ihrem Forschungsfeld mit einer solchen Aufmerksamkeit zuwenden (und aufmerksam notieren), wird vielleicht klarer, was diese Methode des Protokollierens gerade im Bereich der Kultur nutzen kann: Man erfährt über die einzelnen Bilder und Szenen etwas über einen fremden Stamm, der ein Ritual mit bestimmten Regeln und bestimmten Abläufen absolviert (die Lesung, die Premiere, die Vernissage). Der Ethnologe, der vielleicht noch nichts über diesen Stamm weiß, muss nun herausfinden, welche Regeln das sind und welche Abläufe sie auf welche Weise regulieren.

Thomas Böhm, Programmleiter vom Literaturhaus in Köln, schreibt eine größere wissenschaftliche Arbeit über Lesungen. Er interessiert sich berufshalber für den Ablauf von Lesungen. Voller Begeisterung kann er zum Beispiel detailgenau erzählen, was genau passiert, wenn Autoren auftreten. Bei Abenden im Literaturhaus installiert er zuweilen eine Kamera, filmt den Vortrag und schneidet für sich die Anfangssequenzen heraus. Böhm konzentriert sich erst einmal nur darauf, wie der Autor vorgestellt wird, wie er von seinem Stuhl aufsteht, die Bühne oder das Podest betritt, sich hinsetzt, vielleicht ein Buch vor sich hinlegt, sich vielleicht einen Schluck Wasser eingießt, sich räuspert, blättert, vielleicht „Guten Abend" sagt…

Weil Böhm lange genug hingeschaut hat, kann er jede einzelne Handlung als charakteristische identifizieren. Auch wenn es auf den ersten Blick immer gleich aussieht: Jeder Autor tritt anders auf, jeder Autor verhält sich anders zum Publikum, zum Text und zu sich selbst. Aber wie verhält er sich *genau*? Und was bedeutet das für die Eröffnung einer Lesung? Und was heißt das wiederum für die Möglichkeiten, die Eröffnung einer Lesung ganz bewusst zu inszenieren, um eine bestimmte Wirkung zu erzielen? Und was heißt das wiederum für die Lesung als Inszenierung und für die Lesungskultur überhaupt? – Das sind die Fragen, die sich Thomas Böhm stellt. Um eine Antwort geben zu können, muss er vor allem erstmal eins gut können: beobachten und notieren.

Aufgabe 1: Beobachtungsfelder wählen

Wählen Sie für Ihre Snapshots und Webcams eine literarische Lesung, einen Theaterabend, eine Ausstellungseröffnung, ein Konzert, den ersten Durchgang durch ein Gebäude, das Sie noch nie betreten haben. Es gilt, dort hinzugehen und *genau* zu beobachten, was an diesen Orten, bei diesen Veranstaltungen passiert.

Aufgabe 2: Snapshots und Webcams schreiben
Schreiben Sie über diese Veranstaltungen Texte nach den Regeln, die für die Snapshots und die Webcams vorgestellt wurden. Ziel der Aufgabe ist, Ereigniskataloge für den Kunstbetrieb zusammenzustellen, in denen im Detail zu sehen ist, was bei Veranstaltungen passiert.

- Was machen und worüber sprechen die Zuschauer oder Zuhörer *genau?*
- Was tun die Künstler *genau*, wenn sie lesen, wenn sie einer Einführungsrede zu ihren Kunstwerken zuhören?
- Wie sieht der Raum *genau* aus, in den sich die Kinozuschauer begeben?
- Also noch einmal: Was passiert eigentlich *genau* an diesen Abenden, wenn die Menschen zur Lesung, ins Theater, ins Kino etc. gehen?

Die Sammlung der Texte, die geschrieben werden, könnte dann in Anlehnung an das Projekt von Peter K. Wehrli den Titel tragen:

- *Katalog der 20 wichtigsten Dinge, die bei einer Lesung im Literaturhaus passieren.* Oder:
- *Katalog der 20 wichtigsten Dinge, die während der Pause im Foyer zu sehen sind*

usw.

Aufgabe 3: Weitere Beobachtungsfelder markieren
Anknüpfend an die Idee von Thomas Böhm, Anfangssequenzen genau zu beschreiben, um sich mit ihnen eine Grundlage für das Verständnis von Lesungen zu schaffen, sollte eine kleine Liste angefertigt werden: Auf dieser Liste stehen die möglichen Felder, die man im Kulturbetrieb beobachten und die man katalogisieren könnte.

- Wo könnte man hingehen?
- Was könnte man sehen?
- Was könnte man erkennen?

Wenn mehrere Leute (etwa im Seminar) solche Listen anfertigen, sollte man sie miteinander vergleichen und weiterspinnen: Was könnte man da jeweils *noch* sehen? Was könnte man da *noch* erkennen?

3.5 Wenn Texte „leuchten"

Die Autorin und Journalistin Annett Gröschner, die auch einige Webcams für die *Berliner Seiten* der *Frankfurter Allgemeinen Zeitung* geschrieben hat, antwortet auf die Frage, was die besondere Herausforderung an solchen Texten ist: „Es gibt welche, die leuchten. Und es gibt welche, die leuchten nicht." Das heißt: Nicht jede Beschreibung ist einfach nur eine Beschreibung. Vielmehr muss man zwischen gelingender und nicht gelingender Beschreibung unterscheiden... Dass eine Webcam „leuchtet", bedeutet im Sinne von Gröschner: Sie gewinnt einen fast literarischen Eigenwert, der sie vom bloßen Protokoll abhebt. Eine „leuchtende" Webcam ist ein kleines Kunstprodukt, an dem sich – obwohl es doch nur der redaktionellen Regel folgt und nur eine Zusammenfassung von etwas tatsächlich Geschehenem ist – die Spuren des Gemachten und Arrangierten erkennen lassen. Hier ein Textbeispiel von Gröschner:

> 12 Uhr, Fischerinsel
> Ein alter Mann steht an den Fahrstühlen der 11. Etage und drückt auf den Abwärtsknopf. Dann läuft er wie aufgezogen auf dem kurzen Stück Flur vor den Fahrstühlen hin und her und murmelt zusammenhanglose Sätze in seinen Bart. Von der Seite kommt das Geräusch eines Schlüsselbundes. Eine Tür wird verschlossen. Schritte nähern sich. Eine Frau mittleren Alters geht auf den Fahrstuhl zu, sieht den erleuchteten Aufwärtsknopf, dreht sich um, entdeckt den Mann, der gerade dabei ist, seine Runde zu beenden. ‚Ach, Herr M., Sie wollen nach oben?' – ‚Jawoll', sagt der alte Mann, ‚auf'n Dachboden.' – ‚Was wollen Sie denn auf dem Dachboden, Herr M.?' Ihre Stimme ist plötzlich ganz fürsorglich. ‚Mich uffhängen.' Die Frau ist einen kleinen Moment sprachlos, dann fragt sie: ‚Aber dafür brauchen Sie doch einen Strick.' – ‚Hab' ich, hab' ich', sagt der Mann und lüftet seinen Pullover. Der Strick ist um den faltigen Bauch geschlungen. ‚Nee, nee', sagt die Frau, ‚der ist viel zu dünn, damit können Sie sich nicht aufhängen. Und denken Sie mal daran, selbst wenn es Ihnen gelänge, was das für ein schrecklicher Anblick wäre für den, der Sie finden würde. Nee, das lassen Sie mal lieber sein. Ich bringe Sie erstmal wieder zu Ihrer Frau.' Sie greift den Mann burschikos am linken Arm und dreht ihn in die Richtung, aus der sie gekommen ist. ‚Ich will aber nicht zu meiner Frau, ich will mich aufhängen.' Er versucht

> sich, dem Griff zu entwinden, dabei löst sich der Strick vom Bauch, den die Frau mit ihrer linken Hand greift und vor den Fahrstuhl wirft. ‚Keine Widerrede. Hier wird sich nicht aufgehängt!' Dann schiebt sie ihn aus dem Bild. Ein paar Sekunden später ist ein Klingelgeräusch zu hören, eine Tür öffnet sich, die hohe Stimme einer anderen Frau sagt: ‚Rudi, ich hab' dich schon in der ganzen Wohnung gesucht, wo warst du denn, das Essen ist fertig.' – ‚Passen Sie mal auf Ihren Mann auf, der wollte sich auf dem Dachboden aufhängen.' – ‚Rudi, Mensch, was machst du denn immer. Nur Ärger hab' ich mit dir.' – ‚Ich will nicht essen', sagt der Mann, ‚immer essen, essen.' – ‚Langsam werd' ich nicht mehr fertig mit ihm', sagt die hohe Frauenstimme. Die rechte Fahrstuhltür öffnet sich und schließt sich wieder, ohne dass jemand aus- oder eingestiegen wäre. ‚Na dann mal guten Appetit', ist die Stimme der Frau mittleren Alters zu hören. Eine Tür schließt sich, Schritte kommen näher. Die Frau mittleren Alters drückt den Abwärtsknopf. Dann hebt sie den Strick auf und steckt ihn in ihre Umhängetasche. Die linke Fahrstuhltür öffnet sich, die Frau steigt ein. Die Fahrstuhltür schließt sich. 12.10 Uhr

Dieser Text „leuchtet". Unter der Hand verwandelt sich die Webcam von einem Protokoll in eine kleine Erzählung. Wir werden uns später noch genauer für das Erzählen interessieren (und den Kritiker nachdrücklich auf das Erzählen verpflichten). Hier soll es aber erst einmal um die Frage gehen, was eigentlich mit der bloßen Beschreibung, mit der Zusammenfassung, mit dem Protokoll einer Szene passiert, wenn sie in eine erzählerische Form gebracht wird.

Wüsste man nicht, dass es sich um eine Webcam handelt, könnte man annehmen: Hier wird eine Form des literarischen Realismus erprobt, der ganz und gar unpsychologisch arbeitet, also keine Innensicht der handelnden Personen bietet, sondern von der sichtbaren Oberfläche her zu zeigen versucht, was passiert. Über dieses bloße Zeigen hinaus aber verwandelt die Autorin diese scheinbar beliebige Szene (die zu irgendeiner Uhrzeit an irgendeinem Ort in irgendeiner Stadt spielt), in ein kleines Theaterstück, über das man etwas über das Leben in Hochhäusern, das Leben in der Großstadt, vielleicht auch die Absurdität der Kommunikation unter Bedingungen der Massenkultur heraus lesen kann.

Auch für diese Technik, das Besondere (die Szene) mit dem Allgemeinen (dem Leben in Hochhäusern etc.) zu verbinden, werden wir uns noch interessieren. Wichtig aber ist jetzt, dass es Gröschner offensichtlich darauf anlegt, ihre bloße Beschreibung so zu verwandeln und zu formen, dass man nicht das sieht, was wirklich passiert ist. Man sieht vielmehr nur das, was Gröschner zusammenfasst. Vielleicht hätte man bei der Szene dabei sein sollen, um diese Verwandlung genau bestimmen zu können. Vielleicht würde auch eine *echte* Webcam reichen, also ein Mitschnitt der Szene, wie sie tatsächlich passiert ist. Dann könnte man vielleicht entscheiden, wie nah sich dieser Text an das hält, was wirklich passiert ist.

Doch offensichtlich ist, dass es bei diesem Text erstmal gar nicht um *die* Wahrheit geht. Vorgeführt wird, dass die Zusammenfassung, das Protokoll der wirklich erlebten Szene, gar *keine vollständige Zusammenfassung, kein vollständiges Protokoll* ist. Es ist von Abschnitt zu Abschnitt, von Satz zu Satz, von Wort zu Wort Ergebnis einer Rekonstruktionsarbeit, die vielleicht hier und da – man weiß es eben nicht ganz genau – die Grenze zur Konstruktion (also zur Hinzufügung von Details, die nicht dem wirklichen Geschehen etsprechen) überschreitet.

Im Hinblick auf die Verbindung von Literatur und Journalismus spricht man in solchen Fällen von *operativer Literatur.* Und das heißt: Es ist eine auf realistische Darstellung des wirklich Geschehenen, also eine auf Dokumentation angelegte Literatur, die sich aber der Tatsache bewusst ist, dass das Material so geformt wird, dass es etwas Bestimmtes an der Wirklichkeit sichtbar macht, was man vielleicht zuvor noch nicht so sehen konnte.

Die operative Literatur spielt mit einem erkenntnistheoretischen oder auch ganz einfach medienpraktischen Problem, das den Umgang mit Beschreibungen, Zusammenfassungen und Protokollen zu einer höchst interessanten, geradezu elektrisierenden Sache macht.

Das erkenntnistheoretische oder ganz einfach medienpraktische Problem ist: Was wirklich passiert, lässt sich nicht Eins-zu-eins in einem Text verdoppeln. Wird das Medium gewechselt, müssen Korrekturen vorgenommen, Sachen weggelassen werden, neue Perspektiven arrangiert werden. Ebenso kurz wie banal gesagt: *Jede Zusammenfassung, jede Beschreibung der Wirklichkeit ist bereits eine Art interpretatives Arrangement, das den Gegenstand in einem bestimmten Licht erscheinen lässt. Dieses Licht kommt zwar vom Gegenstand selbst. Aber es ist eben ein anderes als das gleichmäßige, in dem man ihn bisher gesehen hat.*

Das „Leuchten", von dem Annett Gröschner spricht, meint nichts anderes. Eine Webcam beginnt zu „leuchten", wenn sie dem Leser deutlich macht, dass der Autor, eigentlich nur zusammenfasst, protokolliert, also der Wirklichkeit abschaut – und wenn zugleich (sozusagen ‚unter der Hand') deutlich wird, dass hier eine Interpretation vorgenommen wird, die etwas an dieser Wirklichkeit, an diesem Gegenstand durch sich selbst sichtbar macht, was man vorher noch nicht sehen konnte.

Wer mit der qualitativen Methode arbeitet, kennt dieses erkenntnistheoretische und medienpraktische Problem nur zu gut. Denn alles, was verschriftlicht werden muss, um anschließend interpretiert zu werden, verändert seine Gestalt und wird schon vorab zu einem interpretativen Arrangement. Der Prozess der Umcodierung spielt dabei immer schon dem eigentlichen Auswertungsprozess in die Hände.

Der Beobachter, also auch der Notierende, ist auf diese Weise immer schon an der Interpretation beteiligt. Das gilt auch dann, wenn er sich ganz ausdrücklich jeglicher Wertung enthält. Eine objektive Zusammenfassung gibt es also nicht. Der Rat der Wissenschaftler ist deshalb, die eigene Verfassung, die eigene Einstellung, die eigene Perspektive immer schon mit in Rechnung zu stellen und sich beim Beobachten darüber klar zu werden, wie man beobachtet und wie man zusammenfasst.

Unter der Hand wird damit auch das, was zu Beginn dem Kritiker empfohlen wurde – nämlich nicht gleich „kritisch" in dem Sinn zu sein, dass das eigene „Finden" und „Meinen" dem Gegenstand quasi-ressentimenthaft gegenübergestellt wird, sondern sich ihm überhaupt erstmal zu überlassen, um ihn zum Sprechen zu bringen – zu einer äußerst spannenden, geradezu kunstvollen Angelegenheit: Denn Beschreibung ist eben nicht immer nur Beschreibung. Und eine Zusammenfassung ist eben nicht nur eine Zusammenfassung. Wenn sie „leuchten" soll, muss der Autor auf eine Weise zusammenfassen und beschreiben, dass der beobachtete Gegenstand, das Ereignis oder die Szene so in den Blick gerät, dass alles tatsächlich zusammengefasst und beschrieben wird und doch zugleich in dieser Zusammenfassung und Beschreibung etwas Besonderes von sich preisgibt. So darf der Text seinen Gegenstand also nicht verraten, indem er ihm etwas andichtet, was nicht zu ihm gehört. Aber er muss ihn (wohl oder übel, wenn der Gegenstand nicht Eins-zu-eins wiederholt und damit dann eigentlich nur verdoppelt werden kann) in anderer medialer Form arrangieren.

Beschreibung ist Arrangement! Werfen wir mit diesem Wissen noch einmal einen kurzen Blick auf Peter K. Wehrlis Snapshot, den er in seinen *Katalog der 134 wichtigsten Beobachtungen* während einer langen Bahnfahrt unter dem Titel „die Mutter" eingetragen hat.

> die gestiefelte Mutter in Zöllneruniform, die mit energischem Balkangesicht im Bahnhof Sezana die verlassen im Korridor stehenden Gepäckstücke eigenhändig öffnet und, gar nicht sorgsam, darin herumwühlt, dies offenbar, ohne sich verpflichtet zu fühlen, die herumfliegenden Wäschestücke wieder in den Koffern zu verstauen.

Lässt sich jetzt nicht viel deutlicher sehen, wie stark diese kurze Szene arrangiert ist? Die „Mutter" wird hier zur „Mutter" erklärt, obwohl nirgendwo ein Kind zu sehen ist. Offensichtlich wird sie vor allem deshalb als „Mutter" eingeführt, um eine Spannung spätestens dann entstehen zu lassen, wenn sie in einer „Zöllneruniform" erscheint.

Aber das ist noch nicht alles. Wehrli schreibt auch: Die Frau hat ein (aber was soll das sein?) „energisches Balkangesicht". Dieses Gesicht erscheint hier, um durch die Verknüpfung mit dem Mütterlichen das martialische Moment hervorzuheben. Auch dass die Frau die Gepäckstücke im Korridor „eigenhändig öffnet" klingt bei genauerem Hinsehen wunderlich: Wer sollte es denn sonst tun? Hat die Frau normalerweise einen Assistenten, der die Koffer öffnet? Überspringt sie – wegen einer ganz energischen Gier – die üblichen Hierarchien? Immerhin „wühlt" sie sogar in den Sachen herum, „wenig sorgsam", als hätte sich alle Rücksichtnahme längst erledigt.

Und all das, was der Autor bis hierhin mitteilt, klingt umso definitiver und faktischer, als er erst im nächsten Satzteil zu vermuten beginnt. „Offenbar", schreibt er! *„Offenbar"* fühlt sich die Frau nicht verpflichtet, die Kleidungsstücke in den Koffer zurückzutun, die nun auch nicht mehr nur durchwühlt werden, sondern sogar herumfliegen.

Was zeigt dieser Snapshot also? Er zeigt nicht das, was *wirklich* zu sehen ist. Er zeigt ein interpretatives Arrangement. Das Bild ist eine Interpretation der Szenerie, die diese Interpretation dem Leser aber nicht als solche offenbart. Sie wird ihm nahe gelegt: Im Balkan kreuzt sich das weibliche, fürsorgliche mit dem männlich-militärischen Prinzip. In dieser Verbindung bereichern sich die Menschen dieser Gegend ohne Rücksicht auf das Eigentum anderer. Sie kümmern sich nur noch um sich oder um die Versorgung ihrer Nachkommen. So groß scheint die Not, dass dieses Kümmern etwas Kreatürliches bekommt, das an die Zivilisation einzig noch durch die Uniform (und dadurch auch nur über ein Moment von Gewalt oder Bedrohung) gebunden ist.

Um es kompakter (als Eintrag in das eigene Journal) zu formulieren:

> Mit seinen Snapshots zeigt Peter K. Wehrli Bilder, die rein deskriptiv daherkommen, aber die beobachteten Gegenstände und Menschen in Arrangements vorführen die den wertenden Blick des Reisenden aus dem gut situierten West-Europa offenbaren. Die Hand geht hier nicht zur Kamera. Sie geht zum Stift und zum Notizbuch, um einzufangen, was den Reisenden verstört. Doch wird es nicht als etwas Verstörendes notiert. Es wird in eine Art Traumbild verwandelt, das dem der Betrachter zum Schein ganz indifferent gegenübertritt: eine gierige Mutter in Uniform, um die herum Kleider durch die Luft fliegen...

Beschreibung ist Arrangement, Arrangement ist Interpretation. Die grundsätzlichste aller Tätigkeiten des Kritikers – die Gegenstände zu beschreiben, zu protokollieren, sie zusammenzufassen – ist also keineswegs eine, in der er zur Indifferenz den Dingen und Themen gegenüber verurteilt ist. Tatsächlich besteht gerade diese Arbeit darin, den Gegenstand so genau zu beschreiben, dass an ihm etwas durch das Arrangement ins Bild gebracht wird, was der Gegenstand selbst nicht auf den ersten Blick preisgibt.

Kritik beginnt also damit, einen Gegenstand zu beobachten und über die Beobachtung eine Beschreibung von ihm anzufertigen, die Auskunft von der Perspektive gibt, aus der der Gegenstand betrachtet wird – und der aus dieser Perspektive in ein Licht gesetzt wird (und das heißt: zum „Leuchten" gebracht wird), der ihn so erscheinen lässt, dass man etwas Neues an ihm sehen kann.

Übung 8: Texte leuchten lassen

Eine Zusammenfassung ist keine einfache Zusammenfassung, sondern so etwas wie eine interpretative Zuspitzung, ein Arrangement, durch das Konturen genauer erkennbar werden.

Aufgabe 1: Arrangement prüfen

Es folgen zwei weitere Notizen aus Peter K. Wehrlis *Katalog*. An diesen Notizen soll gezeigt werden, was an ihnen arrangiert ist – woran man also erkennt, dass sie gemacht sind und ihren Gegenstand in einem bestimmten Licht erscheinen lassen.

36. die Überstürztheit
das wie Husten kläffende Hupen der Lokomotive vor der Abfahrt in Crveni Crst und die Überstürztheit, mit der all jene, die mit leeren Wasserflaschen zum Brunnen geeilt sind, mit halbleeren Flaschen wieder aufspringen.

143. die Exaktheit
die unfassbare Exaktheit in der Synchronizität der Bewegung, mit der sich die Zuginsassen alle gleichzeitig bekreuzigen, weil oder als der Zug unter den ausgebreiteten Armen der bergeshohen Christusfigur über Nahr el Kalb hindurchfährt, und mein Erstaunen darüber, dass sich auch jene Leute bekreuzigen, die ich für Moslems gehalten habe.

Aufgabe 2: Ein Snapshot zum Snapshot
Machen Sie das, was Wehrli mit der Welt macht (nämlich sie mit kurzen prägnanten Notizen zu fixieren), mit Wehrli selbst. Schreiben sie einen kleinen Text, der Wehrlis Notiz in ein neues Arrangement übersetzt. Dieser eigene „Übersetzungstext" soll so gestaltet sein, dass er selbst eine Art Snapshot ist, der dem Leser etwas an Wehrlis Verfahrensweise sichtbar macht. (Der kleine Eintrag fürs eigene Journal, der weiter oben über Wehrlis Methode formuliert wurde, mag als Orientierungstext dienen.)

Aufgabe 3: Snapshot zum Snapshot zum Snapshot
Wenn Sie Aufgabe 2 erledigt und Ihren Übersetzungstext geschrieben haben, dann schauen Sie ihn doch einmal an, wie Sie den Snapshot von Wehrli angeschaut haben.

- Mit welcher Technik haben Sie ihn arrangiert?
- Was machen Sie mit Ihrer Vorlage?
- Wie spitzen Sie zu, was an Wehrlis Notiz zu sehen ist?

Wer Spaß daran hat, kann sich zu seinem eigenen Snapshot noch einen kleinen neuen Snapshot anfertigen, also noch ein Arrangement, in dem kurz die eigene Verfahrensweise übersetzt wird.

Aufgabe 4: Leuchten die eigenen Texte?
Für die Aufgabe 6 sollten eigene Snapshots und Webcams angefertigt werden, die mit Bildern und Szenen aus dem Kulturbetrieb arbeiten. Wenn Sie sich jetzt die Snapshots und Webcams, die Sie selbst geschrieben haben, anschauen – „leuchten" sie oder machen sie einen eher matten Eindruck? Gewinnen die Texte einen ganz eigenen Wert dadurch, dass sie etwas sichtbar machen, was man sonst nicht gesehen hätte?
Was ist das Prinzip Ihres interpretativen Arrangements? Schreiben Sie auch hier eine kleine Zusammenfassung, in der die Machart Ihrer eigenen kleinen Notiztexte herausgestellt wird.

Aufgabe 5: Leuchten die Texte der Nachbarn?
Wenn Sie in der Gruppe arbeiten, nimmt sich jeder den Text des Nachbarn und versucht ihn mit einer kleinen Skizze als etwas „Leuchtendes" oder etwas „Nicht-Leuchtendes" zu definieren.

Aufgabe 6: Leuchten lassen!
Nehmen Sie sich einen Snapshot oder eine Webcam, die Sie (oder einer von Ihnen aus der Gruppe) zu einem Bild oder einer Szenerie aus dem Kulturbetrieb geschrieben haben, die eindeutig *nicht* „leuchtet".

- Was muss man mit dem Text tun, damit er zu „leuchten" beginnt?
- Was muss man arrangieren?
- Was muss man herausstreichen, pointieren, vielleicht sogar inszenieren, damit etwas sichtbar wird, was man vorher noch nicht sehen konnte?

Testen Sie die Grenzen aus. Treiben Sie die „Erleuchtung" des Textes mit allen Mitteln voran – bis Sie selbst sagen: Jetzt ist die Grenze überschritten, an der sich der Text vom beobachteten Gegenstand ablöst, ihn aus den Augen verliert und zu einem fiktiven, zu einem nur noch literarischen Text wird. Schauen Sie, wann der Snapshot oder die Webcam eindeutig keine Zusammenfassung und keine Beschreibung mehr bietet und nichts mehr sichtbar macht.
Erst wenn Sie ein Gefühl für diese Grenze entwickeln, können Sie souverän mit ihren Gegenständen spielen und sie so beobachten, so zusammenfassen und pointieren, dass sie wirklich sehr stark zu „leuchten" beginnen, ohne zu blenden oder von sich abzulenken.

Aufgabe 7: Die Leuchtqualität fixieren
Wenn Sie in der Gruppe arbeiten, können Sie all das natürlich diskutieren. Nur achten Sie darauf: *Sprechen Sie nie allgemein über den Text, sondern zeigen Sie sehr genau am Text, wo etwas passiert oder nicht passiert; wo er sich nähert oder löst; wo er seinen Gegenstand zum „Leuchten" bringt oder ihn „verdunkelt" oder unsichtbar macht.*
Am besten ist, wenn Sie Ihre eigene Auseinandersetzung mit Ihren Texten oder mit den Texten aus der Arbeitsgruppe schriftlich fixieren: in kleinen Skizzen, die immer kleine zusammenfassende, pointierende Textstücke sein sollten. Sie alle gehören, natürlich, ins Journal.

3.6 Lesen, fokussieren, notieren, arrangieren

Scheint das alles zu weit weg von dem, was man sich gemeinhin unter der Tätigkeit eines Kritikers vorstellt? Soll man – statt zu lesen – durch die Straßen laufen (oder durch den Wald oder morgens am Strand lang) und aufschreiben, was passiert, um daraus kleine Protokolle des Alltags zu machen? Und soll man wirklich darauf hoffen, dass das Interpretieren, das Kritisieren und Werten sich schon von selbst, sozusagen durch die Zusammenfassung hindurch einstellt?

Die Antwort lautet erst einmal: Ja, so ist es. Genau so. Denn das Anfertigen von Snapshots, von Webcams, also von Beobachtungsbildern und Szenerien, in denen auf interpretative Weise etwas zusammengefasst und pointiert wird, gehört zur Grundroutine des Kritikers. Es gehört so sehr zur Routine, dass man es als Außenstehender kaum bemerken und schon gar nicht richtig sehen kann, weil es verdeckt und schnell abläuft. Und weil es so verdeckt und schnell abläuft, kann der Eindruck entstehen, dass man es nicht können muss, weil man es als Kritiker offensichtlich nicht braucht.

Doch das ist ein Irrtum. Mit Snapshots und Webcams trainiert man nicht nur die Aufmerksamkeit für bestimmte Gegenstände und Ereignisse. Man trainiert auch nicht nur die Fokussierung, durch die das Gegenüber zum Sprechen gebracht werden soll. Und man trainiert mehr als das interpretative Arrangieren, durch das der Gegenstand oder das Ereignis zum „Leuchten" gebracht werden soll. *Man macht tatsächlich nichts anderes als das, was der Kritiker macht, wenn er Texte liest, Aufführungen sieht oder Bilder betrachtet.*

Um das besser zu verstehen, muss man den umgekehrten Weg gehen, der eben für die Snapshots und Webcams gegangen wurde. Wurden bisher die Bilder und Szenerien vom aufmerksamen Beobachter in einen Text übersetzt, der das Gesehene arrangiert, so nähern wir uns ab jetzt einmal probeweise den Texten so, als seien es Bilder oder Szenerien, die man beobachten kann und die man so interpretieren kann, dass an ihnen etwas Neues sichtbar wird, indem sie zu leuchten beginnen.

Um sich das klarer zu machen, muss man sich vergegenwärtigen, was man ohnehin beim aufmerksamen Lesen eines Textes tut. Es gibt wohl kaum einen Kritiker, der nicht mit Bleistift (oder Kugelschreiber) liest. Manche haben auch einen Zettel neben sich, ein Notizbuch vielleicht, ihr Journal, vielleicht haben sie sogar den Computer angeschaltet und ihr Textverarbeitungsprogramm geöffnet. Marcel Reich-Ranicki etwa, um einen der bekanntesten Kritiker zu nennen, hält die Lektüre von Büchern, ohne dass er Unterstreichungen mit dem Bleistift machen und kleine Kommentare an den Rand schreiben kann, für eine verlorene Lektüre. Und der Publizist Klaus Theweleit, der tausendseitige Bücher zu literarischen und kulturwissenschaftlichen Themen veröffentlicht hat – über soldatische Männerphantasien ebenso wie über Fußball, über den Terrorismus der RAF ebenso wie über die Frage der Objektwahl als Grundlage von Liebesbeziehungen, über Elvis Presley ebenso wie über Rainer Maria Rilke –, behauptet, dass er gar nicht ohne Schreibmaschine oder Computer lesen könne. Alles, was er liest, wird sofort auf Papier oder auf dem Bildschirm kommentiert, geprüft und weitergedacht.

Es gehört (auch für den Kritiker als aufmerksamen Beobachter!) zu den wirklich interessanten Dingen, zu schauen und zu verfolgen, wie andere Leser mit Büchern umgehen, was sie unterstreichen, welche Anmerkungen sie an den Rand schreiben, was ihnen auffällt, was sie selbst interessant, auffällig oder schlecht finden, was sie zu eigenen Reflexionen anregt oder was ihnen so unverständlich ist, dass sie es mit einem Fragezeichen versehen. Von bekannten Autoren werden in Archiven häufig die kompletten Privatbibliotheken aufbewahrt. Literaturwissenschaftler blättern dann durch die Bücher, um zu sehen, was etwa der Lyriker Paul Celan gelesen und wie er es kommentiert hat oder wie etwa der Dramatiker Heiner Müller an sein Material gekommen ist. Von Schopenhauers Hegel-Ausgaben gibt es faksimilierte Seiten, auf denen die Anstreichungen und Anmerkungen zu sehen sind, unter anderem Eselsköpfe, die Schopenhauer, der glühende Hegelverächter, an den Rand gemalt hat, um „quelle bêtise" dazu zu schreiben: „Was für eine Eselei".

„Der war nie der schlechteste Leser", schreibt Adorno in einem Essay, in dem er erklärt, wie Hegel zu lesen sei, „welcher das Buch mit despektierlichen Randglossen versah." Freilich hat Adorno die Gefahr, dass etwa „Studenten darüber ins Schwätzen und Räsonieren geraten" und „narzisstisch-bequem über die Sache sich stellen" ebenso gesehen wie – aus völlig anderer Perspektive und mit anderem Blick – Kurt Tucholsky, der eine ganze Glosse den Anstreichern gewidmet hat, die in Bibliotheksexemplaren ihre Kommentare hinterlassen. Thomas Bernhard lässt einen seiner Helden sogar behaupten, dass das Unterstreichen kein Herausstreichen, sondern ein Durchstreichen sei, also ein Eingriff in den Text, der den Text eigentlich zerstört...

Es wäre interessant, eine Geschichte des Unterstreichens und Glossierens und Kommentierens zu schreiben, die von der mündlichen Auslegung über das mittelalterliche Glossieren und Kommentieren und kritische Ergänzen am Rande, von der Fußnote bis zur handschriftlichen Ergänzung und zum individuellen Lektürekommentar, vom Vortrag bis zum digitalen Netztext einmal alle Sorten solcher Eingriffsarten zusammenfasst, um zu zeigen, wie – nach einer Pathosformel von Walter Benjamin – der Leser immer mehr zum Autor, zum Weiter- und Fort-Schreiber seiner eigenen Lektüren wird. In diese Geschichte hinein gehört dann natürlich auch das annotierende, kommentierende, glossierende Lesen mit Bleistift (oder Kugelschreiber), auch das Theweleit'sche Fortschreiben des Textes auf einem weißen Blatt Papier. Und hineingehören würde damit auch die Erkenntnis, dass sich diese Art des Lesens dem Text gegenüber so verhält, wie sich der aufmerksame Beobachter zur Stadt bewegt, um Bilder und Szenen zu sammeln, die dann in Snapshots oder Webcams verwandelt werden.

Die Idee, dass man sich durch einen Text bewegen kann, als wäre er eine Stadt, ist keineswegs neu. Der Text schreibt sich her von der Textur und dem Textil, dem

Gewobenen und Verwobenen, der Verflechtung vieler einzelner Fäden, deren Lauf man folgen kann, die sich mit anderen Fäden schneiden, kreuzen, sich verknoten, verwirren und zu Linien und Mustern fügen. Eine Stadt, durch die man sich bewegt und die man vielleicht noch gar nicht kennt, funktioniert nicht anders. Auch hier sind die Straßen und Wege miteinander auf eine eigentümliche Weise verwoben, auch hier kann man ihrem Lauf folgen, um an Kreuzungen zu kommen und abzubiegen, um in andere Richtungen weiterzugehen, bis man sich vielleicht verlaufen hat, weil man die Wege im Kopf nicht mehr ordnen kann und nur noch das Gefühl einer großen Verwirrung der Straßen hat. Die Stadt erscheint dann als ein großes Knäuel von Wegen, das man immer wieder neu erkunden muss, bis man die Linien und Muster erkennen kann. Wenn man sie überhaupt jemals so kennen lernt, dass man sie wirklich versteht. Und selbst wenn es so ist, wenn man alle Wege schon so oft gegangen ist, dass man sich auszukennen meint, gibt es immer noch die Möglichkeit, sie sich immer wieder fremd zu machen, um sie immer wieder aufs Neue durchstreifen zu können und sie immer wieder aus anderer Perspektive zu sehen und ihr immer wieder mit anderen Fragen zu begegnen (und neue Antworten zu bekommen).

Übung 9: Texte und Städte

Das führt zu einer kleinen Übersetzungsübung, die man nebenbei machen oder auch überspringen kann.

Aufgabe 1: Fünf Städte als Texte
Schreiben Sie sich fünf Städte (auch Kleinstädte oder Dörfer) auf, die Sie ganz gut kennen. Wenn Sie sich vorstellen, diese Stadt wäre ein Text, eine Geschichte, ein Roman, ein Buch, das Sie im Buchladen kaufen könnten – was für eine Geschichte wäre … Hamburg? Berlin? Hamburg im Gegensatz zu Berlin – zu Delmenhorst? Oder zu Braunschweig? Schreiben Sie eine kurze Zusammenfassung.

Aufgabe 2: Fünf Texte als Städte
Und jetzt umgekehrt. Schreiben Sie sich fünf Texte auf, die Sie gut kennen. Wenn Sie sich vorstellen, diese Texte wären Städte – was für Städte wären es. Sie können die Stadt erfinden, Sie können aber auch Städte nehmen, von denen Sie gehört haben oder die Sie gesehen haben. Beschreiben Sie ganz kurz, wie diese Texte als Städte aussehen.

Ein Lesetipp
Besorgen Sie sich *Die unsichtbaren Städte* von Italo Calvino, ein großartiges Buch, mit großartigen kleinen Stadtbeschreibungen. Mehr wird nicht verraten. Wenn Sie es in der Hand haben, dann werden Sie sehen, warum es Ihnen gerade hier, gerade jetzt zu dieser Übung ans Herz gelegt wird…

Wir haben gesehen: Wenn sich jemand, der Webcams oder Snapshots schreiben will, durch eine Stadt bewegt, dann ist er auf der Suche nach einzelnen Bildern oder Szenen, die ihm besonders auffallen, die ihm etwas über das Leben in dieser Stadt erzählen. Es sind in diesem Sinn (scheinbar) beliebige, zufällige Bilder oder Szenen, aber sie werden als etwas ganz Besonderes gesehen. Sie werden protokolliert und durch das Protokoll herausgehoben, hervorgehoben und so arrangiert, dass etwas Neues an ihnen sichtbar wird. Der Autor nimmt sie aus dem Zusammenhang heraus und verwandelt sie in einen Text, um durch diesen Text hindurch das Spezifische der Szene in ihrem Zusammenhang mit dem Großen und Ganzen aufleuchten zu lassen.

So formuliert wird deutlicher, was der Leser tut, wenn er den Text als eine Stadt versteht, durch die er sich hindurchbewegt. Vielleicht könnte man sagen: *Er verwandelt den Text in Bilder und Szenen zurück. Der Leser ist auf der Suche nach einzelnen Worten, Sätzen, Abschnitten, die ihm besonders auffallen, die ihm etwas über die Art und Weise erzählen, wie der Text konstruiert ist – es sind (scheinbar) beliebige, zufällige Bilder oder Szenen, die neben vielen anderen Bildern oder Szenen stehen, aber sie werden als etwas Besonderes gesehen. Sie werden mit dem Bleistift herausgehoben, sie werden hervorgehoben und sie werden mit Anmerkungen versehen.*

Der Kritiker verwandelt sich nun von einem bloßen Leser (der Stadt oder des Textes) in einen Autor, wenn er einzelne Worte, Sätze, Absätze nimmt, sie als Bilder oder Szenen versteht, die er so arrangieren kann, dass an ihnen plötzlich etwas sichtbar wird, was vorher im Gesamtzusammenhang des Textes so noch gar nicht sichtbar war. Der Kritiker nimmt sie aus dem Zusammenhang heraus und verwandelt sie in einen eigenen Text, um durch ihn hindurch das Spezifische der Szene in ihrem Zusammenhang mit dem Großen und Ganzen aufleuchten zu lassen.

Das ist wahrscheinlich schwieriger formuliert, als es in Wirklichkeit ist. Wer die Übungen zu den Snapshots und den Webcams absolviert hat, dem wird schnell verständlich sein, was gemeint ist. Man nimmt sich einen Text, legt das Journal daneben und liest los. Man nimmt sich vor, hin und wieder, wenn etwas Auffälliges zu sehen ist, Notizen zu machen – oder wie es die Redakteure für die Webcams der *Berliner Seiten* in der *Frankfurter Allgemeinen Zeitung* formuliert haben: „Man muss nicht warten, bis man eine Kampfhundattacke miterlebt oder den Herzinfarkt eines Schauspielers auf offener Bühne, bevor man eine Webcam schreibt. Genauso gut ist die Darstellung der laufenden Ereignisse beziehungsweise Nicht-Ereignisse, also des alltäglichen Lebens in der Stadt. Allerdings sollte eine gewisse Darstellungsnotwendigkeit erkennbar sein."

Bleiben wir noch einmal bei den Büchern mit den Webcams und den Snapshots, um deutlicher zu machen, was damit gemeint sein könnte. Tatsächlich wurde ja bis hierhin genau das gemacht, es wird jetzt nur nachdrücklicher empfohlen. So sieht die exemplarische Lektüre von Peter K. Wehrlis Buch aus:

Wir haben es aufgeschlagen, benutzt haben wir einen Zettel und einen Stift, um Auffälliges zu notieren, aber auch um einzelne Worte, Sätze und Absätze im Buch anzustreichen. Angestrichen wurden (unter anderem) im Nachwort die Passage, in der Wehrli erzählt, wie er dazu gekommen ist, Notizen statt Fotografien anzufertigen. Angestrichen wurden auch (unter anderem) die bereits zitierten Snapshots 15., 16., 17., 18., eine entschiedenere Markierung wurde an den Rand der Notiz von „der Mutter" gemacht.

> die gestiefelte Mutter in Zöllneruniform, die mit energischem Balkangesicht im Bahnhof Sezana die verlassen im Korridor stehenden Gepäckstücke eigenhändig öffnet und, gar nicht sorgsam, darin herumwühlt, dies offenbar, ohne sich verpflichtet zu fühlen, die herumfliegenden Wäschestücke wieder in den Koffern zu verstauen.

Arrangement! haben wir an den Rand geschrieben, um anschließend die Worte „gestiefelt", „Mutter", „energisch", „Balkangesicht", „verlassen", „eigenhändig", „nicht sorgsam", „herumwühlt", ganz dick dann „offenbar, „herumfliegen" zu markieren. Auf einem Zettel wurde notiert:

„W.s Schnappschüsse sind arrangierte Fotografien! Nur scheinbar objektiv. Perspektive des Westeuropäers, der ins Elend fährt. (Vgl. Schnappschuss *‚die Mutter'*)"

Der Snapshot, den wir dann selbst formuliert haben, lautet:

Mit seinen Snapshots zeigt uns Peter K. Wehrli Bilder, die rein deskriptiv daherkommen, aber die beobachteten Gegenstände und Menschen in Arrangements zeigt, die den wertenden Blick des Reisenden aus dem gut situierten West-Eu-

ropa offenbaren. Die Hand geht hier nicht zur Kamera. Sie geht zum Stift und zum Notizbuch, um einzufangen, was den Reisenden verstört. Doch wird es nicht als etwas Verstörendes notiert. Es wird in eine Art Traumbild verwandelt, das dem der Betrachter zum Schein ganz indifferent gegenübertritt: eine gierige Mutter in Uniform, um die herum Kleider durch die Luft fliegen…

Dieser Snapshot ist nicht bei einem Gang durch die Stadt, sondern durch ein Buch entstanden. Anlass war etwas Auffälliges, das durch das Anstreichen, Herausstreichen und kurze Kommentieren am Rand noch auffälliger gemacht wurde, das schließlich in eine Notiz überführt wurde, um zum Schluss in einen eigenen kleinen Text verwandelt zu werden.

Die vorgeschlagene Technik ist also nur von Autoren abgeschaut, die sich in den Städten (oder auch Kleinstädten oder auch in Wäldern) bewegen. Und sie wird direkt angewandt, um Bücher zu durchstreifen, um an bestimmten Stellen aufzumerken, sie herauszustellen, zu kommentieren und in kurze interpretative Arrangements zu verwandeln.

Vorgeführt wurde das im Fall von Wehrli an einem Buch, das selbst aus Schnappschüssen besteht. Dass es sich auf das Buch mit den Webcams übertragen lässt, ist offensichtlich. Der Idee nach lässt es sich sogar auf alle Arten von Texten und Büchern übertragen, auf Romane, auf Gedichte und Gedichtbände, auf eine Sammlung von Reportagen, auf Sachbücher, auf Bibliografien… Ganz gleich, was es auch ist, immer gilt, um es etwas verwaltungstechnischer auszudrücken, die Verknüpfung der Schritte: aufmerksam sein – Textstelle identifizieren – fokussieren – in Notizen übertragen – arrangieren.

3.7 Zusammenfassen, Zusammenfassungen zusammenfassen…

Welche Textstellen das sind, wo sich also das Wichtige des Textes verbirgt, wo es sich lohnt (oder nicht lohnt), eigene Snapshots und Webcams anzufertigen, lässt sich vorab nicht sagen. Genau das muss man ja überhaupt erst einmal erkunden. Wer sich in einen Text hineinbegibt, um durch ihn wie durch eine Stadt hindurchzulesen, darf nicht fortwährend denken, er könnte das Wichtige verpassen. Wer das tut, der wird es tatsächlich verpassen, weil er dauernd an das denkt, was er lesen oder sehen könnte, anstatt wirklich zu lesen und zu sehen, was zu lesen und zu sehen ist.

Der Soziologe Peter Gross hat zwei „Psychosen" identifiziert, die man in der Großstadt angesichts des Veranstaltungsüberangebots ausbilden kann. Das eine ist die *Angstlähmung*, die dazu führt, dass man (weil man befürchtet, das Falsche zu tun, am falschen Ort zu sein und das falsche Event zu besuchen) gar nichts mehr unternimmt, zu Hause bleibt und das Licht ausmacht. Das Gegenteil passiert bei der *Präsenzpsychose*: Wer mit ihr zu kämpfen hat, zieht zwar los, um das Überangebot wahrzunehmen, doch er rast von einem Event zum anderen, ohne irgendwo stillstehen und sich auf irgendetwas konzentrieren zu können. Präsenzpsychotiker wollen am liebsten überall zugleich sein und sind deshalb nirgends.

Mit der Angstlähmung und der Präsenzpsychose sind zwei Extreme benannt, die nicht nur den gefährden, der in der Stadt auf der Suche nach Snapshots und Webcams ist. Gefährdet sind auch jene, die aufmerksam lesen wollen: Wer glaubt, es gibt wichtige Stellen, die man unbedingt lesen muss (ohne dass man sie vorher kennt und ohne dass man sie einfach identifizieren kann), neigt dazu, vor Angst zu erstarren oder durch den Text zu rasen. Für die Snapshot- und Webcam-Methode erforderlich ist aber eine Art des Lesens und des unmittelbar damit verbundenen Mitschreibens, die sich zu jeder Zeit, an jeder Stelle auf den Text einlässt und ihm eine „gleichschwebende" Aufmerksamkeit entgegenbringt, wie Freud die Grundtechnik seiner psychoanalytischen Arbeit beim Hören auf die unendlich sich aneinander reihenden Assoziationen seiner Patienten genannt hat. (Und man müsste sich mal Protokolle von Psychoanalytikern geben lassen, um zu sehen, was sie sich während einer Sitzung mit einem Patienten notieren und was sie später aufschreiben, nur um überhaupt erst einmal festzuhalten, was gesagt worden ist. Denn auch diese Notate gehören in die Geschichte des Unterstreichens und Glossierens und Kommentierens, die von der mündlichen Auslegung über das mittelalterliche Glossieren und Kommentieren und kritische Ergänzen am Rande, von der Fußnote bis zur handschriftlichen Ergänzung und zum individuellen Lektürekommentar, vom Vortrag bis zum digitalen Netztext einmal alle Sorten solcher Eingriffsarten zusammenfasst).

Wer Snapshots und Webcams beim Lesen von Texten herstellt, wird am Ende seiner Lektüre ein kleines Album vor sich haben, in dem der Ausgangstext als verwandelter und arrangierter erscheint. Liest man all diese selbst geschriebenen kleinen Texte zusammen als einen eigenen Text, hat man etwas vor sich, das mehr ist als nur eine Reihe von Snapshots oder Webcams. Vielmehr ist es schon die Vorstufe zu einem großen Bild, zu einer großen Szene, die für den gesamten Text zu schreiben ist.

Vielleicht wird das am Beispiel deutlicher: Alle kleinen Texte, die zu einzelnen Snapshots aus Peter K. Wehrlis Katalog geschrieben werden, lassen sich wie Notizen benutzen, aus denen sich wiederum ein großer Snapshot arrangieren lässt, der sich nunmehr nicht mehr allein mit einzelnen Szenen, sondern mit dem ganzen Projekt des Autors beschäftigt, das er in Buchform vorgelegt hat.

Oder: Alle kleinen Texte, die man sich zu einzelnen Webcams aus dem *Webcam*-Buch der Redakteure der *Berliner Seiten* der *FAZ* schreibt, sind das Material, aus dem man eine große Webcam arrangieren kann, die das ganze Buch zum Gegenstand hat.

Und ebenso ist es mit allen kleinen Texte, die man sich zum Beispiel bei der Lektüre von Thomas Manns *Zauberberg* macht. Ebenso mit allen kleinen Texten, die man sich während der Lektüre von Alfred Döblins *Berlin, Alexanderplatz* ins Journal schreibt. Oder alle kleinen Texte, die man sich zu Robert Musils *Mann ohne Eigenschaften* arrangiert. Und all diese kleinen Texte, die man in größere Texte verwandelt, lassen sich in einen noch größeren Text verwandeln, der die Romane der Weimarer Republik zum Gegenstand hat. Oder die Romane, die sich in den 90er-Jahren des zwanzigsten Jahrhunderts mit dem Fall der Mauer und der deutschen Wiedervereinigung beschäftigt haben…usw.

Übung 10: Immer weiter verdichten

Mit der Idee, man könne auch ganze Romane, Werkzusammenhänge und Epochen in Snapshots und Webcams – also in interpretative Arrangements – verwandeln, haben wir eine Stufe erreicht, auf der sich nur noch schlecht Übungen formulieren lassen. Denn sie machen es nun einmal erforderlich, ganze Romane, Werkzusammenhänge oder Epochen parat zu haben.
Nun bieten sich aber drei Möglichkeiten an, wie man doch ganz unmittelbar zur eigenen Praxis versuchen kann, solche umfassenderen Snapshots und Webcams herzustellen.

Aufgabe 1: Texte verdichten
Man kann sich eine Reihe von Büchern zusammenstellen, die sich gut vergleichen lassen, weil sie zeitlich oder thematisch oder über einen Autor zusammenhängen.
Zum Beispiel kann man sich Texte auswählen, in denen sich die Autoren allesamt auf eine Deutschlandreise begeben, um die Lage der Nation (und damit auch die eigene Lage) zu erkunden. Schaut man genau hin, so erkennt man, wie die Autoren ihre Texte auf der Grundlage von verschriftlichten Beobachtungen, aus einzelnen Bildern und Szenen, aus Snapshots und Webcams bauen, die sie um reflexive Passagen ergänzen.

- Michael Holzach geht „zu Fuß und ohne Geld durch ein Wohlstandsland" (*Deutschland umsonst*, 1982);

- Michael Rutschky ist kurz nach dem Fall der Mauer *Unterwegs im Beitrittsgebiet* (1994);
- Roger Willemsen setzt sich in den Zug und unternimmt eine *Deutschlandreise* (2002);
- Wolfgang Büscher begibt sich auf „eine Reise zu Fuß", die ihn von Berlin nach Moskau führt (*Berlin-Moskau*, 2003);
- Landolf Scherzer verwandelt sich in einen *Grenz-Gänger*, der den ehemaligen innerdeutschen Grenzstreifen entlang wandert (2005).

Von diesen Texten kopiert man sich jeweils die ersten vier Seiten. Sie dienen als Material für die folgenden Übungen.

(a) Für diese fünf Abschnitte kann man probeweise das Verfahren anwenden, das wir in den letzten Abschnitten entwickelt haben. Das heißt, man soll „gleichschwebend" aufmerksam lesen, auffällige Textstellen markieren, den Textabschnitt fokussieren, in Notizen übertragen und diese Notizen schließlich zu einem kurzen prägnanten Bild oder einer Szene arrangieren, die kurz und knapp und pointiert zeigen kann, was hier eigentlich jeweils passiert.

(b) Alle fünf Ausschnitte und alle fünf selbst verfassten prägnanten Bilder oder Szenen sollen nun zusammen gelesen werden. Sie sind das Material, aus dem Sie nun einen sechsten Snapshot oder eine sechste Webcam arrangieren sollen. Dieser sechste Text muss ebenso kurz und knapp zeigen, was in den Unterwegs-Texten eigentlich passiert.

(c) Auch diesmal gilt (wie in Übung 8, Aufgabe 6): Testen Sie die Grenzen Ihrer kleinen Texte aus! Treiben Sie die „Erleuchtung" der Texte mit allen Mitteln voran – bis Sie selbst sagen: Jetzt ist die Grenze überschritten, an der sich der Text vom beobachteten Gegenstand ablöst, ihn aus den Augen verliert und zu einem fiktiven, zu einem nur noch literarischen Text wird.

Schauen Sie, wann der Snapshot oder die Webcam eindeutig keine Zusammenfassung und keine Beschreibung mehr bietet und nichts mehr sichtbar macht. Erst wenn Sie ein Gefühl für diese Grenze haben, können Sie souverän mit Ihren Gegenständen spielen – und sie so beobachten und so zusammenfassen und pointieren, dass sie wirklich sehr stark zu „leuchten" beginnen, ohne zu blenden oder ohne von sich abzulenken

Aufgabe 2: Aktuelle Texte verdichten

Was hier für die Reiseberichte vorgeschlagen wird, lässt sich problemlos auf das übertragen, *was man selber gerade macht*. Arbeitet man über Musils *Mann ohne Eigenschaften*, sollte man sofort damit beginnen, Snapshots und Webcams zum Roman anzufertigen – erst zu einzelnen Kapiteln, dann auf der Grundlage des

selbst erarbeiteten Materials zum ersten Teil und (wenn man jemals so weit kommt und nicht zwischenzeitlich zusammenbricht) auch zum zweiten Teil des Romans.
Das Prinzip der Verschachtelung verschiedener Bilder und Szenen sollte von der Struktur des Gegenstands bestimmt werden. Wenn es eine Essaysammlung ist, sollten zuerst kleine Texte für jeden Essay geschrieben werden, die dann Grundlage für einen Text sind, mit dem die ganze Sammlung zusammengefasst wird. Alle Texte für alle Essays zusammen werden dann wiederum zur Grundlage für einen Text, der den gesamten Essayband pointiert. Entsprechend kann man mit einem Lyrikband verfahren, mit einem Sammelband von Kurzgeschichten etc.
Genau das sollte man sich angewöhnen: dass man die eigene Arbeit fortwährend mit der Ausarbeitung von Bildern und Szenen begleitet, die nicht durch Sekundärliteratur abgesichert sein sollen, sondern unmittelbare Lektüreerfahrungen festhalten. Die sollte man dann relativ schnell in kleine, präzis pointierte Texte überführen. Auf diese Weise läuft neben der intensiven wissenschaftlichen Arbeit etwas Zweites mit, das gerade für die wissenschaftliche Arbeit von großer Wichtigkeit ist: *das Protokoll der Lektüre, der Entdeckung, der Reflexion, also der direkten Auseinandersetzung mit dem Text, die zu einem vertrauten Umgang mit dem Gegenstand führt, weil sie ihn fortwährend abtastet, um ihn zum Sprechen zu bringen.*

Aufgabe 3: Seminartexte verdichten
Noch einfacher lässt sich dieses begleitende Schreiben in Seminaren etablieren. Und es lässt sich gleichermaßen auf den Umgang mit Primär- oder Sekundärliteratur übertragen. Alle Texte, die gelesen werden, sollten einzeln in Bilder und Webcams übersetzt werden, die etwas sichtbar machen, was so vorher zwar schon da, aber nicht wirklich sichtbar war. Aus diesen Bildern und Webcams sollte je eine Bild oder eine Webcam für einen Text erarbeitet werden.
Insofern im Seminar ein ganzer Werkzusammenhang oder eine Epoche erarbeitet wird (*Goethes Wilhelm-Meister-Projekt, Dramen der Weimarer Klassik, Kleists Erzählungen, Bürgerlicher Realismus, Harry Graf Kesslers Tagebücher, Autobiografien der Weimarer Republik, die Gruppe 47, der Büchnerpreis; …*) lassen sich die Texte gemeinsam übersetzen, um die interpretativen Arrangements untereinander vergleichbar zu machen. Sie lassen sich aber auch getrennt voneinander bearbeiten, um auf diese Weise über ein ganzes Semester ein kollektives Journal zu erstellen, für das alle Seminarteilnehmer Bilder und Szenen beisteuern. Am Ende kann dann ein kleines Büchlein stehen, das aus lauter geschachtelten Im-

pressionen besteht, die aus verschiedenen Arbeitsphasen des Seminars stammen.
Auf diese Weise lernen die Teilnehmer, ihre Arbeiten miteinander zu vergleichen. Nicht nur lernen sie, andere Texte zu sehen und ihre Machart zu bestimmen. Auch können sie noch deutlicher wahrnehmen, zu welchen Ergebnissen die eigenen Arrangements führen. Nicht zuletzt fördert die gemeinsame Arbeit an einem Journal, das während des Semesters geführt wird, fortlaufend ergänzt und etwa als Word- oder pdf-Dokument per Email an alle Teilnehmer gesandt werden kann, die Überzeugung, einerseits perspektivisch zu arbeiten und damit immer auch einen Beitrag zu einer literarisch-wissenschaftlichen Öffentlichkeit zu leisten, andererseits aber die eigenen Texte so zu arrangieren, dass sie immer mehr als bloß die eigene Meinung sind und versuchen, etwas Objektives an den Gegenständen zum „Leuchten" zu bringen.

Das Journal erweitert sich durch diese Übungen langsam aber sicher zu einem großen *Katalog der 1111 wichtigsten Beobachtungen beim Lesen*. Dieser Katalog enthält Texte, die (um es noch einmal in der Sprache der Fotografie und der digitalen Darstellung zu sagen) verschiedene Körnungen haben und in verschiedener Auflösung erscheinen. Es sind immer wieder neue Arrangements und Re-Arrangements, die nur eins wollen: Was beim Lesen auffällt zu fokussieren und auf eine besondere Weise so zusammenzufassen, dass etwas sichtbar wird, was so vorher nicht zu sehen war.

Nach diesem Konzept kann nicht nur verfahren, wer das Schreiben von Literaturkritiken trainieren will. Es eignet sich genauso für Kritiker, die sich mit Musik, mit Theater, mit Tanz, mit Kino oder mit Architektur beschäftigen. Denn die vorgestellte Methode verpflichtet eben nicht nur auf das Lesen von Büchern. Ihre Grundbewegung ist das Gehen durch eine Stadt und das damit verbundene Isolieren, Fokussieren, Notieren, Arrangieren von Bildern und Szenen. Ihre Energie zieht sie aus Neugier, sich einem Gegenstand oder einem Ereignis zu nähern, ihn genau zu beobachten, um beschreiben zu können, was genau man vor sich hat.

Die Methode ist deshalb auch nicht nur auf die Künste beschränkt. Es ist eine Methode, die, weil sie auf Neugier und genaue Beobachtung setzt, schlichtweg überall und immer eingesetzt werden kann, wo es darum geht, nicht mit Formularen und Tabellen zu arbeiten, sondern wo man glaubt, dass man nur dann weiter kommt, wenn man den *einzelnen* Gegenstand, das *einzelne* Ereignis, das *einzelne* Phänomen erst einmal genau anschauen muss, um es aus sich selbst heraus und in seinem Kontext als Teil der Kultur verstehen zu können.

Übung 11: Die Kunst der Zusammenfassung

Man sollte sich ab jetzt für das interessieren, was man die „Kunst der Zusammenfassung" nennen kann. Füllen Sie das Journal mit Beschreibungen, die Sie finden. Entwickeln Sie auf diese Weise ein Gespür dafür, welche kleinen Texte besonders gut funktionieren, welche besonders gut gemacht sind und welche nicht funktionieren.
Man kann beim Sammeln ganz unsystematisch verfahren und aufheben, was einem gerade auffällt. Wer im Journal bereits Don't-Listen angelegt hat und Listen, in denen aufgeführt ist, was man machen sollte, der kann das jetzt auch mit gelungenen oder misslungenen Zusammenfassungen und Beschreibungen tun.

Aufgabe 1: Zusammenfassungen aus Lexika
Um fündig zu werden, sollte man sich nicht zu schade sein, ein paar Lexika durchzublättern.

- Ein großes Archiv, in dem man Zusammenfassungen schmökern kann, ist *Kindlers Literatur Lexikon.*
- Zu empfehlen sind auch *Metzlers Lexikon der literaturtheoretischen Texte* und der *philosophischen Werke.*

(Übrigens kann man eine ganze Reihe von kaum gelungenen Zusammenfassungen finden, die sich fast alle auf etwa 1000 Zeichen beschränken müssen: *Elisabeth Frenzel: Daten deutscher Dichtung, 2 Bde. München 2004.* Das kann man spaßeshalber mal durchblättern, um zu sehen, was das Gegenteil von „Leuchten" ist.)
Isolieren Sie aus den Artikeln der Lexika die Zusammenfassungen. Zählen Sie die Zeichenzahl und versuchen Sie das Buch, das Sie gerade lesen, im selben Stil zu pointieren. Die Frage wird sein: Kann man (und *darf* man überhaupt) diese Zusammenfassungen zum Leuchten bringen? Versuchen Sie es. Und markieren Sie für sich den Punkt, an dem Sie ihre Lizenz als Lexikonschreiber überschreiten.

Aufgabe 2: Zusammenfassungen aus Zeitungen und Zeitschriften
In den Feuilletons und Kulturteilen wird natürlich tagtäglich ein riesiger Fundus an Zusammenfassungen geliefert. Auch hier gilt: Ausschneiden, abschreiben und gucken, wie diese kleinen Abschnitte, in denen die Kritiker sich ihren Gegenstand zurechtlegen, funktionieren.

Ganz elegant macht es zum Beispiel Jan Brachmann in der *Berliner Zeitung* vom 11. Mai 2005 anlässlich eines Beethoven-Klavierabends von András Schiff:

> Schiff ließ sich Zeit beim Spielen, Zeit, die er in fast allen Sonaten für zusätzliche Verzierungen nutzte, wenn Formteile wiederholt wurden. Diese Verzierungspraxis des Barock und Rokoko auch auf Beethoven anzuwenden, galt unter Pianisten noch vor kurzem als Tabu. Indem Schiff nun von Beethoven aus spielerisch auf Haydn und Mozart zurückblickt, geht die veränderte Betrachtung von Musikgeschichte in seine Interpretation ein. Er nutzte die Zeit auch, um Mittelstimmen herauszuarbeiten, denen die meisten Pianisten vor ihm keine Bedeutung zugestanden hatten. Besonders schön gelang Schiff das im Kopfsatz der E-Dur-Sonate op. 14 Nr. 1. Da färbte er sogar bei Verdoppelungen der Melodie in Oktaven abwechselnd den oberen, dann den unteren Ton stärker ein, sodass noch im Unisono der Eindruck von Mehrstimmigkeit entstand.

Mit offener Ironie löst es Harald Peters, auch in der Berliner Zeitung, allerdings vom 25. September 2004, in seiner Besprechung eines Konzerts der Hardcore-Metal-Bands *Slipknot* und *Slayer*:

> Dem Chaos von Slipknot setzten Slayer eine Show von geradezu klassischer Strenge entgegen. Vor einem schwarzen Vorhang, der stimmungsvoll mit satanistischen Botschaften bekritzelt war, hatten sie aus insgesamt 24 Marshall-Verstärkerboxen zwei schöne, schlichte Wände bauen lassen, in deren Mitte es sich Paul Bostaph mit seinem Schlagzeug gemütlich machte. Davor trollten sich auf der linken und rechten Seite die beiden Gitarristen Jeff Hanneman und Kerry King, während Sänger und Bassist Tom Araya in der Mitte einsam vor seinem Mikrofon stand und schrie. Nach jedem Lied gingen stets für einige Sekunden die Lichter aus, gerade so, als solle das Publikum das gerade Gehörte erst einmal in aller Ruhe verdauen.
>
> Waren die Lichter wieder an, sah man Tom Araya allein auf der Bühne eine Ansage machen, die er meist in einer relativ normalen Tonlage begann. Nach wenigen Worten vernahm man jedoch nur noch zutiefst unverständliches Geröchel und Geschrei, das von

den anwesenden Massen dann aber stets einwandfrei als irgendein Songtitel identifiziert wurde. Daraufhin brach spontaner Jubel aus, plötzlich waren auch wieder King und Hanneman zur Stelle, um abwechselnd mit denkbar übergeschnappten Soli zu glänzen. So ging es eigentlich die gesamte Zeit.

Hochdramatisch fällt dagegen Verena Araghis Zusammenfassung von Zeruya Shalevs Roman *Späte Familie* aus (Spiegel 40/2005):

> Viel zu lange, so glaubt sie [Ella, die Heldin des Romans] hat sie es mit ihrem Mann in einem Beziehungsgefängnis aus Streiterei und Unzufriedenheit ausgehalten. So trennt sie sich eines Abends von Amnon, ziemlich abrupt, und gerade diese Abruptheit verschafft ihr ein eigentümliches Glücksgefühl, das den Trennungsschmerz überlagert.
> Vorerst bleibt die Frau mit dem sechsjährigen Sohn Gili in der gewohnten Umgebung, einer Großstadtwohnung. Sie breitet sich darin aus, als bekäme sie endlich zurück, was eigentlich schon immer ihr gehörte. Ihr völlig verstörter Mann zieht zwischenzeitlich zu einem Freund.
> Zunächst noch ist Ella ganz erfüllt von der Vorfreude auf ihr neues, ungebundenes Leben. Sie macht, was sie will, arbeitet viel und verabredet sich mit fremden Männern – natürlich den falschen; und erstaunlich schnell melden sich Zweifel, gegen die sie sich immer seltener wehrt: Warum eigentlich hat sie das wertvolle Familienband zerrissen? Ihr Sohn verkraftet die Trennung der Eltern nicht, er heult sich von Vater zu Mutter und wieder zurück.
> Ihrem Mann hat sie die Möglichkeit auf ein glückliches Familienleben vielleicht für immer verbaut. Fast über Nacht überfallen Ella alle Schuldgefühle, sie zwingen sie sogar körperlich in die Knie.

…und so weiter und so fort…

Aufgabe 3: Zusammenfassungen „performen"
Jährlich treffen sich die Filmnacherzähler, um Meisterschaften zu veranstalten. Gesucht wird, wer einen Film am besten nacherzählen – und das heißt *zusam-*

menfassen kann: In maximal fünf Minuten muss der komplette Film (um es in der Fachsprache der Veranstalter zu sagen) *performed* werden. (Vgl. www.totalrecall.org)
Machen Sie genau das. *Performen* Sie Ihren Gegenstand (auch wenn es ein bisschen Überwindung kostet): *Der Zauberberg* in fünf Minuten; der späte Picasso in drei Minuten; die neue Inszenierung von Castorf in vierundeinhalb Minuten; das neue Album von Madonna in zwei Minuten….
Die Kunst der Zusammenfassung wird damit tatsächlich auf einen ihrer unterhaltsamsten Höhepunkte geführt. Ein Bericht von den Berlin-Seiten der taz vom 8.11.2004 fasst ganz anschaulich einen der Wettbewerbe zusammen (und ist damit selbst als schöner Zusammenfassungstext zu lesen):

Filme für das innere Auge
Billiger als jede Low-Budget-Produktion ist das Nacherzählen von Filmen. Das Festival Total Recall zeigt das mit einem zweitägigen Wettbewerb im HAU 1. Gute Erinnerung ist hilfreich, aber auch, das Vergessen plastisch zu gestalten.
Von Andreas Becker

Wenn Leute auf Partys Filme nacherzählen, die sie vor vielen Jahren einmal gesehen haben, wundert man sich oft, wie perfekt die sich an Details erinnern. Weißt du noch in ‚Fargo', wo der Dingsbums die Landstraße im Schnee langfährt und das Geld irgendwo hinter dem Stacheldrahtzaun vergräbt …? Und der Typ von der Polizistin, entwirft der nicht Entenbilder für Briefmarken? Ich könnte das nicht. Allein schon, weil ich ständig Filmfiguren verwechsle, wenn die plötzlich mit anderen Klamotten rumlaufen oder sich die Haare anders machen. Das Nacherzählen von Filmen ist also ein Genre für hoch spezialisierte Gedächtniskünstler. Die konnten sich am Wochenende im HAU 1 dem kritischen Publikum stellen und in einem Wettbewerb den besten Nacherzähler ermitteln. Die Teilnehmer haben jeweils genau zehn Minuten Zeit. Sie dürfen keine Zettel benutzen, und das Reglement von Total Recall – so der Name des Projekts – untersagt unter Paragraf 5 auch das Tragen von bedruckten T-Shirts, Mini-Attackern (was immer das ist) und Laserpointern.
Man darf aber ausgiebig mit den Armen rudern oder Flugbewegungen von Vögeln imitieren. Was die Kollegin Jenni Zylka recht effektiv vorführte, als sie den Vögelfilm ‚Nomaden der Lüfte'

in all seiner Sozialkritik und geografischen Wirrheit wiedergab. Besonders schön auch ihr Exkurs über den Selbstmord eines Vogels einer Freundin, der sich in den Achtzigerjahren aus Melancholie ohne Flügeleinsatz zu Boden gestürzt und tödlich verletzt hatte. Was bewies, dass zehn Minuten Erzählzeit durchaus unterschiedlich lang sein können.
Der Mitbewerber Ernst Friedrich Jünger schaffte es in weniger als fünf Minuten, den Fußballfilm ,Fußball wie noch nie' von 1970 über den legendären George Best zusammenzufassen.
Oder Kandidat Michael Bow. Der hatte sich gleich fünf Filme vorgenommen. Fragte zunächst das Publikum, welche es denn schon kenne. So brauchte er über ,The Lion King' nicht mehr viel zu sagen und konnte stattdessen grandiose Verbindungen zwischen Bruce Willis' Spacetaxifahrten in ,The Fifth Element', dem Bösen und seinen Gegnern in ,Armageddon' und einem Typen mit Holzkreuz in ,The Life Of Brian' ziehen. Schon holten die Zuschauer wie nach jedem Erzähler die Stimmkarten raus, auf denen jedem Kandidaten streng demokratisch bis zu neun Punkte gegeben werden konnten.
Sehr schön auch der Vortrag von Winfried Schäfer über den Film ,Säugetiere', angeblich 1962 von Polanski gedreht. Schäfer erzählte so, wie man sich an Fernsehfilme von vor 30 Jahren erinnert, seltsam fragmentarisch. In seinem Film schien es kaum um Tiere zu gehen, sondern vor allem um zwei Männer, die sich gegenseitig durch den Schnee schleppen, prügeln, ihren Schlitten klauen lassen und sich wieder vertragen. Oder so ähnlich. Ganz genau kann ich mich schon wieder nicht mehr erinnern, woran sich Schäfer genau erinnerte.
Richtig klasse war Marina E. Kern mit der obskuren Komödie ,Frühling für Hitler' (Mel Brooks, 1968). Kern erzählte derart anschaulich, dass man den Film über eine absichtlich schlechte und lächerliche Broadwayshow über the Führer vor dem inneren Auge ablaufen sah. Da sie mit zehn Minuten nicht auskam und jeder wissen wollte, wie die Story ausgeht, durfte sie ausnahmsweise weiter erzählen. Wobei man dann auch bemerkte, dass Filmnacherzählungen, die nicht bis zu ihrem Ende kommen, schlimmer sind als verkorkster Sex.

[...]

Aufgabe 4: Weltkunst als Short Message
„Handys raus, Klassenarbeit", hieß es am 15. September 2004 in einer ganzseitigen Anzeige der *Süddeutschen Zeitung*.

> Liebe Schüler, mit nur einer lumpigen SMS können Sie die gesamte Süddeutsche Zeitung Bibliothek oder ein Nika 6820 gewinnen: Einfach eine Inhaltsangabe zu einem der 50 Romane an 82133 schicken. Beginnen Sie Ihre max. 160 Zeichen mit ‚SZ' plus Leerzeichen und der Nummer des Romans plus Leerzeichen (z. B. SZ 12). Die 20 treffendsten und originellsten SMS gewinnen. Einsendeschluss ist der 21.09.04.

Für die Arbeit im Seminar kann der Einsendeschluss verlängert werden. Der Pool von Texten oder Filmen oder Bildern lässt sich beliebig erweitern oder auf das Thema eines Seminars beschränken. Das ist äußerst unterhaltsam – aber eben auch immer mehr als das: Es zwingt, Texte so weit zu pointieren, dass sie tatsächlich nur noch als Punkt erscheinen. Und es zwingt damit, Zusammenfassungen von allem Ballast zu befreien, um den eigentlichen Kern von Texten so reduziert sichtbar zu machen, dass andere diese Reduktion nachvollziehen können. Prämiert wird natürlich die SMS-Zusammenfassung, die am stärksten leuchtet.

Ein Lesetipp
„Es weht ein großer Wind mein Herr", sagt ETA Hoffmanns Kater Murr – "Es weht ein großer Wind mein Herr – und wir hier am Anfang des Buchs sehen diesen großen Wind so, dass er auf das unendlich offne Meer der Romane nun aus der Bucht, aus der sie aufbrechen, alle die wundervollen Schiffe treibt, die unsre Lust sein werden.

So beginnt Rolf Vollmann seinen monumentalen *Roman-Verführer 1800–1930*, der in direkter Übernahme eines Romantitels von André Gide *Die wunderbaren Falschmünzer* heißt.
Wurde im Kapitel über das Journal an den Modedesigner erinnert, der sich durch die Stadt bewegt, um Stoffe zu suchen, zu fühlen, zu sammeln, zu analysieren und zu ordnen, so haben wir mit Rolf Vollmann einen solchen Sucher und Sammler und Ordner für die Literatur vor uns.
Für seine *Wunderbaren Falschmünzer* bewegt er sich durch die Bibliotheken und schreibt dabei das Lesetagebuch eines Verrückten, der sich durch die Weltlitera-

tur von knapp anderthalb Jahrhunderten hindurcharbeitet. Das Register der Romane, die er auf 1040 Seiten wie in einem Atemzug bespricht, umfasst knapp 20 Seiten mit etwa jeweils 50 Titeln. Vollmann hat dazu in Klammern immer noch die Zahl von Worten angegeben, die die Romane jeweils umfassen – Balzacs *Chagrinleder* 104.000, Dostojewskis *Idiot* 220.000, Victor Hugos *Die Elenden* 590.000 usw. So lässt sich schnell die Textmenge hochrechnen, die Vollmann durchgearbeitet hat.

Wer sehen will, wie man pointiert, mit dem Gestus des großen Erzählers beschreibt und zusammenfasst, dem sei Vollmanns Buch nachdrücklich empfohlen. Es ist ein großartiges Journal, in dem der Autor „Ich" sagt und seine persönlichen Erfahrungen an den Leser (der mit „Sie" angesprochen wird) weitergibt, ohne dass er sich aufdringlich in den Vordergrund schiebt. Auf jeder Seite ist klar, dass man es hier mit einer Expeditionsreise in die Weltliteratur zu tun hat, von der Vollmann Mitteilungen macht, um den Leser zum Selberreisen zu animieren und um ihm einen Eindruck von den Gegenden zu vermitteln, in die er vielleicht aus Zeitgründen niemals kommen wird.

Aufgabe 5: Weltkunst als Comic

Während Rolf Vollmann in seinen *Wunderbaren Falschmünzern* mit Zusammenfassungen von Zusammenfassungen arbeitet, also mit Snapshots von Snapshots, um kleine Überblicke über die besprochenen Romane zu geben, verfährt ein kleines Bändchen, herausgegeben vom Label *Mega Mobo*, das 2001 im Berliner Verlag *bostel produktion* erschienen ist und kostenlos in Comic-Läden verteilt wurde, umgekehrt: Es reduziert die Romane auf Schlüsselbilder, geskribbelt von belesenen Comiczeichnern. Hier werden *100 Werke der Weltliteratur* auf eine einzige Comicseite reduziert. Von de Sades *120 Tage von Sodom* über Doyles *Hund von Baskerville* bis zu Henry Millers *Wendekreis des Krebses*.

An Wawcszyks Bearbeitung von Kafkas *Prozess* kann man überprüfen, ob es gelungen ist, den Roman auf Schlüsselszenen herunterzurechnen, die nunmehr Kafkas Text selbst so zum Leuchten bringen, dass er in einem ganz anderen (aber eben im eigenen) Licht erscheint.

Wählen Sie sich selbst einen Lieblingstext, für den Sie – auch wenn Sie nicht zeichnen können – ein kleines Storyboard entwerfen. Sie haben eine Seite Platz. Mindestens ein Bild, höchstens 12 Bilder sollen darauf erscheinen. Zeichnen und schreiben Sie, was zu sehen und zu lesen sein soll, in die Kästen hinein. Und wenn Sie auch nicht wirklich gut zeichnen können – die Hauptsache ist, Sie selbst und andere können nachvollziehen, wie Sie sich Ihr Stück Weltliteratur auf engstem Raum interpretativ arrangieren.

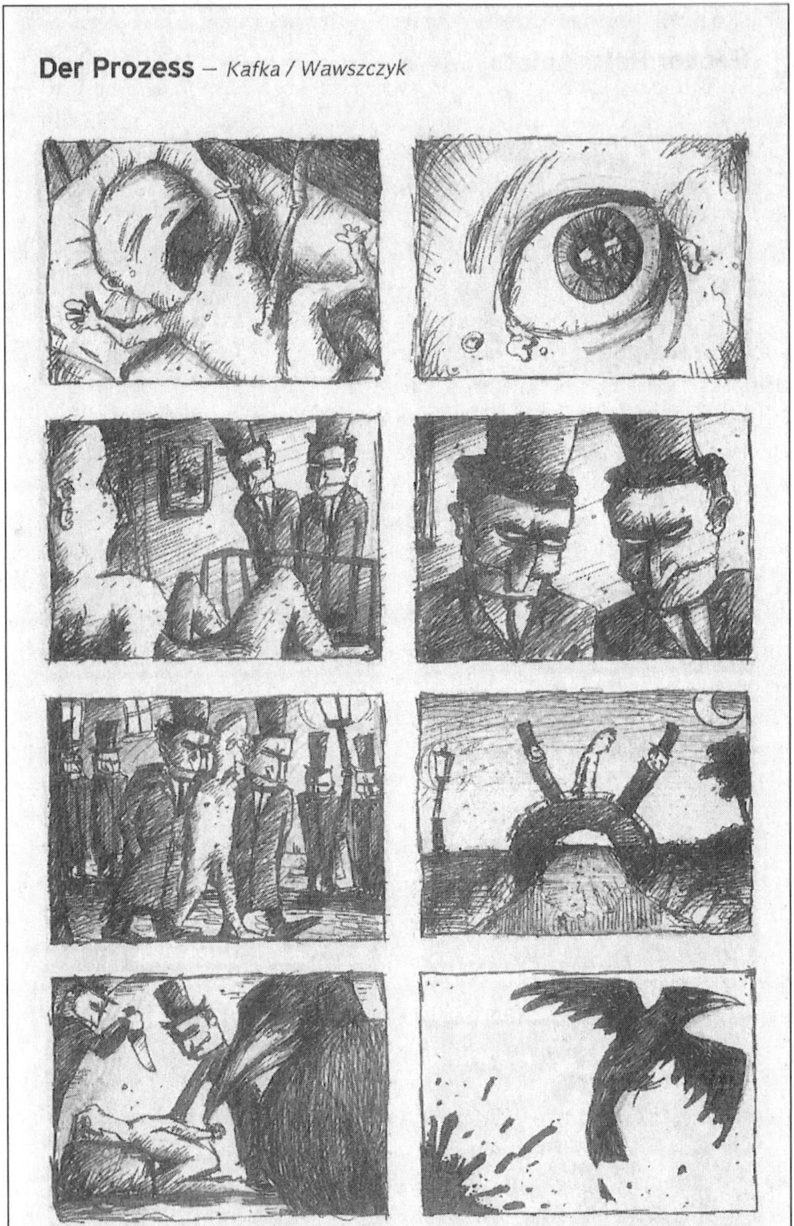

Quelle: 100 Werke der Weltliteratur. Berlin 2001, S. 56

4 Kontextualisieren und Symptomatisieren

4.1 Kontextualisierung

Es gibt eine wunderbare Erzählung von E.T.A. Hoffmann, die er kurz vor seinem Tod geschrieben und publiziert hat und die ihm den Ruf eingebracht hat, dass er sich auf seine alten Tage noch vom Romantiker zum Realisten wandeln wollte. Was diesen Wandel betrifft, kann man durchaus geteilter Meinung sein, tatsächlich ist die Forschung geteilter Meinung, und tatsächlich liegt der Verdacht nah, dass sich in Hoffmanns realistischer Methode der Alltagsbeobachtung, wie er sie in seiner Erzählung entwickeln lässt, ein ganz und gar romantischer Kern verbirgt.

Gemeint ist die Erzählung *Vetters Eckfenster* (1822), die für unser Trainingsbuch so interessant ist, weil hier – durch das Eckfenster, das sich vom Kabinett eines Eckhauses mit Blick hinaus auf einen Marktplatz öffnet – Stadtbeobachtung betrieben und als Methode beschrieben wird. Der Ich-Erzähler besucht seinen Vetter, einen Schriftsteller, der so schwer krank ist, dass er sich nicht mehr bewegen kann, der deshalb auch nicht mehr schreiben kann (der vielleicht aber auch umgekehrt wegen seiner Schreibblockaden krank geworden ist) und sich aufs Beobachten und aufs mündliche Erzählen verlegt hat. Er sitzt am Fenster, schaut mit einem Opernglas hinunter auf den Markt und hat dabei mittlerweile eine Kunstfertigkeit des Sehens entwickelt, über die der Ich-Erzähler nicht nur nicht verfügt, sondern von der er nicht mal weiß, dass man sie überhaupt haben kann. Jedenfalls schaut er auf Aufforderung des Vetters auf den Markt hinunter und sieht alles und – *nichts*.

> Der Anblick war in der Tat seltsam und überraschend. Der ganze Markt schien eine einzige, dicht zusammengedrängte Volksmasse, so dass man glauben musste, ein dazwischen geworfener Apfel könne niemals zur Erde gelangen. Die verschiedensten Farben glänzten im Sonnenschein, und zwar in ganz kleinen Flecken, auf mich machte dies den Eindruck eines großen, vom Winde bewegten, hin und her wogenden Tulpenbeets, und ich musste mir gestehen, dass der Anblick zwar recht artig, aber auf die Länge ermüdend sei, ja wohl gar aufgereizten Personen einen kleinen Schwindel verursachen könne, der dem nicht unangenehmen Delirieren des

> nahenden Traums gliche; darin suchte ich das Vergnügen, das das Eckfenster dem Vetter gewährte, und äußerte ihm dieses ganz unverhohlen.

Für den Vetter ist klar: Diese Unfähigkeit etwas zu sehen, ist Ausdruck der für ihn ziemlich bedrückenden Tatsache, dass in dem Verwandten „auch nicht das kleinste Fünkchen von Schriftstellertalent" glüht. Ihm dagegen, dem Schriftsteller, zeigt sich beim Blick aus dem Eckfenster, was in dieser Art schon Zeichner und Karikaturisten der Kultur der Hoffmann'schen Gegenwart aufs Papier gebracht haben: „[M]ir entwickelt sich die mannigfachste Szenerie des bürgerlichen Lebens, und mein Geist, ein wackrer Callot oder moderner Chodiewicki, entwirft eine Skizze nach der andern, deren Umrisse oft keck genug sind". Als „Eingeweihter" nimmt der Vetter sich deshalb vor, dem unbegabten Verwandten die „Primizien der Kunst des Sehens" beizubringen – und er organisiert dafür eine Art Training, das vom einfachen Beobachten bis zum Interpretieren der Szenerie und zum eigenständigen Weitererzählen absolviert werden soll.

Zuerst lässt der Vetter den Ich-Erzähler eine Person genau beschreiben, die über den Markt geht („Gut, Vetter, das Fixieren des Blicks erzeugt das deutliche Schauen"), um ihn dann in „Ergötzlicherem" zu unterrichten. Im Folgenden werden nicht nur deshalb zwei Passagen ausführlicher zitiert, weil sie die Sammlung von Beispieltexten aus dem letzten Kapitel ergänzen. Auch erweitern sie die Methode der Zusammenfassung um etwas Entscheidendes, was nicht zuletzt derjenige, der Kritiken schreiben will, notwendig braucht.

> *Der Vetter.* [...] Bemerkst du wohl – doch nein, nein, diese Gruppe, die soeben sich bildet, wäre würdig, von dem Krayon eines Hogarths verewigt zu werden. Schau' doch nur hin, Vetter, in die dritte Türöffnung des Theaters!
>
> *Ich.* Ein paar alte Weiber auf niedrigen Stühlen sitzend – ihr ganzer Kram in einem mäßigen Korbe vor sich ausgebreitet – die eine hält bunte Tücher feil, sogenannte Vexierware, auf den Effekt für blöde Augen berechnet, – die andere hält eine Niederlage von blauen und grauen Strümpfen, Strickwolle u.s.w. Sie haben sich zueinander gebeugt – sie zischeln sich in die Ohren – die eine genießt ein Schälchen Kaffee; die andere scheint, ganz hingerissen von dem Stoff der Unterhaltung, das Schnäpschen zu vergessen, das sie eben hinabgleiten lassen wollte; in der Tat ein paar auffallende Physiognomien! Welches dämonische Lächeln – welche Gestikulation mit den dürren Knochenärmen!

> *Der Vetter.* Diese beiden Weiber sitzen beständig zusammen, und unerachtet die Verschiedenheit ihres Handels keine Kollision und also keinen eigentlichen Brotneid zulässt, so haben sie sich doch bis heute stets mit feindseligen Blicken angeschielt und sich, darf ich meiner geübten Physiognomik trauen, diverse höhnische Redensarten zugeworfen. O, sieh, sieh, Vetter, immer mehr werden sie ein Herz und eine Seele. Die Tuchverkäuferin teilt der Strumpfhändlerin ein Schälchen Kaffee mit. Was hat das zu bedeuten? Ich weiß es! Vor wenigen Minuten trat ein junges Mädchen von höchstens sechzehn Jahren, hübsch wie der Tag, deren ganzem Äußern, deren ganzem Betragen man Sitte und verschämte Dürftigkeit ansah, angelockt von der Vexierware, an den Korb. Ihr Sinn war auf ein weißes Tuch mit bunter Borte gerichtet, dessen sie vielleicht eben sehr bedurfte. Sie feilschte darum, die Alte wandte alle Künste merkantilischer Schlauheit an, indem sie das Tuch ausbreitete und die grellen Farben im Sonnenschein schimmern ließ. Sie wurden handelseinig. Als nun aber die Arme aus dem Schnupftuchzipfel die kleine Kasse entwickelte, reichte die Barschaft nicht hin zu solcher Ausgabe. Mit hochglühenden Wangen, helle Tränen in den Augen, entfernte sich das Mädchen, so schnell sie konnte, während die Alte, höhnisch auflachend, das Tuch zusammenfaltete und in den Korb zurückwarf. Artige Redensarten mag es dabei gegeben haben. Aber nun kennt der andere Satan die Kleine und weiß die traurige Geschichte einer verarmten Familie aufzutischen als eine skandalöse Chronik von Leichtsinn und vielleicht gar Verbrechen, zur Gemütsergötzlichkeit der getäuschten Krämerin. Mit der Tasse Kaffee wurde gewiss eine derbe, faustdicke Verleumdung belohnt.
>
> *Ich.* Von allem, was du da herauskombinierst, lieber Vetter, mag kein Wörtchen wahr sein, aber indem ich die Weiber anschaue, ist mir, Dank sei es deiner lebendigen Darstellung, alles so plausibel, dass ich daran glauben muss, ich mag wollen oder nicht.

Das Verfahren, das hier vom Vetter angewandt wird, ist bereits bekannt: Von einem Snapshot ausgehend, entwickelt er eine Webcam, er arrangiert eine Szene, die der Ich-Erzähler (so schlau ist er dann doch!) sofort als Interpretationsversuch erkennt. Zu seinem Arrangement kommt der Vetter durch „Kombination". Er nimmt, was er sieht. Und er kombiniert es mit dem, was er bereits zuvor gesehen hat: *gerade eben* („Vor wenigen Minuten trat ein junges Mädchen...") und *über einen längeren Zeitraum* („Diese beiden Weiber sitzen beständig zusammen, und ... haben sie sich doch bis heute stets...").

Anders gesagt: Er kombiniert, was er sieht, mit Kontexten. Kürzer noch: Er *kontextualisiert.* Zu den „Primizien der Kunst des Sehens" gehört hier nicht nur das Sehen selbst, das „Fixieren des Blicks". Dazu gehört auch die Einbeziehung des Kontextes. Mit Kontext ist im engeren Sinn das Umfeld des Textes gemeint, also das, was mit ihm verwoben und verknüpft ist, ohne unmittelbar zu ihm zu gehören.

Als Kontext bezeichnet man aber außerhalb von Texten auch, was etwa mit Interaktionen, mit Handlungen, mit Ereignissen, aber auch mit Orten verbunden ist. Es gibt in diesem Sinn immer die einzelne Interaktion, die einzelne Handlung, das einzelne Ereignis, den einzelnen Ort – aber das Einzelne steht (wenn man sich nur entschließt, es aus einer bestimmten Perspektive zu beobachten) immer „innerhalb" eines viel größeren Kontextes von anderen Interaktionen, Handlungen, Ereignissen, Orten, die wiederum je für sich in weiteren Kontexten stehen, die wiederum mit weiteren Kontexten verbunden sind usw.

Den einzelnen Text, die einzelnen Interaktionen, Handlungen, Ereignisse und Orte in Kontexten zu sehen, führt immer dazu, dass die Beobachtungen komplexer werden. Sie werden mit etwas angereichert, was man gar nicht unmittelbar sehen kann. Zugleich aber dient die Kontextualisierung dazu, über die Anreicherung mit Komplexität besser verstehen zu können, was man gerade sieht. Eben das gilt ja auch für den Vetter, wenn er seine Beobachtungen kontextualisiert: Die Bilder und Szenen, die er *jetzt* sieht, wenn er durch das Opernglas auf den Marktplatz schaut, verknüpft er mit anderen Bildern und Szenen, damit sich versuchsweise ihre Bedeutung ermitteln lässt.

Zu den „Primizien des Sehens" gehört also nicht nur das Fixieren. Es gehört auch eine gewisse Routine des Sehens dazu, die nicht allein aus dem Moment heraus gebildet werden kann. Man muss den Marktplatz schon länger gesehen haben, um das Treiben zu verstehen und um nicht – wie der Ich-Erzähler – vor einem Rauschen zu stehen, das den ungeübten Betrachter eher hypnotisiert und in einen Dämmerzustand versetzt. Kontexte kann nur knüpfen, wer schon länger am Fenster sitzt und schon über längere Zeit die Leute, ihr Verhalten und ihre Laufwege beobachtet. Wenn man aber diese Kontexte knüpfen kann, dann ist es (jedenfalls nach der Methode des Vetters) erlaubt, die Szenerien nicht nur zu arrangieren, sondern sie auch so zu interpretieren, dass Leerstellen zwischen den Szenen ausgemalt werden und Erzählungen entstehen, die eindeutig über das tatsächlich Gesehene hinausgehen.

4.2 Symptomatisierung

Halten wir das alles fest und folgen dem Vetter noch bei einer nächsten Übung, um einen Schritt weiter in die „Kunst des Sehens" eingeführt zu werden. Denn wieder entwirft der Vetter ausführlich eine Szene, diesmal auf fast direkt journalistische Weise, um dann aber noch etwas anderes zu tun. Nachdem Vetter und Erzähler vom Eckfenster aus eine Streiterei verfolgt haben, nimmt das Gespräch diesen Verlauf:

> *Der Vetter.* Du bemerkst, lieber Vetter, dass dieses während der ganzen langen Zeit, die wir hier am Fenster zugebracht, der einzige Zank war, der sich auf dem Markte entspann und der lediglich durch das Volk selbst beschwichtigt wurde. Selbst ein ernsterer, bedrohlicherer Zank wird gemeinhin von dem Volke selbst auf diese Weise gedämpft, dass sich alles zwischen die Streitenden drängt und sie auseinanderbringt. Am vorigen Markttage stand zwischen den Fleisch- und Obstbuden ein großer, abgelumpter Kerl von frechem, wildem Ansehn, der mit dem vorübergehenden Fleischerknecht plötzlich in Streit geriet; er führte ohne weiteres mit dem furchtbaren Knittel, den er wie ein Gewehr über die Schulter gelehnt trug, einen Schlag gegen den Knecht, der diesen wahrscheinlich auf der Stelle zu Boden gestreckt haben würde, wäre er nicht geschickt ausgewichen und in seine Bude gesprungen. Hier bewaffnete er sich aber mit einer gewaltigen Fleischeraxt und wollte dem Kerl zu Leibe. Alle Aspekten waren dazu da, dass das Ding sich mit Mord und Totschlag endigen und das Kriminalgericht in Tätigkeit gesetzt werden würde. Die Obstfrauen, lauter kräftige und wohlgenährte Gestalten, fanden sich aber verpflichtet, den Fleischerknecht so liebreich und fest zu umarmen, dass er sich nicht aus der Stelle zu rühren vermochte; er stand da mit hoch emporgeschwungener Waffe, wie es in jener pathetischen Rede vom rauhen Pyrrhus heißt: „wie ein gemalter Wütrich, und wie parteilos zwischen Kraft und Willen, tat er nichts." Unterdessen hatten andere Weiber, Bürstenbinder, Stiefelknechtverkäufer u.s.w., den Kerl umringend, der Polizei Zeit gegönnt, heranzukommen und sich seiner, der mir ein freigelassener Sträfling schien, zu bemächtigen.

Ich. Also herrscht in der Tat im Volk ein Sinn für die zu erhaltende Ordnung, der nicht anders als für alle sehr ersprießlich wirken kann.

Der Vetter. Überhaupt, mein lieber Vetter, haben mich meine Beobachtungen des Marktes in der Meinung bestärkt, dass mit dem Berliner Volk seit jener Unglücksperiode, als ein frecher, übermütiger Feind das Land überschwemmte und sich vergebens mühte, den Geist zu unterdrücken, der bald wie eine gewaltsam zusammengedrückte Spiralfeder mit erneuter Kraft emporsprang, eine merkwürdige Veränderung vorgegangen ist. Mit einem Wort: das Volk hat an äußerer Sittlichkeit gewonnen; und wenn du dich einmal an einem schönen Sommertage gleich nachmittags nach den Zelten bemühst und die Gesellschaften beobachtest, welche sich nach Moabit einschiffen lassen, so wirst du selbst unter gemeinen Mägden und Tagelöhnern ein Streben nach einer gewissen Courtoisie bemerken, das ganz ergötzlich ist. Es ist der Masse so gegangen, wie dem einzelnen, der viel Neues gesehn, viel Ungewöhnliches erfahren, und der mit dem Nil admirari die Geschmeidigkeit der äußern Sitte gewonnen. Sonst war das Berliner Volk roh und brutal; man durfte z. B. als Fremder kaum nach einer Straße oder nach einem Hause oder sonst nach etwas fragen, ohne eine grobe oder verhöhnende Antwort zu erhalten oder durch falschen Bescheid gefoppt zu werden. Der Berliner Straßenjunge, der den kleinsten Anlass, einen etwas auffallenden Anzug, einen lächerlichen Unfall, der jemanden geschah, zu dem abscheulichsten Frevel benutzte, existiert nicht mehr. Denn jene Zigarrenjungen vor den Toren, die den „fidelen Hamburger avec du feu" ausbieten, diese Galgenstricke, welche ihr Leben in Spandau oder Straußberg oder, wie noch kürzlich einer von ihrer Rasse, auf dem Schafott endigen, sind keineswegs das, was der eigentliche Berliner Straßenjunge war, der nicht Vagabund, sondern gewöhnlich Lehrbursche bei einem Meister, – es ist lächerlich zu sagen – bei aller Gottlosigkeit und Verderbnis doch ein gewisses Point d'Honneur besaß, und dem es an gar drolligem Mutterwitz nicht mangelte.

Was passiert hier? Zuerst schildert der Vetter eine Begebenheit: die Auseinandersetzung auf dem Markt. Dann kombiniert er sie mit anderen Beobachtungen (er kontextualisiert!) und bildet sich schließlich aus den Kontexten das, was er eine „Meinung" nennt und was so viel wie „durch Beobachtung begründete Überzeugung" heißt: „Überhaupt, mein lieber Vetter, haben mich meine Beobachtungen des Marktes in der Meinung bestärkt, dass mit dem Berliner Volk seit jener Unglücksperiode, als ein frecher, übermütiger Feind das Land überschwemmte und sich vergebens mühte, den Geist zu unterdrücken, der bald wie eine gewaltsam zusammengedrückte Spiralfeder mit erneuter Kraft emporsprang, eine merkwürdige Veränderung vorgegangen ist. Mit einem Wort: das Volk hat an äußerer Sittlichkeit gewonnen."

Hier wird also nicht nur kombiniert. Es wird auch von der konkreten Szene abstrahiert, um etwas Allgemeines sagen zu können. Anders gesagt: Die einzelne Szene, die der Vetter als eine Art Webcam vorstellt, wird über die Absicherung durch die Kontexte zu einer symptomatischen Szene gemacht. Sie wird *symptomatisiert.*

Das Wort *Symptom* kommt aus dem Griechischen und bedeutet im Kern so viel wie „Zufall" oder auch „vorübergehende Eigentümlichkeit". Gemeint ist damit: Was man als Symptom identifizieren kann, ist nichts Eigentliches, sondern etwas, was sich erst durch bestimmte Entwicklungen, durch das Zusammenspiel verschiedener Kräfte einstellt. Erkennbar wird es gerade dadurch, dass ihm eine Eigentümlichkeit zukommt, die als etwas Vorübergehendes identifiziert wird. Dass es vorübergeht, dafür sorgt nicht zuletzt der Arzt. Denn er fügt dieser philosophischen Erklärung des Symptoms, die mit der Trennung zwischen Eigentlichem und Uneigentlichem operiert, etwas Handfestes hinzu: Er nimmt es als Zeichen, von dem aus er auf eine bestimmte Krankheit zurückschließen kann. Das Symptom ist bereits Teil der krankhaften Veränderung, und das heißt für den Arzt dann, dass er handeln muss, um den Grund dieser Veränderung (also die Krankheit) zu heilen.

Ist in diesem Sinn das Symptom auch für den Arzt etwas Vorübergehendes, weil es beseitigt werden muss, um den Patienten „wiederherzustellen", so gibt es auch eine außermedizinische Verwendung des Wortes, das zwar die genannten Konnotationen beibehält, aber die Verbindung mit der Krankheit auflöst. Das Symptom ist in diesem Zusammenhang etwas, das im weiteren Sinn als Vorzeichen, Anzeichen, Kennzeichen oder Merkmal gelesen werden kann. Es weist auf etwas hin, das bereits passiert ist und im Symptom selbst seinen Niederschlag findet. Um es mit noch einem anderen Bild zu sagen: Im Symptom verdichten sich komplexere Vorgänge zu etwas, was auf einen Blick pointiert fassbar ist. Und weil das so ist, lassen sich (wenn man den Blick dafür hat) diese komplexeren Vorgänge recht schnell bestimmen.

Dafür gibt es in der Medizin die Lehre von den Symptomen. Es gibt sie in Form eines relativ festen Katalogs, in dem zum einen festgelegt ist, wie sich komplexere Vorgänge zu einem Symptom verdichten. Und festgelegt ist auch, wie man von welchen Symptomen auf welche Vorgänge zurückschließen kann.

E.T.A. Hoffmann lässt den Vetter aus seiner Erzählung als jemanden in Erscheinung treten, der die Situationen, die er vom Fenster aus auf dem Markt wahrnimmt, symptomatisiert. Er liest sie nicht bloß als zufällige Szenerien. Er liest sie als Szenen, die in ihrem Ablauf von der Kraft viel größerer, komplexerer Vorgänge gelenkt werden, die die Gesellschaft im Ganzen betreffen. Aus dem Besonderen liest er das Allgemeine. Umgekehrt liest er das Allgemeine ins Besondere hinein. Man könnte auch sagen, um seine Methode genauer zu beschreiben: Er kommt zu seinen Erklärungen durch ein fortwährendes Hin- und Herblenden zwischen Allgemeinem und Besonderem.

Wenn der Vetter zu Beginn der Erzählung dem Besuch erklärt, er beobachte vom Fenster aus „die mannigfachste Szenerie des bürgerlichen Lebens, und mein Geist [...] entwirft eine Skizze nach der andern, deren Umrisse oft keck genug sind", dann meint er damit eben nicht nur ein einfaches Hinschauen, sondern ein methodisches Verwandeln von dem, was da zufällig vor seinen Augen passiert, in Szenen „bürgerlichen Lebens", Schlüsselszenen, Stellvertreterszenen, symptomatische Szenen, an denen sich die allgemeineren Strukturen ablesen lassen. Während dem Ich-Erzähler schwindelig wird, weil er nichts sehen und nichts erkennen kann, wenn er aus dem Fenster schaut, so ist der Vetter immer schon dabei, das Gesehene zu verwandeln und mit kecken Umrissen zu skizzieren, die deutlicher werden lassen, was dort unten (und damit im bürgerlichen Leben im Allgemeinen) vor sich geht. Nur so kann aus einer Streitszene abgeleitet werden, was sich seit dem Abzug von Napoleon („seit jener Unglücksperiode, als ein frecher, übermütiger Feind das Land überschwemmte und sich vergebens mühte, den Geist zu unterdrücken") in Deutschland getan hat.

Auf diese Weise wird ein Streit (oder auch sein Ausbleiben) zu etwas Symptomatischem erklärt. Bedingung ist, dass das Allgemeine mit dem Besonderen – und umgekehrt das Besondere mit dem Allgemeinen – so assoziiert wird, dass sich nachvollziehen lässt, wie das eine in das andere hineingefaltet ist, so dass es sich auch wieder herausfalten lässt.

Wie wir noch sehen werden, ist das ein heikler Vorgang. Denn da das Besondere und das Allgemeine natürlich nie offensichtlich zusammenhängen (und weil letztlich nur ein Arzt, der symptomatologisch verfährt, durch Heilung beweisen kann, dass er etwas Auffälliges richtigerweise als Symptom identifiziert und dieses dann auf seinen eigentlichen Auslöser hin zurückverfolgt und richtig behandelt hat), sind Kontextualisierungen und Symptomatisierungen immer nur Interpretations*versuche*, die einen Vorschlag machen, wie etwas zu lesen und zu verstehen sei.

Auch E.T.A. Hoffmanns Vetter verfährt auf ziemlich heikle Weise. Er stützt seine Symptomatisierung dadurch, dass er seine Beobachtungen kontextualisieren kann. Er hat, was er vor sich sieht, schon länger beobachtet und kann deshalb auf eine große Menge an Daten (wie der Soziologe sagen würde) zurückgreifen. Er weiß also bereits viel über den Gegenstand, über seine unmittelbare Entwicklung in den letzten Stunden, über die Entwicklung der Szenerie in den letzten Wochen und über die Entwicklung des kulturellen Kontextes in den Jahren zuvor. Auf dieses Material greift er zurück, wenn er seinem Besuch vorführt, wie er diese Daten miteinander verknüpft, sie zu größeren Zusammenhängen verbindet und dann mit ihnen pointiert auf größere Entwicklungen zurückgreift.

Was bei ihm allerdings zum Kontextualisieren und zum Symptomatisieren noch hinzukommt (und das ganze Unternehmen vollends heikel macht), ist das Narrativieren. Denn der Vetter baut all das, was er gesehen hat und was er an Allgemeinem aus dem Besonderen herausgefaltet hat, in größere Erzählungen ein, die er dem staunenden Besucher vorführt. Gerade dadurch, dass er seine Daten und Symptome so erzählt, dass geradezu dramatische Entwicklungen in Szene gesetzt werden, stellt er unter Beweis, dass er eigentlich ein Schriftsteller ist. Es ist ja der Mangel des kleinsten Fünkchens von Schriftstellertalent, den er an seinem Verwandten beklagt. Der sieht eben nur ein bloßes Rauschen, wo der Vetter als Schriftsteller selbst Daten sammelt, das Allgemeine mit dem Besonderen kurzschließt und darüber Geschichten baut, die das „bürgerliche Leben" in kecken Umrissen (ähnlich wie Chodowiecki und Callot) zur Erscheinung bringen.

Wenn die Frage zu Beginn war, ob E.T.A. Hoffmann ein Realist oder ein Romantiker ist, dann lässt sich – mit der Annahme, dass in des Vetters Methode auch ein Stück der Methode von Hoffman selbst vorgeführt wird – jetzt besser eine Antwort finden: Hoffmann ist Realist insofern, als er mit sehr genauem Blick Daten aus dem bürgerlichen Leben sammelt. Darin gleicht er den Zeichnern als Dokumentaristen des bürgerlichen Lebens der Gegenwart – Callot und Chodowiecki –, auf die sich auch der Vetter beruft. Hoffmann ist ein Beobachter der Jetztzeit, der, gerade weil er diese Beobachtung kontinuierlich fortführt, dazu in der Lage ist, einzelne Interaktionen, Handlungen, Ereignisse oder Orte zu kontextualisieren, also in Verbindung mit dem zu setzen, was über einen längeren Zeitraum passiert ist. Und weil er nicht nur die unmittelbare Gegenwart vor Augen hat, sondern sich kontinuierlich auch mit größeren kulturellen, politischen Entwicklungen (in *Vetters Eckfenster*: Napoleon und danach!) beschäftigt, kann er seine kontinuierlichen Beobachtungen in größere Zusammenhänge blenden, um die einzelnen Szenen selbst zu etwas Symptomatischem zu machen.

Dass diese Symptomatisierung nicht mehr exakt der Wirklichkeit entspricht, weil er die einzelne Szenerie zur genaueren Darstellung mit „kecken Umrissen" zeichnet, also zur Verdeutlichung der Symptomatik auch überzeichnet, wenn nicht gar zuweilen karikiert, ist ihm dabei durchaus klar. Mehr noch: Wer Hoffmanns Erzählungen und Romane liest, der erkennt, dass er nicht nur mit Hilfe der Zuspitzung und Überspitzung arbeitet. Seine Zuspitzungen und Überspitzungen sind eingelegt in Geschichten, die sich zwar deutlich von der realistischen Darstellung dann zu verabschieden scheinen, wenn Gespenster erscheinen und der Wahn bei seinen Helden durchbricht. Aber Hoffmann verfährt dabei immer so, dass er seinen Anspruch auf eine symptomatisierende Beschreibung seiner Gegenwart gerade nicht aufgibt: Denn sowohl die phantastischen Erscheinungen als auch die Verrückungen seiner Helden sind selbst als symptomatische zu lesen. Sie tauchen nicht zufällig auf. Sie werden auch nicht zufällig verrückt. Sie geraten vielmehr in die Konfliktlagen, die von den unaufgearbeiteten Resten der Vergangenheit und den kaum einholbaren Ansprüchen der Gegenwart im fortlaufenden Modernisierungsprozess bestimmt sind. Die Schrecken und Krankheiten, die Hoffmann in Szene setzt, sind deshalb als Symptome, als besondere Zeichen zu lesen, über die auf allgemeine Zustände zurückgeschlossen werden kann – weil Hoffman auch von allgemeineren Zuständen auf die Zustände seiner Helden und die tragischen (oder grotesken) Verknüpfungen in seinen Erzählungen selbst geschlossen hat. Was er an „Literatur" also an „Fiktion", an „Erfundenem" hinzufügt, steht ganz im Dienst der Idee, etwas an der Wirklichkeit sichtbar zu machen, das man eben ohne Literarisierung und Fiktionalisierung nicht sehen könnte.

Der Realist Hoffmann wird überall dort, wo er die Grenze zur Erfindung überschreitet, um genau die Wahrheit des „bürgerlichen Lebens" sichtbar zu machen, ein Romantiker, der sehen will und mehr als das darstellen will, was tatsächlich zu sehen ist. Aber der Romantiker Hoffmann ist eben genau dort Realist, wo seine Sichtbarmachung des Unsichtbaren (und was sind Gespenster anderes als sichtbar gewordenes Unsichtbares – und was ist der Wahn anderes als eine symptomatische Sichtbarwerdung einer tragisch verstrickten Vergangenheit und einer aktuellen unheimlichen Besessenheit?) auf die kontinuierliche Beobachtung der Gegenwart und ihre Kontextualisierung mit der Kulturgeschichte gegründet ist.

Kontextualisieren, Symptomatisieren, Narrativieren – mit der ganz spezifischen Verbindung dieser drei Verfahren wird E.T.A. Hoffmann zu einem Erzähler, der keineswegs nur der auf die Unterhaltung durch den Schrecken setzenden „Gespenster-Hoffmann" ist, für den man ihn vielfach gehalten hat. Vielmehr wird er durch die Verbindung dieser Verfahren zum Kritiker seiner Gegenwart. Und seine Texte lassen sich genau deshalb als kritische Auseinandersetzung mit seiner Zeit lesen. Wer Kritiken schreiben will, dem seien die Hoffmann'schen Texte deshalb aufs Nachdrücklichste empfohlen.

Übung 12: Einen Platz beobachten

Für die nun folgenden Übungen gilt es, sich dem Vetter aus Hoffmanns Erzählung anzugleichen. Zu tun ist das, was auch der Vetter tut – (Beobachten, Fixieren, Kontextualisieren, Symptomatisieren). Auf diese Weise wird vorbereitet, was Hoffmann tut, nämlich: sich mit der Gegenwart kritisch auseinander zu setzen, indem er durch Beobachtung und durch die Interpretation des Beobachteten etwas an dieser Gegenwart zeigt, was sonst nicht auf den ersten Blick sichtbar ist.
Wie bei den vorangehenden Übungen begeben Sie sich dafür in die Stadt. (Erst später werden Sie sich dann wieder in die Texte begeben, um das alles noch einmal lesend und interpretierend am Text nachzuvollziehen.)

Aufgabe 1: Die Beobachterposition wählen
Die Beobachter- und Erzählposition, die einzunehmen ist, hat Hoffmann eindeutig vorgegeben. Der Vetter ist, was man in der Forschung einen „nicht-teilnehmenden" oder „vollständigen" Beobachter nennt, der sich im Gegensatz zum „teilnehmenden" Beobachter aus dem Geschehen heraushält (auch wenn er in der Erzählung sich selbst zuweilen auf den Markt begibt, um eins der Mädchen zu beeindrucken, indem er ihr Bücher von sich präsentiert, die sie freilich weder kennt noch zu schätzen weiß…). Der „nicht-teilnehmende" oder „vollständige" Beobachter hält, so heißt es in einer Einführung in die qualitative Sozialforschung, „Distanz zum beobachteten Geschehen, um es nicht zu beeinflussen. Dies wird zum Teil dadurch erreicht, dass die eigentliche Beobachtung in der Situation durch die Videoaufzeichnung ersetzt wird." (Flick, 201)
So können wir uns also den Vetter sehr gut als jemanden denken, der gar nicht am Fenster sitzt, um auf einen Marktplatz zu schauen, sondern auf seinem Computerbildschirm die Übertragung der Bilder von einer Webcam verfolgt, die irgendwo auf der Welt installiert ist und rund um die Uhr denselben Ausschnitt derselben Straßenecke oder desselben Platzes oder Marktes überträgt.
Um die Übung abzukürzen, sollte man sich einen beliebigen Platz in einer Stadt oder in einem Dorf wählen, in dem man sich einigermaßen gut auskennt. Wer Lust hat, kann die Übung auch mit fremden Plätzen in fremden Städten wiederholen. Da wir jetzt aber mit Kontextualisierungen und Symptomatisierungen arbeiten, ist es hilfreich, bereits ein wenig mit dem Platz und seinem Umfeld vertraut zu sein.
Suchen Sie sich auf dem ausgewählten Platz einen Ort (möglichst einen erhöhten, um sich einen *Über*blick zu verschaffen), von dem aus Sie das Geschehen beobachten können. Es kann auch ein Café mit gutem Ausblick sein. Wichtig

ist, dass Sie dort etwas länger sitzen und den Platz beobachten können, ohne dass Sie dadurch anderen auffallen. Diejenigen, die Sie beobachten, sollten nicht sehen oder zumindest nicht erkennen, dass Sie jemand sind, der den Platz kontinuierlich in Augenschein nimmt, um mit etwas Zeitaufwand aus dem Rauschen, das auf den ersten Blick das Treiben auf dem Platz bestimmt, ein paar Szenen des „bürgerlichen Lebens" herauszuarbeiten.
Ganz wichtig: Vergessen Sie Ihr Journal nicht!

Aufgabe 2: Das Flüchtige fixieren

Das Sehen-Lernen-Programm kann beginnen. Wenn Sie in einem Café sitzen, bestellen Sie sich etwas zu trinken und schauen sich den Platz an. Vielleicht werden Sie zuerst nur belanglose, unzusammenhängende Bewegungen von zufällig vorbeilaufenden Menschen sehen. Wenn Sie den Platz schon etwas besser kennen, kommen Ihnen bestimmte Menschen und bestimmte Interaktionen, Handlungen und Ereignisse vielleicht bereits vertraut vor.
Beginnen Sie an einem ersten Morgen, Nachmittag, Abend (oder aber auch in der Nacht) Notizen anzufertigen: Snapshots und Webcams nach dem bekannten Muster, das in der ÜBUNG 7 vorgestellt wurde. Die Texte müssen noch nicht „leuchten", es reicht, wenn Sie sich notieren, was Ihnen auffällt, wenn Sie den Platz über ein paar Stunden hinweg beobachten.

Aufgabe 3: Fokussieren

Wenn Sie einen zweiten Morgen, Nachmittag, Abend oder ein paar Stunden in der Nacht auf dem Platz verbringen (es sollte derselbe Zeitabschnitt, möglichst wieder an einem Werktag oder einem Feiertag sein), dann fangen Sie an, sich auf etwas zu konzentrieren, was Ihnen besonders aufgefallen ist: Ein Geschäft gegenüber; das Ein- und Ausströmen der Fußgänger aus dem U-Bahn-Tunnel; die Gespräche vor dem Internet-Café; der Treffpunkt einer Gruppe von Jugendlichen; das Fließen des Verkehrs; die Kleidung der Fußgänger; die Taxifahrer am Taxistand; ein Bettler vor dem Supermarkt… Notieren Sie weiter, aber konzentrieren Sie sich dabei erst einmal nur noch auf das, was Sie sich ausgewählt haben.

Aufgabe 4: Unmittelbare Umgebung

Wenn Sie einen dritten Morgen, Nachmittag, Abend oder ein paar Stunden in der Nacht auf Ihrem Platz verbringen, dann können Sie mit dem Kontextualisieren beginnen. Sie werden merken, dass Sie mit dem Platz bereits vertraut geworden sind und trotzdem immer noch neue Details entdecken, die Sie aber

immer besser zuordnen können (oder die Sie zuweilen auch noch nicht zuordnen können, von denen Sie aber wissen, dass Sie sie über kurz oder lang auch verstehen werden).
Wenn es geht, fokussieren Sie wieder das, was Sie auch am Tag zuvor beobachtet haben. Nun aber versuchen Sie, es mit all dem anderen, was Sie sehen (oder gesehen haben) in Beziehung zu setzen.
Versuchen Sie, über dieses Knüpfen der Beziehungen das Verhalten des Ladenbesitzers gegenüber oder der Taxifahrer oder der Jugendlichen oder der Fußgänger oder der Bettler zu erklären. Was passiert auf dem Platz, damit das, was Sie fokussiert haben, genau so abläuft, wie es abläuft? Wie ordnet der Platz das Geschehen durch seine Architektur, durch seine Verkehrsströme, durch seine Ordnungsmuster? *Die Jugendlichen treffen sich natürlich genau an diesem Punkt des Platzes, weil man von dort aus den besten Blick auf die Passanten hat, weil dieser Ort in der Sonne oder im Schatten, im Licht der Laterne oder abseits davon liegt, weil er Fluchtmöglichkeiten bietet, weil man mit dem Rücken zur Wand steht …; der Verkehr stockt, weil in der zweiten Reihe geparkt wird und die Fahrer schnell in die Läden laufen, um etwas einzukaufen, oder weil sie in die Cafés gehen, um sich dort in der Nähe des Fensters niederzulassen, von wo aus sie ihren Wagen im Blick haben, aber auch die Passanten mustern können…*
Auf diese Weise öffnen Sie die von ihnen beobachteten Situationen, die Sie sich in den letzten Tagen notiert haben: Sie setzen Sie zueinander in Beziehung, um zwischen ihnen einen sinnhaften Zusammenhang herzustellen. Und Sie setzen sie mit dem Ort in Beziehung, der diese Situationen rahmt.
Schreiben Sie eine Webcam, in der eine Szene beschrieben wird, und fügen diese Kontexte der bloßen Beschreibung hinzu – ganz so, wie es der Vetter im ersten längeren Ausschnitt tut, der weiter vorne abgedruckt ist. Der Text sollte durch diese Erweiterung insgesamt nicht länger als 4.000 Zeichen werden. Achten Sie darauf, dass der Kontext so integriert wird, dass die Webcam als einheitliches Textstück erscheint.

Aufgabe 5: Weitere Umgebung
Sollten Sie immer noch Zeit haben, so versuchen Sie an einem vierten Morgen, Nachmittag oder Abend, sich das Umfeld des Platzes zu vergegenwärtigen. Machen Sie einen Spaziergang rundherum. Machen Sie sich klar, welche Straßen und welche Stadtteile (oder Teile des Dorfes oder der Landschaft) er miteinander verbindet. Vielleicht liegt er auch in der Mitte eines Viertels und bringt das gesamte Umfeld auf den Punkt. Aber schauen Sie sehr genau hin, denken Sie sehr genau nach, wenn Sie spazieren gehen:

Wie unterschiedlich sind die Straßen, die auf diesen Platz zuführen oder von ihm wegführen? Verlängern Sie diese Straßen – wohin führen Sie? Von wo bringen Sie den Verkehr auf den Platz? Gibt es Buslinien, U-Bahn-Linien? Wo kann man mit ihnen hinfahren, auf welchem Punkt der Strecke liegen sie? Ist es eine Endstation, ein Umsteigebahnhof, eine Station, an der man in Busse umsteigen kann? Wie werden durch die Zufahrts- und Abfahrtswege, durch die Straßen ins Viertel oder in andere Stadtteile die Verkehrs- und Personenströme reguliert?
Wenn Sie sich das klar gemacht haben, setzen Sie sich wieder in Ihr Café (oder von wo auch immer Sie Ihren Platz beobachtet haben), fokussieren wieder das, was Sie bereits beim letzten Mal beobachtet und als Teil des Platzes kontextualisiert haben. Versuchen Sie nun das, was Sie als Teil des Platzes verstehen, in den noch größeren Kontext der Stadt zu setzen. Wie wirkt die Umgebung auf das, was Sie fokussiert haben, damit es genau so abläuft, wie es abläuft?
Versuchen Sie, was Sie fokussieren, als etwas zu erklären, das nicht zufällig auf diesem Platz, in dieser Umgebung, in dieser Stadt passiert, weil es von diesem Platz, von dieser Umgebung, von dieser Stadt formiert wird.

Aufgabe 6: Geschichte
Sie haben immer noch Zeit? Gehen Sie an einem Tag in die Stadtbibliothek oder ins Stadtarchiv. Schauen Sie sich die Bücher an, die sich mit der Geschichte der Stadt beschäftigen und lesen Sie dazu auch jene Bücher (oder Aufsätze in vielleicht durchaus skurrilen Vierteljahresschriften für Heimat- oder Kiez-Forscher), in denen etwas über die Geschichte des Platzes erzählt wird, den Sie in den letzten Tagen so intensiv beobachtet haben. Vielleicht finden Sie sogar Monografien, die sich mit dem Thema beschäftigen, das Sie fokussiert haben: mit dem Taxifahren, mit dem Betteln in der Stadt, mit der Entwicklung der Ladenstruktur, mit der Gruppendynamik unter Jugendlichen, mit der Entwicklung von Kleinstädten oder Metropolen im 21. Jahrhundert, vielleicht auch mit Flaneuren, die durch Städte spazieren, um die Kontexte zu erkennen, in denen die Stadt eigentlich funktioniert…
Wenn Sie sich ein paar der Bücher ausleihen oder ein paar Aufsätze kopieren können, nehmen Sie sie mit und setzen sich wieder in Ihr Café. Versuchen Sie die größeren historischen, demografischen, sozialen, medialen Entwicklungen, von denen Sie lesen, auf Ihren Platz und auf die von Ihnen fokussierte Szenerie zu übertragen. Prüfen Sie, ob das von Ihnen Beobachtete damit zusammengebracht werden kann. Sie können sich in Ihrem Journal Thesen und Kurzzusammenfassungen notieren und mit den einzelnen Notaten, den Snapshots und Webcams zusammenbringen.

Nummerieren Sie alle Texte und verweisen Sie jeweils auf die Nummern der anderen Texte, auf die ein Notat, ein Snapshot oder eine Webcam verweist. Auf diese Weise entsteht ein Bedeutungsnetz, in dem sich die Kontextualisierung im Prozess des Wiederlesens und Kombinierens nachvollziehen lässt.

Aufgabe 7: Symptomatisieren
Wenn Sie die Kontextualisierungen durchgeführt haben, können Sie den Sprung von der einzelnen Beobachtung zur allgemeinen These wagen. Sie sollten sich zwei der folgenden Aufgaben auswählen, um dazu jeweils einen Text im Umfang von 3.200 bis 4.000 Zeichen zu schreiben, der im Kern die Beobachtung hat und die allgemeine These sinnfällig daraus ableiten kann.
(a) Stellen Sie eine einzelne Beobachtung so vor, dass sie als *charakteristischer* Ausdruck des Platzes verstanden werden kann. An dem, was Sie beschreiben, muss sich im Kleinen das abzeichnen, was den Platz *insgesamt* bestimmt.
(b) Nun drehen Sie es etwas höher: Stellen Sie eine einzelne Beobachtung so vor, dass sie als *charakteristischer* Ausdruck der Umgebung des Platzes (das Viertel, der Stadtteil, die Stadtteile) verstanden werden kann. An dem, was Sie beschreiben, muss sich im Kleinen das abzeichnen, was die Umgebung *insgesamt* bestimmt.
(c) Drehen Sie es noch höher: Die einzelne Beobachtung soll nunmehr als *charakteristischer* Ausdruck der Stadt verstanden werden.
(d) Warum nicht noch höher? Vielleicht wagen Sie es, aus dem von Ihnen beobachteten einzelnen Ereignis die Lage der Nation zu entwickeln. Versuchen Sie es.
(e) Und nun der Höhepunkt. „Dieser Markt", heißt es zum Ende von Hoffmanns Erzählung *Vetters Eckfenster*, „(...) ist auch jetzt ein treues Abbild des ewigen wechselnden Lebens. Rege Tätigkeit, das Bedürfnis des Augenblicks trieb die Menschenmasse zusammen: in wenigen Augenblicken ist alles verödet, die Stimmen, welche im wirren Getöse durcheinanderströmten, sind verklungen, und jede verlassene Stelle spricht das schauerliche: ‚Es war!' nur zu lebhaft aus." Mit diesem Resumee verwandelt sich Hoffmanns Vetter in einen philosophischen Betrachter, der das Konkrete so allgemein fasst, dass es in eine Plattitüde verwandelt wird. Versuchsweise kann man das auch tun, um zu sehen, wann die Spannung in der Verbindung von Besonderem und Allgemeinem überzogen wird. *Versuchen Sie deshalb, Ihre eigene Beobachtung so zu fassen, dass sie als Symptom für das ganze Leben an und für sich gelesen werden kann...*

Aufgabe 8: Gruppenarbeit
Wenn man in der Gruppe arbeitet, lassen sich die bisherigen Übungen sehr gut gemeinsam absolvieren. Man einigt sich auf einen Platz, den alle beobachten und von dem aus alle Beobachtungen kontextualisiert und symptomatisiert werden. Auf diese Weise wird nicht nur ein ganzes Puzzle von Texten entstehen, mit denen sich ein Platz in seinen verschiedenen Facetten ins Bild rücken lässt. Auch lässt sich in der Gruppe diskutieren, ob die Texte jeweils funktionieren und wann sie zu „leuchten" beginnen – also wann sie es schaffen, etwas an diesem Platz sichtbar zu machen, was man so vorher nicht sehen konnte.
In den Sozialwissenschaften ist es üblich, Fehlerquellen bei der Beobachtung und der Interpretation dadurch auszuschließen, dass man dieselben Beobachtungen von verschiedenen Beobachtern durchführen lässt. Auch das kann man in der Gruppe tun: sich darüber unterhalten, inwieweit einzelne Texte durch den Abgleich mit anderen Texten verifiziert oder falsifiziert werden können. Und unterhalten kann man sich dann auch über die Frage, inwieweit diese Verifizierungen und Falsifizierungen die Brauchbarkeit oder Unbrauchbarkeit des jeweiligen Textes beweisen (oder eben *nicht* beweisen).

Aufgabe 9. Benjamin in Marseille. Es folgen zwei Städtebilder als Denkbilder von Walter Benjamin. An ihnen ist Benjamins spezifische Methode der *Fixierung, Fokussierung, Kontextualisierung, Symptomatisierung* und *Narrativierung* an mehreren Stücken herauszuarbeiten. Denn in beiden sind alle genannten Verfahrensweisen auf so raffinierte Weise integriert, dass sie zwar spürbar werden, aber tatsächlich erst durch mehrere Interpretationsgänge wieder sichtbar gemacht werden können.
Es ist sinnvoll, die in dieser ÜBUNG 12 gestellten Aufgaben an diesem kurzen Text Schritt für Schritt, Wort für Wort, Satz für Satz zu überprüfen, um zu sehen, wie Benjamin methodisch verfährt.
Schreiben Sie in einem pointierten Statement auf, was hier passiert. (Benjamins Text soll für Sie kein Vorbild sein – aber Sie sollen an ihm erkennen, wie stark man Gesehenes verdichten und in symptomatisierende Bilder packen kann, um etwas Neues sichtbar zu machen).

> *Kathedrale.* – Auf dem unbetretensten, sonnigsten Platz steht die Kathedrale. Hier ist es ausgestorben, trotzdem im Süden, zu ihren Füßen, La Joliette, der Hafen, im Norden ein Proletarierviertel dicht anstößt. Als Umschlagplatz für ungreifbare, undurchschaubare Ware steht da das öde Bauwerk zwischen

Mole und Speicher. An vierzig Jahre hat man daran gesetzt. Doch als dann 1893 alles fertig war, da hatten Ort und Zeit an diesem Monument sich gegen Architekten und Bauherrn siegreich verschworen, und aus den reichen Mitteln des Klerus war ein Riesenbahnhof entstanden, der niemals dem Verkehr konnte übergeben werden. An der Fassade sind die Wartesäle im Innern kenntlich, wo Reisende I.–IV. Klasse (doch vor Gott sind sie alle gleich), eingeklemmt wie zwischen Koffer in ihre geistige Habe, sitzen und in Gesangbüchern lesen, die mit ihren Konkordanzen und Korrespondenzen den internationalen Kursbüchern sehr ähnlich sehen. Auszüge aus der Eisenbahnverkehrsordnung hängen als Hirtenbriefe an den Wänden, Tarife für den Ablass auf die Sonderfahrten im Luxuszug des Satan werden eingesehen, und Kabinette, wo der Weitgereiste diskret sich reinwaschen kann, als Beichtstühle in Bereitschaft gehalten. Das ist der Religionsbahnhof zu Marseille. Schlafwagenzüge in die Ewigkeit werden zur Messezeit hier abgefertigt.

Das Licht von Grünkramläden, das in den Bildern Monticellis ist, kommt aus den Innenstraßen seiner Stadt, den monotonen Wohnvierteln der Eingesessenen, die etwas von der Traurigkeit von Marseille wissen. Denn die Kindheit ist der Quellenfinder der Trübsal, und um die Trauer so ruhmreich strahlender Städte zu kennen, muss man mit ihnen Kind gewesen sein. Dem Reisenden werden die grauen Häuser des Boulevard de Longchamp, die Fenstergatter des Cours Puget und die Bäume der Allée de Meilhan nichts verraten, wenn ihn nicht ein Zufall in die Totenkammer der Stadt, den Passage de Lorette führt, den schmalen Hof, wo im schläfrigen Beisein einiger Frauen und Männer die ganze Welt zu einem einzigen Sonntagnachmittag zusammenschrumpft. Eine Immobiliengesellschaft hat ihren Namen in das Portal gemeißelt. Entspricht nicht dieser Binnenraum genau dem weißen angepflockten Rätselschiff im Hafen – ‚Nautique', die nie ins Meer sticht, um dafür täglich an weißen Tischen Fremde mit Gerichten, die viel zu sauber und ausgewaschen sind, zu speisen? (Benjamin, Denkbilder, 361f)

4.3 Innertext, Intertext, Extratext

Anlässlich der ersten Übungen zur Webcam wurden ein paar Fragen gestellt, die jetzt angesichts der aufwändigen Übungen zur Beobachtung eines Platzes wieder zu stellen sind: Scheint das nicht alles zu weit weg von dem, was man sich gemeinhin unter der Tätigkeit eines Kritikers vorstellt? Soll man sich – anstatt zu lesen – tatsächlich auf einen beliebigen Platz in der Stadt setzen, soll man aufschreiben, was dort passiert, und das Aufgeschriebene dann miteinander vernetzen und zuspitzen? Und soll man auch diesmal darauf hoffen, dass sich das Interpretieren, das Kritisieren und Werten schon von selbst, sozusagen durch die Zusammenfassung, die Kontextualisierung und Symptomatisierung hindurch einstellen?

Auch diesmal ist die Antwort: Ja, so ist es. Genau so. Bereits am schlichten, auf Zusammenfassung angelegten Protokoll war zu sehen, dass man es derart zum „Leuchten" bringen kann, dass es etwas an seinem Gegenstand sichtbar macht, das zuvor so nicht zu sehen war. Die Kontextualisierung nun treibt das noch ein Stück weiter. Denn mit ihr wird das einzelne Protokollstück nicht mehr alleine betrachtet. Es wird – wie es zum Teil schon am Ende des letzten Kapitels bei der Zusammenfassung von Schlüsselszenen geschehen ist – mit anderen Stücken zusammengeführt. Es wird in größere Strukturen hineingeblendet (*Kontextualisierung*), um dann aus diesen größeren Strukturen heraus genauer pointiert zu werden (*Symptomatisierung).*

Kritiker entwickeln Routinen auf allen drei Umarbeitungsstufen.

- Sie können, was sie lesen oder sehen, auf prägnante Weise zusammenfassen;
- sie können ihren Gegenstand kontextualisieren;
- sie können ihn aus dem Kontext heraus symptomatisieren.

Verbindet man diese drei Verfahren (und routinisiert sie), ist man, wie am Vetter aus Hoffmans Erzählung zu sehen ist, auf dem besten Weg, ein kritischer Beobachter der Gesellschaft zu werden.

Die Übungen, die auf dem Platz in der Stadt zu absolvieren sind, erweisen sich – wie bei Hoffmanns Vetter – vor diesem Hintergrund als eine Art Kontextualisierungs- und Symptomatisierungstraining, das sich gut für die Arbeit mit Texten übersetzen lässt. Im Hinblick auf die Platzforschung haben wir Kontext mit „Umfeld" übersetzt. In Bezug auf Texte spricht man von Kontext in dreifacher Hinsicht: Es gibt den *innertextuellen* Kontext, den *intertextuellen* Kontext und den *extratextuellen* Kontext. Sie sollen kurz einzeln erklärt werden, um klar zu machen, dass Kontextualisierung immer heißt, einen Gegenstand mit Komplexität anzureichern.

Innertextuell kontextualisieren heißt: eine wichtige, auffällige oder interessante Stelle eines Textes zu isolieren, um sie dann entweder mit anderen Stellen desselben Textes oder mit dem Text als Ganzem probeweise in Beziehung setzen. Auf diese Weise versucht man herauszubekommen, welcher Stellenwert einzelnen Abschnitten innerhalb eines Textes zukommt. Und herauszubekommen versucht man auch, auf welche Weise (durch welche Beziehungsmuster) der Text als Ganzes seine Bedeutungsstruktur herstellt.

Der *intertextuelle* Kontext geht über dieses textinterne Verknüpfungsspiel hinaus. Er ist definiert durch alle anderen Texte, die nicht unmittelbar zum vorliegenden Text gehören, die aber zu ihm in Beziehung gesetzt werden können. Es sind all die Texte, auf die im Ausgangstext implizit oder explizit durch Zitate, Paraphrasen, Hinweise, Verweise, Anspielungen, Anlehnungen, Assoziationen verwiesen wird. Diese Verknüpfungen können vom Autor intendiert sein. Sie können ihm unbewusst unterlaufen. Sie können sich aber auch erst im Zuge der Rezeption des Textes herstellen.

Der *extratextuelle* Kontext schließlich geht weit über die Texte hinaus. Er schließt, wie es in der Fachsprache heißt, die Gesamtheit aller semantischen Bezugsfelder ein, die für den „Intertext", den einzelnen Text als Ganzes oder seine Details, Stellen oder Abschnitte in Frage kommen. Hierzu gehören etwa der allgemeine kulturelle Kontext, der spezielle produktionsästhetische Kontext (der also den Autor und den kreativen Prozess einschließt) und der rezeptionsästhetische Kontext (der die spezifischen Bedingungen und Möglichkeiten der Aufnahme des Werkes umfasst).

Die Unterscheidung von inner-, inter- und extratextuellen Bezügen wird übrigens nicht nur für Texte vorgenommen. Die drei genannten Kontexte lassen sich auch für andere Artefakte, Interaktionen, Handlungen, Ereignisse oder Orte identifizieren. Nehmen wir zum Beispiel Inszenierungen von Theaterstücken. Hier kann der Stücktext selbst innertextuell, intertextuell und extratextuell kontextualisiert werden. Für die Inszenierung selbst gilt dann:

- Der *innertextuelle* Kontext ist für die jeweiligen Details (Bühnenbild, Beleuchtung, Kostüm, Medieneinsatz, Spiel- und Sprechweise, Einbeziehung oder Ausschluss des Zuschauers) definiert durch alle anderen einzelnen Details der Inszenierung und durch die Inszenierung als Ganzes.
- Der *intertextuelle* Kontext ist definiert durch alle anderen Inszenierungen (eines Regisseurs, einer Schule, einer Epoche…), aber auch durch Filme, Bilder und andere Texte, die mit der Ausgangsinszenierung in Bezug gesetzt werden können.
- Der *extratextuelle* Kontext schließlich geht weit über die Inszenierung hinaus. Er schließt auch hier die Gesamtheit aller semantischen Bezugsfelder ein, die für die Inszenierung als Ganzes oder ihre Details in Frage kommen. Hierzu gehören einmal mehr der allgemeine kulturelle Kontext, der spezielle produktionsästhetische Kontext (die Theorie und Praxis des Theaters und des Dramas,

die Arbeit des Regisseurs, die Arbeit der Schauspieler, das Zusammenspiel des Ensembles) und der rezeptionsästhetische Kontext (der die spezifischen Bedingungen und Möglichkeiten der Aufnahme des Werkes umfasst).

Das alles lässt sich umstandslos auch auf die Malerei, das Kino, die Architektur usw. übertragen. Und übertragen lässt es sich nicht zuletzt auch auf das, was in der letzten Übung in Anlehnung an die Methode des Vetters aus Hoffmanns Erzählung vorgenommen werden sollte: die Erforschung eines städtischen oder dörflichen Platzes.

- Der *innertextuelle* Kontext ist das, was auf dem Platz als abgegrenzter Einheit passiert und was durch die Struktur des Platzes als Ganzes determiniert ist.
- Der *intertextuelle* Kontext wird hergestellt durch die infrastrukturellen Verbindungen zu anderen Plätzen und Straßen, Häusern und Wohnungen der Stadt und der Stadt als Ganzem.
- Der *extratextuelle* Kontext geht weit über den Platz und die Stadt hinaus und schließt die kulturellen (kulturhistorischen und gegenwärtigen) Kontexte ebenso ein wie die speziellen architektonischen, sozialen, wirtschaftlichen, politischen Kontexte und die psychologischen, mentalen Kontexte, durch die die Stadt wahrgenommen wird.

Für die Ermittlung des *innertextuellen* Bezugs des Platzes haben wir Kontextualisierungsübungen vorgeschlagen, bei denen einzelne Protokolle miteinander in Verbindung zu setzen waren. Voraussetzung für ein Gelingen dieser Verbindung war eine gute Kenntnis des Platzes, die sich allerdings erst nach längeren Beobachtungsphasen einstellt.

Für den *intertextuellen* Bezug wurden Spaziergänge durch die Zufahrtsstraßen und die angrenzenden Viertel empfohlen. Empfohlen wurde auch, sich zu vergegenwärtigen, aus welchen Richtungen die Straßen kommen und in welche Richtungen sie weiterlaufen, welche Verkehrsmittel den Platz mit anderen Orten der Stadt verbinden. Voraussetzung war dafür eine gute Kenntnis der Stadt, eine mehrtägige, vielleicht sogar mehrjährige kontinuierliche Durchwanderung des Stadtgebietes, die der Erkundung ihres inneren Zusammenhangs dient.

Für den *extratextuellen* Bezug schließlich wurde empfohlen, Bibliotheken und Archive aufzusuchen, um die größeren kulturellen Bewegungen zu recherchieren, von denen der Platz mittelbar oder unmittelbar betroffen ist. Um die extratextuellen Bezüge verstehen zu können, war es also wichtig, kulturelle Entwicklungen im Hinblick auf Geschichte und Gegenwart kontinuierlich zu verfolgen.

Übung 13: E.T.A. Hoffmann kontextualisieren

Vorgeschlagen wird eine relativ simple Übung, die aber wichtig ist, weil sie in den Kern der Routinen eines Kritikers hineinführt.
Wir bleiben dafür erst einmal der Einfachheit halber bei der Erzählung von E.T.A. Hoffmann. Wir stellen uns spaßeshalber vor, es gibt die Neuauflage der Erzählung in einem kleinen, schön gemachten Bändchen. Dieses Bändchen ist so schön gemacht, dass Sie den Auftrag bekommen, eine Kritik zu schreiben. Sie nehmen den Auftrag an. Nun gilt es, erst einmal probeweise die Kontexte auf den drei genannten Ebenen zu bestimmen – *innertextuell, intertextuell, extratextuell.*
Aber Achtung! Jetzt wird es ziemlich komplex. Es kommen lange Listen von Fragen, die Ihnen klar machen sollen, wie Hoffmanns Erzählung kontextualisierend und symptomatisierend gelesen werden kann.
Nehmen Sie sich Ihr Journal und schreiben Sie für die folgenden Übungen jeweils ein paar Antworten und Listen in Notizform. Notizen reichen hier erst einmal aus. Die Fragen, die in den folgenden Aufgaben gestellt werden, sind Vorschläge für die Kontextualisierungsarbeit, die beliebig um weitere Vorschläge ergänzt, aber immer auch verkürzt werden können.
Machen Sie sich also Notizen und versuchen Sie, ein Gefühl für das Verfahren zu entwickeln. Sie können es dann beliebig auf Texte oder auf andere Artefakte anwenden.

Aufgabe 1: Wählen Sie sich eine Szene aus der Erzählung und prüfen Sie ihre Beziehung zu anderen Passagen und zur ganzen Erzählung (innertextuell).

Gleich zu Beginn der Erzählung *Vetters Eckfenster*, als der Erzähler das Zimmer des Vetters betritt, sieht er am Bett einen „Bogen Papier befestigt, auf dem mit großen Buchstaben die Worte standen *Et si male nunc, non olim sic erit*" – was übersetzt heißt: *Steht es jetzt auch schlecht, es wird nicht immer so sein.* „Alles deutete auf wiedergekehrte Hoffnung", schließt der Erzähler daraus, „auf neuerweckte Lebenskraft."
Dasselbe Zitat taucht noch einmal ganz am Ende auf: „Ich wies auf das am Bettschirm befestigte Blatt, indem ich mich dem Vetter an die Brust warf und ihn heftig an mich drückte. ‚Ja, Vetter!' rief er mit einer Stimme, die mein Innerstes durchdrang und es mit herzzerschneidender Wehmut erfüllte, ‚ja Vetter: *Et si male nunc, non olim sic erit!' – Armer Vetter!"*

- Ermitteln Sie den unmittelbaren Kontext der beiden Stellen und übersetzen Sie das unmittelbare Umfeld der jeweiligen Zitatstellen in kleine Webcams.

- Setzen Sie die beiden Webcams ins Verhältnis: Welche Spannungen ergeben sich? Wie wird diese Spannung durch den Verlauf der Erzählung definiert? (Achten Sie darauf, dass vom „Ändern" die Rede ist... welche Rolle spielt die Änderung inhaltlich und auf der Ebene des Textes?)
- Setzen Sie die Szenen mit der gesamten Erzählung ins Verhältnis: Inwiefern ist die gesamte Erzählung darauf ausgerichtet, diese Lebensweisheit in Szene zu setzen? Oder: Inwiefern ist vielleicht die Erzählung darauf angelegt, diese Lebensweisheit zu unterminieren? Oder aber: Inwiefern ist sie darauf angelegt, die Lebensweisheit auf eine neue Weise zu rekonstruieren?
- Fügen Sie die beiden Webcams ineinander, aber ergänzen Sie sie um eine kleine Erklärung zur Verbindung von Erzählung und Lebensweisheit.
- Machen Sie sich eine Liste: Welche Szenen, welche Motive, welche Punkte könnte man noch innerhalb der Erzählung miteinander in Verbindung bringen, um sie dann auf ihre Verbindung mit der gesamten Erzählung zu überprüfen? Schreiben Sie sich in Stichworten jeweils daneben, was sich über die Untersuchung dieser Verbindung wahrscheinlich herausfinden ließe.

Aufgabe 2: Ermitteln Sie den Bezug von einzelnen Textstellen oder Hinweisen im Text zu anderen Texten (intertextuell).

Beginnen Sie damit, den gesamten Text auf Verknüpfungen mit anderen Texten hin zu überprüfen. Sie werden sehen, dass jetzt alles ein wenig schwieriger wird, weil Sie den Text von innen her auf Verweise überprüfen müssen und weil Sie diese Verweise mit etwas in Verbindung bringen müssen, was außerhalb des Textes liegt. Sie können also nun nicht mehr (genauso wenig wie bei der Erforschung des Platzes inmitten der Stadt) einfach nur sitzen bleiben. Jetzt müssen Sie aufstehen und spazieren gehen. Und das heißt: Sie müssen *herumlesen.*

„Intertexte" lesen ist doppelt schwierig, weil man nicht nur Verweise erkennen muss. Man muss auch parat haben, auf was verwiesen wird. Ein ebenso klassischer wie einfacher Fall von Intertextualität ist der explizite Verweis: *Der Held eines Romans liest Homers Odyssee; im Film geht die Hauptfigur in ein Kino, um sich einen bestimmten Film anzusehen; auf einem Bild erscheint ein anderes Bild; im Vorwort weist jemand auf die Methode eines anderen Autors, eines Malers, eines Filmemachers, eines Wissenschaftlers hin, an der er sich orientiert hat...*

E.T.A. Hoffmann weist in seiner Erzählung explizit auf die Zeichner Jacques Callot und Daniel Chodowiecki hin – ein klassischer Fall von *expliziter* Intertextualität. Bedenkt man, dass E.T.A. Hoffmanns Erstlingswerk eine Erzählungssammlung mit dem Titel *Fantasiestücke in Callots Manier* war, so führt die

Nennung von Callot nicht nur zu seinem Werk, sie führt auch direkt zu Hoffmanns früher Publikation.
Die Fragen zur intertextuellen Kontextualisierung lauten also:

- Wie steht Hoffmanns Erzählung (und Erzählmethode) in Beziehung zur Zeichenmethode von Callot und Chodowiecki?
- Wie steht Hoffmanns *Eckfenster*-Erzählung (eine seiner letzten Erzählungen) in Beziehung zu den *Fantasiestücken* (die er zuallererst publiziert hat!)?
- Wie stehen Hoffmanns *Eckfenster*-Erzählung und die *Fantasiestücke* wiederum als Klammern seines Werkes in Beziehung zu Callot? Und was bedeutet damit die Nennung von Callot in Bezug auf das Gesamtwerk Hoffmanns?

Ein etwas schwierigerer Fall von Intertextualität ist das *verdeckte* Zitieren oder Paraphrasieren, das heimliche Hinweisen und Verweisen. Um das zu erkennen, muss man ein sehr feines Gehör und einen sehr scharfen Blick entwickelt haben. Man muss sich mit allen nur möglichen Bezügen, die von einem Text aus geknüpft werden, sehr gut auskennen. Spätestens hier wird das Kontextualisieren eine Frage der Kennerschaft.
Die Frage für den, der einen Platz erkunden will, ist: *Wie gut kennt er sich in der Stadt aus?* Die Frage für den, der einen Text kontextualisieren will, ist: *Wie gut kennt er sich in der Literatur eben jener Zeit aus, in der der Text geschrieben ist oder auf die er sich bezieht?* Und für beide gilt: *Wie gut kennen sie sich in der Gegenwart und der Geschichte der Kultur aus, um überhaupt zu verstehen, in was für einem Beziehungsnetz der beobachtete Gegenstand existiert und seine spezifische Bedeutung erzeugt?*
Um ein Gefühl für das verdeckte Zitieren, Paraphrasieren, Hinweisen und Verweisen zu bekommen, lohnt es sich, Ausgaben von literarischen Texten zur Hand zu nehmen, die einen ausführlichen Anmerkungsapparat haben und einen so genannten Stellenkommentar ausführen.

- Wenn Sie eine Rezension zu einer Neuausgabe der Erzählung von *Vetters Eckfenster* schreiben wollen, dann schauen Sie am besten nach, was die Kollegen aus der Literaturwissenschaft bereits in Bezug auf intertextuelle Verknüpfungen herausgefunden haben. Greifen Sie sich (wie Sie sich in solchen Fällen immer die letzte, die ausführlichste, die verlässlichste Ausgabe greifen) in einer Bibliothek den 6. Band der Ausgabe von E.T.A. Hoffmanns Werken, herausgegeben von Wulf Segebrecht, erschienen im Deutschen Klassiker-Verlag, Frankfurt am Main 2004. Hier finden Sie *Vetters Eckfenster*, und im Anhang finden Sie einen Anmerkungsapparat, an dem Sie studieren können, was die literaturwissenschaftliche Forschung in jahrelanger Kleinarbeit an Verweisen erkannt und benannt hat, die zum Teil immer noch darauf warten, auf ihre Bedeutung hin befragt zu werden.

- Wenn Sie das, was hier auf jahrelanger Forschung beruht, nicht auf einen Schlag einholen können – versuchen Sie doch, den „Intertext" zu konstruieren. Notieren Sie sich die Verweise (und die mit ihnen verbundenen Bedeutungserweiterungen) für die Erzählung und ordnen Sie sie in Form eines Netzwerkes an, in dessen Mittelpunkt die Hoffmannsche Erzählung steht.

Die Fragen nach den intertextuellen Bezügen von Hoffmanns Erzählung lassen sich also ausweiten:

- Mit welchen anderen Texten Hoffmanns steht *Vetters Eckfenster* in Verbindung? In welchen anderen Texten wird ebenfalls die Stadt beobachtet (und wenn sie beobachtet wird, wird sie genau so oder anders in Szene gesetzt)?
- In welchen anderen Texten präsentiert Hoffmann eine methodische Selbstreflexion, gewissermaßen eine kleine Poetik, die dem Leser einen Schlüssel zu den Texten bietet (oder zumindest so tut, als ob sie ihn bietet; Hoffmann als Erzähler kann man nicht und sollte man nicht trauen, sondern immer überprüfen, was er tatsächlich preisgibt)?
- Im Kontext welcher anderen Texte der Zeit kann Hoffmanns Erzählung gelesen werden? Wo wird die Stadt auch noch thematisiert und als Kulisse oder als Gegenstand der Beobachtung in Szene gesetzt? Welches Bild der Stadt wird dabei entworfen? Ist es ein anderes als das, was der Vetter vom Eckfenster aus sehen will?
- Im Kontext welcher anderen Texte der Zeit kann Hoffmanns methodische Selbstreflexion gelesen werden? Gibt es Texte der Romantiker, die ähnlich erzählen und ähnlich reflektieren (und wenn sie es tun, entwerfen sie dieselbe Poetik – oder entwerfen sie eine andere, mit deren Hilfe gedeutet werden könnte, dass Hoffmann sich vom Programm der Romantik verabschiedet und ein Realist wird)?
- Im Kontext welcher Texte über das Sehen und das Beobachten, die in der Zeit der Entstehung der Erzählung geschrieben worden oder von einigem Einfluss waren, kann Hoffmans Text gelesen werden?
- Im Kontext welcher Texte, die nach *Vetters Eckfenster* erschienen sind und sich mit der Entwicklung der Großstadt beschäftigen, kann Hoffmanns Text gelesen werden? Inwieweit lässt sich erkennen, dass im Hoffmannschen Text bereits eine Großstadterfahrung und Seh- und Beobachtungsphilosophie entworfen ist, die in späteren Texten anderer Autoren wieder aufgenommen und variiert, erweitert oder verworfen wird?

Das alles sind Fragen, die sich zumindest im Ansatz beantworten lassen, wenn man sich an die literaturwissenschaftliche Forschung hält. Je neuer aber der Text ist, mit dem Sie sich beschäftigen, je mehr Sie sich als Kritiker also an Neuerscheinungen orientieren, je weniger Sie sich damit auf die Forschung verlassen können, umso dringender sind Sie darauf verwiesen, diesen „Intertext" eigenständig, sozusagen freihändig zu rekonstruieren und vielleicht auch zu konstruieren. Spätestens dann bewährt sich eine kontinuierliche Beobachtungsarbeit, ein dauerndes, vielleicht sogar manisches Betasten und Befühlen der Stoffe und Themen der Gegenwart und der Kulturgeschichte, das im Kapitel über das Journal zur Grundvoraussetzung für das Kritikenschreiben überhaupt erklärt worden ist.

Wer nicht kontinuierlich, nicht manisch mit den Gegenständen, den Themen und Stoffen der Gegenwart in Kontakt ist, wird große Schwierigkeiten haben, wenn es darum geht, Gegenstände, Themen und Stoffe der Gegenwart zu kontextualisieren. Die Fähigkeit zur Kontextualisierung entwickelt sich also erst aus einer bestimmten Unruhe, die dazu zwingt, sich immer schon in den Kontexten zu bewegen, die man aktivieren kann, wenn man vom einzelnen Text, vom einzelnen Stück, der einzelnen Inszenierung, dem einzelnen Film etc. Zusammenhänge erkunden will.

Aufgabe 3: Ermitteln Sie die Bezüge der Erzählung zu den Bedingungen ihrer Produktion, ihrer Rezeption und zu den kulturellen Grundmustern der Zeit, in der die Erzählung entstanden ist, und der Zeit, in der sie (z. B. heute) wieder gelesen wird (extratextuell).

Dasselbe gilt für die Erkundung des „Extratextes". Alles, was sich aus dem Gegenstand herausfalten lässt, muss man in gewisser Weise zuvor schon einmal gesehen haben. Nicht, dass der einzelne Gegenstand uns nicht mit etwas Neuem konfrontieren könnte, mit einer neuen Sichtweise, einer neuen Erfahrung, einem neuen Gedanken, der die anderen bisher gedachten irritiert oder sogar über den Haufen wirft – aber selbst dieses Neue kann ja nur neu sein, weil es innerhalb eines Kontextes erscheint, der durch das Erscheinen des Gegenstands plötzlich alt aussieht.

Also auch hier bewährt sich das Führen eines Journals, das dazu anleitet, die Kultur der Gegenwart zu beobachten. Und wenn man es kontinuierlich tut, entwickelt sich der Kontext von selbst, den man dann mit dem verknüpfen kann, was man sich genauer anschaut.

Deshalb gilt für *Vetters Eckfenster:*

- Listen Sie während der Lektüre der Erzählung auf, in welchen kulturellen Zusammenhängen die Geschichte zu lesen wäre. Zum Beispiel im Hinblick auf Hoffmanns Biografie und seine Krankheit, im Hinblick auf die Geschichte der Stadt, auf das Sehen, das Schreiben, die Theorie der bürgerlichen Gesellschaft, die Romantik, den Realismus usw.
- Fassen Sie das jeweils etwas genauer – etwa: „Vetters Eckfenster als autobiografischer Text"; „Die Entwicklung der Städte zu Beginn des 19. Jahrhunderts (insbesondere Berlin, wo die Erzählung spielt)"; „Die Theorie des Marktes in der bürgerlichen Gesellschaft"; „Der Topos des Autors/Künstlers, der nicht schreiben/malen kann"; „Bedeutung des Über-Blicks" usw. Versuchen Sie möglichst viele Kontexte zu rekonstruieren und zu konstruieren, die sich nicht nur auf die Zeit der Entstehung der Erzählung beziehen, sondern auch auf die Zukunft, die die Rezeptionsgeschichte und die sogar die eigene Rezeptionshaltung einbeziehen („Die Geschichte der modernen literarischen Großstadtbeschreibung"; „Die Aktualität des Eckfensterblicks" usw.).
- Machen Sie die Liste so lang wie möglich. Versuchen Sie, den Bogen zu überspannen. Konstruieren Sie immer neue Kontexte, die immer loser mit dem Ausgangstext zusammengehören, bis sie sich schließlich ablösen. Bilden Sie Kategorien: offensichtliche Kontexte, sinnvolle Kontexte, lose Kontexte, gewagte Kontexte, fragwürdige Kontexte, abstruse Kontexte, abgedrehte Kontexte. Begründen Sie kurz, warum die jeweiligen Kontexte der jeweiligen Kategorie zugeordnet sind.
- Wenn Sie in der Gruppe arbeiten, lesen Sie sich gegenseitig Ihre Listen vor und diskutieren Sie, in welche Kategorien die jeweiligen Kontextualisierungsvorschläge fallen: Offensichtlich? Sinnvoll? Lose? Fragwürdig? Abstrus? Versuchen Sie auch gemeinsame Schwerpunkte zu identifizieren.

4.4 Symptome, Trends und ihre Scouts

Handelt es sich beim Kontextualisieren um den Versuch, komplexe Beziehungsmuster Schritt für Schritt aus dem Gegenstand herauszufalten, so verhält es sich beim Symptomatisieren umgekehrt: Hier werden komplexe Beziehungsmuster in den Gegenstand hineingefaltet, um ihn dann in einem zweiten Schritt als etwas zu identifizieren, was auf kleinem Raum größeren Zusammenhängen einen fassbaren, überschaubaren, vor allem reflektierbaren Ausdruck verleiht. Zielt das Kontextualisieren in erster Linie darauf, den Gegenstand mit Komplexität anzureichern, so erscheint das Symptomatisieren als gegensätzliches Verfahren: Komplexität wird symptomatisierend derart reduziert, dass sie als handhabbare Formel vorgestellt wird. Führt das Kontextualisieren also – wie in den letzten Übungen zu sehen war – in geradezu unendliche Weiten, so führt das Symptomatisieren auf den Punkt zurück.

An Hoffmanns Vetter, der aus seinem Eckfenster blickt, war das gut zu sehen: Aus den Kontexten, die er über einen längeren Zeitraum studiert, schließt er auf eine konkrete Situation, um das, was er unmittelbar vor Augen hat, als Ausdruck größerer Zusammenhänge zu bestimmen. Dass keine großen Streitereien auf dem Markt ausbrechen, ist für den Vetter der symptomatische Ausdruck der Tatsache, dass die Menschen in Berlin seit dem Ende der napoleonischen Herrschaft friedliebender geworden sind. Aus dem Allgemeinen wird so das Besondere. Und am Besonderen lässt sich das Allgemeine besonders gut studieren, weil man direkt drauf zeigen kann.

Schauen wir uns ein weiteres Beispiel an, bei dem die Symptomatisierung geradezu vorbildlich durchgeführt ist. Kurz nach der Bundestagswahl im September 2005 erscheint in der *Zeit* eine kleine Reportage von Jörg Lau, die mit *Repräsentative Lage* überschrieben ist und zu der es einleitend heißt: „Der Ort Niedermohr bei Kaiserslautern hat genau so gewählt wie ganz Deutschland – zum dritten Mal in Folge." Dann kommt der Satz, der auf symptomatische Weise symptomatisiert: „Wer die Menschen dort versteht, versteht das Wahlvolk."

Gleich in den ersten Absätzen wird das Dilemma geschildert, in das man gerät, wenn man mit dem Durcheinander von Zahlen und Kontexten konfrontiert wird – und wie man sich aus diesem Dilemma befreien kann, wenn man symptomatisierend verfährt.

> Die Parteienforscher sitzen schon wieder in den Talkshows, als sei nichts gewesen. Forsa, Emnid, Allensbach stellen dem Volk einfach weiter ihre ‚Sonntagsfragen'. Ein paar Wochen noch, und die Große Koalition wird – vorausgesetzt, es läuft ganz gut – ein Hauch der Notwendigkeit umwehen. Viele werden dann die neue Koalition schon immer geahnt und heimlich auch gewollt haben. In Wahrheit hat das Wahlergebnis alle überrumpelt.
>
> Es gibt allerdings einen unscheinbaren Ort in Deutschland, an dem das Ergebnis der Bundestagswahlen auch einen Monat später noch Stolz, Zufriedenheit, ja beinahe so etwas wie Euphorie auslöst. Ein kleines Dorf in der Westpfalz namens Niedermohr hat nämlich unter allen Wahlkreisen der Bundesrepublik das Ergebnis erzielt, das dem amtlichen Ergebnis am nächsten kommt. Die

Zweitstimmenresultate von CDU, SPD, FDP und Grünen in Niedermohr weichen jeweils um kaum ein Prozent vom Bundesdurchschnitt ab. Damit nicht genug, hat auch Die Linke in Niedermohr mit 8,7 Prozent fast schon punktgenau das Bundesergebnis von 8,5 Prozent erzielt – äußerst ungewöhnlich für einen Flecken im Südwesten Deutschlands. Die wackeren Wähler von Niedermohr schlagen die Meinungsforscher und Meinungsmacher der Republik.

Das Unheimliche an diesem Treffer ist nun, dass er den Niedermohrern nicht zum ersten Mal gelang. Auch bei der Wahl 2002 kam keine andere Gemeinde in Deutschland dem amtlichen Endergebnis so nah wie die knapp 1200 Wahlberechtigten in diesem Wahlkreis. 2002 waren sie sogar noch näher am Bundestrend als diesmal.

Vor und nach dem Wahlsonntag kamen darum Rundfunk- und Fernsehreporter ins Dorf, um über das ‚Wahlorakel von Niedermohr' zu berichten. Man zeigte Landmenschen beim Rasenmähen, dazu wurden Anspielungen auf die Wahrsagungen von Delphi gemacht. Der Spott wirkte eher hilflos. Denn Niedermohr ist so etwas wie der Codename für die Tatsache, dass nicht nur Demoskopen, sondern auch den Medien offenbar das Sensorium für die Menschen außerhalb des politischen Betriebs – vulgo: das Volk – abhanden gekommen ist.

Das Volk ist schwer zu fassen. Halten wir uns an die Niedermohrer. Karl Wolf ist hier schon seit 1989 Ortsbürgermeister, natürlich kennt er..."

Zeit, 20. Oktober 2005

Lau ist auf der Suche nach dem Allgemeinen im Besonderen. Das Allgemeine ist das von allen Wahlberechtigten der Bundesrepublik gemeinsam bestimmte Wahlergebnis. Das Besondere sind die 1.200 Wahlberechtigten, die im Kleinen wiederholen, was im Großen passiert ist. Das Allgemeine ist Deutschland. Das Besondere ist Niedermohr. Weil das Wahlergebnis von Niedermohr mit dem der gesamten Bundesrepublik (in etwa) übereinstimmt, muss man nur – so die Idee – nach Niedermohr gehen, um etwas über die gesamte Republik zu erfahren. Anstatt sich also allgemein über „das Volk", „die Wahl" und „die Lage der Nation" zu unterhalten, anstatt sich bundesweit berechnete Bewegungen von Wechselwählern in verschiedenen Kategorien vorzulegen, beschäftigt man sich lieber mit dem, was konkret zu sehen ist.

Jörg Lau schaut sich vor Ort um. Er spaziert genau so durch den Ort, wie wir es im Abschnitt zur Kontextualisierung für einen ausgewählten Platz in der Stadt empfohlen haben. Fast lassen sich aus seinem Artikel die einzelnen Notizen rekonstruieren, die er, auf der Suche nach Snapshots und kleinen exemplarischen Szenen in sein Notizbuch geschrieben hat (oder sich vielleicht auch, routiniert wie er ist, einfach gemerkt hat).

> […] propere Einfamilien- und Reihenhäuser, umgebaute Bauernhöfe, ein neues Feuerwehrgebäude, eine neue Mehrzweckhalle, Brunnenanlagen. Im Neubaugebiet brummen die Baumaschinen. Wer durch die liebliche Hügellandschaft fährt, wird unwillkürlich denken: Hier wohnt das Glück! Und es hat sogar Automobilanschluss. […]
>
> Im dortigen Rathaus liegen lilafarbene Zettel aus, auf denen die Gleichstellungsstelle zu einem „Lebenskunst"-Seminar für Mütter und Töchter einlädt („eine spannende Beziehung, in der es auch um Sein-Lassen und Wertschätzung geht"). Im Heimatmuseum wird gerade Kunst von „Menschen mit Behinderungen" gezeigt.
>
> Vor dem Bürgerhaus steht ein expressionistisch verfremdeter Märchenbrunnen. Ein Jugendlicher in Gothic-Outfit sitzt ein wenig verloren davor herum, auf der Suche nach Spießern, die zu schocken sich lohnen könnte. Es scheint, als könne er da lange warten.
>
> In der Buchhandlung am Rathaus hängt eine Werbung für die Ausstellung Scherenschnitt, die fast vergessene Kunst. Das alte verträumte, romantische Deutschland ist immer noch da.
>
> Aber auch die neuen Künste sind vertreten. Gleich gegenüber der katholischen Kirche bietet das Tattoo-Studio Qiqueg seine Dienste an, vom einfachen Arschgeweih bis zur Ganzkörpertätowierung mit Runen. Viele amerikanische Soldaten von der Ramstein Air Base sind hier Kunden. Sie fahren mit ihren riesenhaften Tahoe-Vans (Aufkleber ‚Fuck Bin Laden') durch die historischen Ortskerne, wohin sie ihre Familien ausführen. […] An diesem Sonntag aber feiert der Kirchenchor 125-jähriges Bestehen. Nebenan sitzen die lokalen Lebenskünstler vor dem Café Collage und trinken einen Latte Macchiato nach dem anderen. Im Amtsblatt ist die Rede von einem touristischen Leitbild, das „durch einen basisdemokratischen Prozess mit Bürgerbeteiligung auf rein ehrenamtlicher Basis" erstellt werden soll.
>
> usw.

So genau schaut Jörg Lau also hin, so fein zeichnet er seine Snapshots und entwirft kleine Szenen. Und das alles tut er in dem Bewusstsein, nicht irgendetwas Beliebiges zu zeichnen und zu entwerfen. Jedes einzelne Bild, jede einzelne Szene soll immer auch über sich hinausweisen. Man muss, wie Lau, nur genau hingucken, um das zu erkennen.

> Dies alles ist heute die (west)deutsche Provinz: gründlich durchgelüftet von Besatzern und Einwanderern, Gleichstellungsbeauftragten und allerlei basisdemokratischen Prozessen, dabei irgendwie immer noch fromm und bodenständig, strukturkonservativ und zugleich bürgerlich engagiert („SymPaten gegen Jugendarbeitslosigkeit"), heimatverbunden und doch offen für die neuen Wege therapiegestützter Lebenskunst.

Das ist also – im Gegensatz zu den im letzten Abschnitt zurückgelegten Beobachtungs- und Rechercheübungen in der Stadt – der umgekehrte Weg, den der Autor hier zurücklegt: Er geht nicht vom Ort aus, um von dort aus die Kontexte zu entfalten. Er bringt den Kontext schon mit, wenn er nach Niedermohr fährt, um alle Zeichen symptomatisch zu lesen. Das ist die These: Wer die Bundesrepublik kennen lernen will, soll in diese (west)deutsche Provinz fahren. Wer verstehen will, warum in Deutschland so gewählt worden ist, wie gewählt worden ist, findet die Lösung hier vor Ort. Das kann man einen Kurzschluss nennen. Doch sichert Lau den mit dem Verweis auf die Sozialwissenschaften und die Marktforschung ab:

> Einen Ort wie Niedermohr zu finden, ist ein alter Wunschtraum der Sozialwissenschaften. Zwei amerikanische Pioniere der Zunft, das Ehepaar Robert und Helen Lynd, haben sie in den zwanziger Jahren in ihrer klassischen Studie Middletown ausgemalt. Anhand eines kleinen Ortes in Indiana porträtieren sie die amerikanische Kultur im Ganzen. Das bekannteste deutsche Middletown heißt Hassloch und liegt bei Bad Dürkheim. Dort testet die Gesellschaft für Konsumforschung seit Jahren Müslis, Shampoos und Werbespots, bevor sie unsereinem im Rest der Republik vorgesetzt werden. Was in Hassloch durchfällt, bekommen wir nie zu sehen oder zu schmecken. Hassloch liegt übrigens kaum mehr als 40 Kilometer von Niedermohr entfernt.

Tatsächlich basiert das Modell, das die Sozialwissenschaftler mit ihrem Middletown-Projekt entwickelt haben, auf der Idee, dass es objektive kulturelle Wirkungszusammenhänge gibt, die den gesellschaftlichen Prozess und die persönlichen Entwicklungen nicht abstrakt regeln, sondern sich unmittelbar in der Organisation der Kultur und damit auch in der Organisation des persönlichen Lebens verkörpern. Jeder Ort, jedes Artefakt, jede Institution, jede Biografie, jedes beliebige Ereignis, jede beliebige Interaktion oder Handlung – nichts ist wirklich zufällig, nichts geschieht abgelöst vom Prozess der Kultur. Alles ist in diesen Prozess auf eine Weise eingelagert und hat auf eine Weise teil an ihm, dass sich sagen lässt: Alles kann als ein kulturelles Symptom behandelt werden, als Zeichen, Anzeichen für das, was im Großen mit der Kultur vor sich geht. Jedes Ding, jedes Ereignis, jede Handlung wird zum Indikator für Entwicklungen, die sich ebenso im historischen Maßstab wie auch im alltäglichen Wechselspiel von Trends und Moden vollziehen können.

Um diese Entwicklungen im Kleinen, im Konkreten, im Besonderen zu erkennen, gilt für die Sozialwissenschaftler, was auch für Jörg Lau gilt, wenn er in sein Middletown, ins deutsche Niedermohr bei Kaiserslautern fährt, um dort an einer kleinen Stadt den Zustand der Nation zu entdecken: Man muss nur genau hinschauen. Und dafür wiederum muss man die Methoden der qualitativen Forschung in Anschlag bringen, die sich für das Kleine, Konkrete, Besondere mehr interessiert als für Zahlenreihen, Tabellen und Statistiken.

Dass Lau diese Methode auch mit der Marktforschung verknüpft, soll sie keineswegs lächerlich machen. Wenn der kleine Ort Hassloch – der nur vierzig Kilometer von Niedermohr entfernt ist (was Lau ausgesprochen symptomatisch findet) – zum Forschungs- und Experimentiergebiet für die Konsumforschung erklärt worden ist, dann deshalb, weil man es hier, jedenfalls der Statistik nach, mit einer deutschen Kleinstadt zu tun hat, in der alles so durchschnittlich ist, dass sich jedes Detail aufs große Ganze hochrechnen lässt.

Die Überzeugung, dass diese Hochrechnung funktioniert, treibt die Konsumforscher an, nicht nur das Kaufverhalten in Bezug auf längst etablierte Produkte zu beobachten. In Hassloch werden, gerade wegen der Durchschnittlichkeit, neue Produkte getestet, die noch gar nicht im Handel sind, aber bundesweit in den Handel kommen könnten. Beobachtet wird an den Bewohnern des Provinzortes also, wie sie sich bei Einführung bestimmter Produkte stellvertretend für die ganze Bevölkerung verhalten. Deshalb gilt genau das, was Jörg Lau in seiner Reportage konzediert: „Was in Hassloch durchfällt, bekommen wir nie zu sehen oder zu schmecken."

Die Konsumforschung macht also nichts anderes als – symptomatisieren. Was immer die Bewohner aus Hassloch auch tun, es wird als ein besonderes Verhalten gelesen, das im Kern etwas ganz und gar Allgemeines enthält. Von jeder Kauf- und Konsumhandlung wird auf größere Entwicklungen geschlossen. Der Philosoph

Walter Benjamin hat diesen eigenartigen Zusammenhang zwischen Konsumforschung, Trendforschung und qualitativer Sozialforschung sehr früh und genau erkannt (freilich ohne mit diesen Begrifflichkeiten zu operieren). Und er hat sie als Symptom benannt. Für seinen Entwurf des Flaneurs als einem von der Moderne hervorgebrachten Beobachter der Moderne, der genau das macht, was hier Schritt für Schritt als Aufgabe des Kritikers entwickelt wird, hat er notiert:

> Der Flaneur ist der Beobachter des Marktes. Sein Wissen steht der Geheimwissenschaft von der Konjunktur nahe. Er ist der in das Reich des Konsumenten ausgeschickte Kundschafter des Kapitalismus. (Benjamin, Passagen-Werk, 538)

Der Flaneur symptomatisiert. Er beobachtet seine Gegenwart, um am Beobachteten abzulesen, welche Moden und Trends den kulturellen Zusammenhang bewegen. Nichts kann der Flaneur sehen, ohne parallel immer die Komplexität zu entwickeln, die in den jeweiligen Gegenstand, in das jeweilige Ereignis, in die jeweilige Handlung hineingefaltet ist. Das aber tut er nicht nur im Hinblick auf die Vergangenheit. Er tut es immer zugleich mit Blick auf die anstehenden Veränderungen, die sich im Beobachteten manifestieren.

Auf den Punkt bringt das eine Profession, die erst am Ende des 20. Jahrhunderts ausgebildet worden ist: der Trendforscher, der auf der Suche nach Symptomen ist, von denen er ableiten kann, was als nächstes passiert. „Denn was tun Trendforscher eigentlich?" wird in einer kritischen Untersuchung zur Hochkonjunktur des „Geschäfts mit der Zukunft" gefragt. Und die Antwort listet auf, was dem angehenden Kritiker in den letzten Abschnitten bereits nachdrücklich empfohlen wurde:

> Trendforscher lassen Szenen beobachten. Sie blättern Zeitungen durch. Sie betrachten die Welt. Sie lesen Bücher. Dann schreiben sie über das, was sie da gefunden haben – beziehungsweise über das, was sie glauben gefunden zu haben: *Trends, Megatrends, Metatrends* und die *Zukunft*. (Rust, 9)

Dass Trendforscher genau das tun, um ihre Erkenntnisse an die Industrie zu verkaufen (damit die ihre Produkte besser und früher entwickeln und platzieren können), konkretisiert nur Benjamins Verdacht, dass sie Kundschafter sind, die vom Kapitalismus ins Reich des Konsumenten ausgeschickt werden. Wenn sie in diesem Reich als so genannte Trendscouts unterwegs sind, dann schauen sie auf die kleinen, fast unscheinbaren Anzeichen von dem, was sich erst noch durchzusetzen beginnt oder was sich zumindest durchsetzen könnte. Genau deshalb können jene, die auf die Bestimmung von Trends aus sind, auch nur schlecht mit Statistiken arbeiten. Sie brauchen die qualitative Forschung im Feld, zumindest die fortlaufende Beobachtung von Szenen, das fortlaufende Durchblättern von Zeitungen, das fortlaufende Betrachten der Welt, um das zu erkennen, was sonst noch niemand erkennen kann. Für den Trendscout wird die ganze Welt zu einem kleinen Ort namens Hassloch, den man durchstreifen muss (wie Jörg Lau Niedermohr durchstreift), um die unsichtbaren Wirkungszusammenhänge am konkreten Detail sichtbar zu machen.

Dass der Flaneur Beobachter des Marktes ist, dass er eigentlich ein Konsumforscher und ein Trendscout ist, der durch ein über längere Zeiträume laufendes Studium des Marktes an einzelnen Bewegungen erraten kann, in welche Richtung sich das Ganze bewegt – das führt zurück zu Hoffmanns Vetter, der im Eckfenster sitzt und auf nichts anderes als auf den Markt schaut, um an ihm die Grundbewegungen des bürgerlichen Lebens zu skizzieren: Was war und was wird, faltet er aus dem heraus, was in der Gegenwart vor sich geht. Nicht zufällig heißt es in Walter Benjamins berühmtem *Passagenwerk* – einer lange nach Benjamins Tod edierten doppelbändigen Sammlung von Notizen, Exzerpten und Reflexionen, mit denen er wie mit einer Art kritischem Journal nicht nur das Paris des 19. Jahrhunderts, sondern das 19. Jahrhundert überhaupt und auf symptomatisierende Weise die Entwicklung der bürgerlichen Kultur im Großen und Ganzen entwickeln wollte –, in unmittelbarer Nähe zu dem Eintrag über den Flaneur als Beobachter des Marktes: „E. Th. A. Hoffmann als Typ des Flaneurs: ‚Des Vetters Eckfenster' ist dessen Testament." Und dann folgt auch hier eine Benjaminsche Symptomatisierung par excellence: *Vetters Eckfenster* wird als symptomatische Geschichte gelesen, über die das gesamte Oeuvre Hoffmanns auf den Punkt gebracht werden kann und über die sich für Benjamin die Popularität der Erzählungen in dem Land erklären lässt, dass die Flaneurkultur hervorgebracht hat:

> Und daher Hoffmanns großer Erfolg in Frankreich, wo man für diesen Typ ein besonderes Verständnis hatte. In den biographischen Bemerkungen zur fünfbändigen Ausgabe seiner Schriften [...] heißt es: ‚Von der freien Natur war Hoffmann nie ein besonderer Freund. Der Mensch, Mittheilung mit, Beobachtungen über, das blose Sehen von Menschen, galt ihm mehr als Alles. Ging er im Sommer spazieren, was bei so schönem Wetter gegen Abend geschah, so ... fand sich nicht leicht ein Weinhaus, ein Conditorladen, wo er nicht eingesprochen, um zu sehen, ob und welche Menschen da seyen.' (Benjamin, Passagen-Werk, Bd. 1, S.536)

Blättert man durch Walter Benjamins *Passagenwerk*, findet man also von der Beobachtung der allgemeinen Befindlichkeit in Deutschland in der besonderen Provinzstadt Niedermohr direkt wieder zu Hoffmanns Erzählung und damit zur Literatur zurück.

Ohnehin findet man, wenn man Benjamins *Passagenwerk* (und Benjamins Werke überhaupt) liest, zu allem zurück, was konkret ist. Denn auch er gehört zu den Beobachtern der Kultur, deren Methode in der Idee gründet, dass sich die objektiven Gegebenheiten in den einzelnen Gegenständen, Ereignissen und Handlungen niederschlagen – allerdings nicht Eins-zu-eins und niemals so, dass man sie direkt wieder erkennen kann. Sie verkörpern sich auf verwandelte, manchmal ganz und gar verzerrte Weise, die erst noch der Interpretation bedarf. Benjamin war der Überzeugung, man müsse, was man sehen kann, so deuten, wie man Träume deutet: als etwas, in das die gesellschaftliche Wirklichkeit in verdichteter und verschobener Weise eingegangen ist und was an der Formierung der Gegenstände, Ereignisse, Handlungen, ihren Anteil hat. Was ihm als Beobachter entgegentritt sind deshalb kulturelle Rätselstücke. Und er setzt seine ganze Energie ein, diese Stücke zu verstehen. Berühmt ist die Anekdote, die Benjamins Freund Ernst Bloch erzählt (der selbst auf seine Art dem Niederschlag der objektiven gesellschaftlichen Bedingungen in den konkreten Gegenständen, Ereignissen, Handlungen etc. nachgeforscht hat): „Wir sahen ihn", also Benjamin, „versonnen, sozusagen, auf dem Kurfürstendamm wandeln mit gesenktem Kopf – und sie, die damalige Braut Karola, die ihn zum ersten Mal sah und so viel durch mich von ihm gehört hatte, sie fragte ihn, worüber er gedacht hätte, und er antwortete: ‚Gnädige, ist Ihnen schon einmal das kränkliche Aussehen der Marzipanfiguren aufgefallen?' (Über Walter Benjamin. Frankfurt am Main 1968, S.18)

Marzipanfiguren, Gasleuchten, Zeitungsüberschriften, Schnittmuster von Kleidungen, Fassadenarchitektur, Plätze, Straßen, Viertel, ganze Städte – für Benjamin als Leser der Gegenwart kann alles zum Symptom für größere kulturelle Entwicklungen werden. Und weil das so ist, weil alle nur möglichen Gegenstände, Ereignisse, Handlungen etc. im Hinblick auf das, was die Vergangenheit an Strukturen und Mustern hervorgebracht hat und was die Zukunft daraus entfalten wird, lesbar gemacht werden können, trifft das auch auf die Artefakte zu, die im engeren Sinn der Kunst zugerechnet werden: auf literarische Texte, Musik- und Theaterstücke, Kinofilme, Bilder, Installationen.

Der Kritiker, der sich aus dieser Perspektive mit Literatur, Theater, Kino oder Kunst beschäftigt, nimmt also auch die Artefakte als verdinglichten Ausdruck objektiver Verhältnisse wahr, die allerdings einen rätselhaften Eigensinn entfalten, der sich nicht vollständig auf diese Verhältnisse zurückrechnen lässt, sondern geradezu widerständig auf etwas anderes verweist. Wer sich aus dieser Perspektive mit Artefakten aller Art beschäftigt, muss demnach gleich zweierlei tun:

- Er muss sie als symptomatischen Ausdruck der Verhältnisse lesbar machen, in denen sie überhaupt zu Artefakten geworden sind.
- Und zugleich muss er an ihnen und mit ihnen etwas Symptomatisches lesbar machen, was eben nicht darin aufgeht.

Symptomatisieren heißt in diesem Sinn: Den Artefakten ihre Grundformel ablesen, sie genau auf den Punkt bringen, an dem sie als Artefakte Auskunft über den Zustand der Kultur geben. Als Besonderes muss an ihnen das ablesbar sein, was an Allgemeinem in sie eingegangen ist (und was sich zugleich diesem Allgemeinen entzieht).

Walter Benjamin hat diese Methode der symptomatischen Enträtselung (und verrätselnden Symptomatisierung) von Gegenständen, Handlungen und Ereignissen zu einer Kunstfertigkeit entwickelt, die den Leser zuweilen atemlos werden lässt, weil Benjamin in einem einzigen Aphorismus noch aus dem Kleinsten das Allergrößte herauslesen kann, um es im nächsten Aphorismus schon wieder in den Gegenstand so hineingeschrieben zu haben, dass man kaum glauben kann, dass es dort überhaupt hineinpasst. Wer das *Passagenwerk* liest wird davon einen bleibenden Eindruck bekommen: dass Benjamin nichts, aber auch wirklich nichts beiseite lässt, dass er alles sammelt, um daraus ein Bild der Gegenwart von Paris im 19. Jahrhunderts, des 19. Jahrhunderts und der bürgerlichen Gesellschaft überhaupt herauszulesen.

Übung 14: Produktkritik

Einer, der sich einen Spaß aus dieser interpretatorischen Umgangsweise mit Gegenständen des Alltags und Artefakten gemacht hat (und ihn doch ganz und gar ernst nimmt), ist Dr. Pauser. Er bekennt sich dazu, Kundschafter im Reich des Konsumenten zu sein, um an den Dingen, die er sieht, größere kulturelle Zusammenhänge zu erkennen und sie am Ding selbst auf den Punkt zu bringen. Dr. Pauser kann das, weil er das Reflexionsvermögen des gehobenen Flaneurs mitbringt, der die Dinge eben nicht einfach bloß Dinge sein lassen will. Sein Ziel ist, den Leser zu beraten. Ob der nämlich das jeweilige Artefakt, das sich Dr. Pauser vornimmt, kaufen soll oder besser nicht, wird hier im Detail begründet. Der folgende Text ist in der *Zeit* erschienen, wo Dr. Pauser über Jahre Woche für Woche symptomatisieren durfte.

Aufgabe 1: Die Pauser-Methode erkennen
Lesen Sie den Text. Markieren Sie sich die Stellen, an denen Dr. Pauser seinen Gegenstand symptomatisiert – und das heißt: als Verkörperung allgemeiner Entwicklungen bestimmt.

Dr. Pausers Autozubehör

Die Felge zum Ich

Wie bekommt das Fahrzeug die persönliche Note? Wie setzt man den Reifen ab vom Staub der Straße?

Das Rad wird täglich neu erfunden. Als gelte es, der Einfalt der Kreisform zu trotzen, ist die Felge von einem Variationskult befallen. ‚Mehr als 300 000 Größen und Einpresstiefen von 13 bis 17 Zoll sind Bestandteil des PLS-Programms, des größten Felgenprogramms in Deutschland', verspricht eine Werbung.
Neben PLS gibt es unzählige andere, von ‚Artec' bis ‚Zender'. Während die Produktion der Autos sich globalisiert, zersplittert sich die der Felgen, damit sie ihrem Produktversprechen gerecht werden kann, dem Fahrzeug ‚Glanzpunkt und persönliche Note' sowie ‚den Look der Extravaganz' (D&W-Katalog) zu verleihen.
Als Einstiegsdroge in den Felgenkult mag die ‚Radblende aus hochwertigem Polyamid in Erstausrüsterqualität um 82 DM' genügen, sie gehört noch der alten Ordnung der Deckel an und simuliert bloß die Zierfelge. Für den Freak liegt in der Oberklasse ein ‚Komplettradsatz um 9500 DM' bereit: „Diesen braucht Ihr Automobil für den Durchbruch in eine andere Dimension."
Und dann die Feinheiten: Männer erreichen mit dem „Power-Screw-Umrüstsatz die Zentralverschluss-Optik", Frauen freuen sich am „Dekorset für Bärchenradblenden". Die „unschön wirkende Trommelbremse wird durch eine elegant gelochte Bremsscheibenattrappe verdeckt", während die Scheibenbremse eine Hervorhebung durch „roten Bremssattellack" verdient.
Am Luftloch scheiden sich die Geister: Die einen wollen es durch ein vielfarbiges „Aircontrol-Ventilkappen-Set" akzentuieren, den anderen ist es peinlich: Damit „das Erscheinungsbild der Leichtmetallfelge nicht durch ein Ventil am

Felgenrand beeinträchtigt wird", verbirgt das Modell „Antera" das Stöpselchen „im Nabenbereich unter einer Kappe".
Nur die Marke „Ferrara", nicht „Ferrari", verrät die Wahrheit, indem sie ein Wappen im Zentrum des Rades platziert. Schließlich ist die Felge am Auto Ausweis von Individualität.
Was aber bedeutet das für die gesellschaftliche Konstruktion von Individualität?
Bäumt sich in der dysfunktionalen Ausdifferenzierung des Felgenkults das Singuläre gegen das Allgemeine auf zur Rettung der Person vor der Massenproduktion?
Wo anders als im Radkasten gibt es überhaupt noch Individualität für aufgeklärte Wesen, die zur Kenntnis genommen haben, das sie bloß Epiphänomene der seriellen Kombinatorik genetischer Elementarteilchen sind; dass Seelenausdruck die Performanz eines romantischen Codes ist; dass jeder Gedanke ein Fall von Diskurs und seine Äußerung bloß ein Signifikant im Sprachspiel der Mode ist?
Die jedem gegebene Individualität ist nur scheinbar ein knappes Gut, sie wird von der Massenanfertigung nicht zerstört, sondern als Objekt der Begierde konstituiert. Das Industrieprodukt Felge ist zugleich Medium fürs Dementi seiner Serialität.
Während ein Markenzeichen Individualität in Form eines bedeutungsgeladenen Namens symbolisiert, verfolgt die Felge die gegenteilige Strategie, durch bedeutungslose Leerformen das Singuläre als etwas Nichtkommunizierbares real werden zu lassen. Aus Felgenformen lässt sich nichts herauslesen, für die ornamentalen Variationen gibt es keine Begriffe. Sie demonstrieren Individualität als pure Abweichung und geben zu erkennen, dass das Sinnlose der Stoff ist, aus dem das Eigenste besteht.
Willkürliche Verästelungen von Aluminiumstreben, die blinkend um ein leeres Zentrum kreisen, setzen in Szene, dass man alles, was an einem einzigartig ist, nicht mit anderen teilen kann. An ihren Felgen sollt ihr sie erkennen, nicht jedoch als bestimmte, sondern als ausgestattet mit etwas, das sich allen Bestimmungen entzieht.

Nur in demonstrativer Sinnlosigkeit kann Singularität zur Erscheinung kommen. Was Adorno das „Nicht-Identische" nannte, wurde im Felgenkult käuflich verfügbar.
Erfahrung wie Befahrung sind ein Aneinandergeraten von Ich und Welt – an der Grenze zwischen Auto und Straße stellt die blitzblanke Felge das fortwährende Herausgehobensein aus staubiger Umgebung sicher. Die Streitwagenräder von Ben Hur bis James Bond sind Urahnen der modernen Zierfelge, die als Wappenschild sinnbefreiter Individualität ihre zeitgemäße Funktion hat.
Aus diesem Grund rät Dr. Pauser zum Kauf.
Die Zeit 20/1998

Aufgabe 2: Dr. Pausers Methode bestimmen
Listen Sie auf, welche allgemeinen Entwicklungen Dr. Pauser in die einzelne Felge hineinliest. Fassen Sie anschließend in einer einzigen Formel zusammen, was für ein Symptom die Zierfelge für Doktor Pauser ist – und auf welche kulturellen Entwicklungen sie hinweist.
Es gibt zwei Bücher mit Pauser-Texten, die beide zur Lektüre empfohlen werden. Wer will, kann sie als Übungsbuch fürs Symptomatisieren nutzen: *Dr. Pausers Autozubehör. Wien 1995; Dr. Pausers Werbebewusstsein. Texte zur Ästhetik des Konsums, Wien 1995.*

Aufgabe 3: Dr. Pauser meets Benjamin
Wir haben im vorigen Abschnitt den berühmten Aphorismus von Walter Benjamin über den Flaneur zitiert. Er lautet: „Der Flaneur ist der Beobachter des Marktes. Sein Wissen steht der Geheimwissenschaft von der Konjunktur nahe. Er ist der in das Reich des Konsumenten ausgeschickte Kundschafter des Kapitalismus."

- Übertragen Sie das, was Benjamin hier feststellt, auf Dr. Pausers Methode: Was hat Pauser mit dem Flaneur gemein, wie Benjamin ihn pointiert? Können Sie Pausers Vorgehen selbst wiederum in einem kurzen Text kurz so symptomatisieren, dass klar wird: Seine Texte weisen genau auf die kulturelle Entwicklung hin, die Benjamin im Blick hatte, als er den Aphorismus formulierte?
- Wenn Sie bedenken, dass Dr. Pauser die Methode eindeutig überzieht und damit die eigene Beobachtung mit einer Ironie vorträgt, von der die Me-

thode selbst unterminiert wird – können Sie symptomatisieren, was dieses Ironisieren in Bezug auf den Aphorismus von Benjamin bedeutet?
Führen Sie den symptomatisierenden Aphorismus fort:
„Dr. Pauser ist der Beobachter des Marktes für Autozubehör. Sein Wissen steht der Geheimwissenschaft der Konjunktur nahe. Er ist der in das Reich des Auto-Freaks ausgeschickte Kundschafter des Kapitalismus, der auf ironische Art und Weise…"

Aufgabe 4: Kaufen!/Nicht-Kaufen!
Wenn Dr. Pauser das Symptomatisieren ironisch auf die Spitze treibt, dann können Sie das auch. Aufgabe ist, sich einen besonders billigen, hässlichen und überflüssigen Gegenstand zu suchen und ihm genau das Verfahren angedeihen zu lassen, mit dem sich Dr. Pauser um die Felge kümmert.
Um eine gewisse Gelenkigkeit herzustellen, sollen Sie aber gleich zwei Texte mit jeweils maximal 1.500 Zeichen zu ein und demselben Gegenstand verfassen. Einmal soll der Kauf dieses Gegenstands empfohlen werden. Dann soll vom Kauf abgeraten werden. In beiden Fällen aber gilt, ihn als kleine Verkörperung allgemeiner kultureller Entwicklungen zu bestimmen.
Hier ein Beispiel aus dem 2005 erschienenen Band *Geschenkt! 41 Empfehlungen (bzw. 41 Verfehlungen)*, für den sich Studierende aus einem Grundkurs zur Einführung in den Kulturjournalismus mit den absurdesten Gegenständen beschäftigt haben – vom Liebeswürfel über den Wackel-Elvis und dem „Traumschuh für die kleine Elfe" bis zum blinkenden Handy-Hut. Mit dabei war auch die Mao-Mütze:

Die Mao-Mütze (pro)
Von Johannes Schneider

Mit Nippes schafft man keine Revolutionen. Aber Revolutionen schaffen Nippes. Das machen sie nicht mit Absicht – ihren Protagonisten dürfte es auch eher peinlich sein, weil Revolutionäre von ihrer Sache meistens glauben, sie sei so proletarisch und sinnvoll, wie Nippes bürgerlich und sinnlos ist. Mao Tse-Tung hätte, nach dem Grund seiner Kopfbedeckung gefragt, sicherlich einen so langatmigen wie humorlosen Vortrag über Praktikabilität, Waschbarkeit und Klassenkampfkleidung im Allgemeinen gehalten. Insgeheim hätte er vielleicht auch daran gedacht, dass der schmale, gebogene Schirm selbst dem feistesten Mondgesicht noch ein wenig revolutionäre Kühnheit auf die Stirn setzt. Außerdem hätte er – Ästhet, der er war, – das satte Grün gelobt, das eben doch eine ganze Nuance kräftiger und energischer ist als die Dickdarmfarbe deutscher Parkas. Tatsächlich ist die Mao-Mütze ein revolutionäres Kleinod: Sie ist nicht so abgelutscht wie das Ché Guevara-Bild, nicht so zerbrechlich wie eine Wasserpfeife und nicht so hektisch gemustert wie ein Palästinenser-Tuch. Ihr direkter Konkurrent ist die ausladende Schaffnermütze der Roten Armee, die besser verarbeitet ist, dafür aber völlig behämmert aussieht. Die Mao-Mütze ist formschön, einzigartig und nebenbei pflegeleicht. Nun sind Mao und seine Bekleidungsphilosophie heute so tot wie der Klassenkampf. Der Mütze hat das nicht geschadet. Die ist auch ohne Kampf richtig klasse.

Die Mao-Mütze (contra)
Von Johannes Schneider

Mit Nippes schafft man keine Revolutionen, aber Revolutionen schaffen Nippes. Nippesträchtige Revolutionen finden immer irgendwo in der Ferne statt und Revolutionsnippes kommt immer dahin, wo das Fernweh zuhause ist: in deutsche Kinderzimmer. Da sitzen dann 15jährige unter Che Guevara-Postern, verdammen Novemberregen und Reihenhäuser und planen ihre Zukunft in kubanischen Höhlen.
Nachdem sie etwa ein Jahr so gesessen haben, wird es meist doch Zeit, im Leben weiterzukommen, was für die einen die Rückkehr in den „Mainstream", für die anderen die totale Hinwendung zur Tüte bedeutet. Eine kleine Splittergruppe aber macht sich auf den Weg und sucht das Abseitig-Besondere, das einen in den Status des „Individualisten" erhebt. Wenn ein solches Möchtegern-Individuum beim Streifzug durch die Second-Hand-Läden eine Mao-Mütze findet, hat es sein Ziel erreicht. Es muss in Zukunft natürlich nicht mehr besonders informiert sein oder gut argumentieren können. Um etwas darzustellen, reicht ihm jetzt eine Mütze, die sonst keiner hat – von der gute Milliarde Chinesen mal abgesehen.
Vorbei die Zeiten, wo man sein kommerzialisiertes „Staatsfeind"-T-Shirt wenigstens gründlich verwaschen musste, um

ein glaubwürdiger Linker zu sein. Mit dem ausgefallenen Accessoire ist der Aufstieg in die Avantgarde der Antistil-Stilisten gesichert. Dass „Image" und „Inhalte" sich leider nur in den Vokalen gleichen, ist dem Oberflächenoriginellen egal. Viel härter treffen ihn die elementaren Dinge des Lebens: Die Mao-Mütze passt auf keinen europäischen Schädel.

Aufgabe 5: Das Journal des Symptomaten (1)
Trainieren Sie Ihren symptomatisierenden Blick. Nutzen Sie dafür das Journal. Sie werden laufend mit Dingen, Ereignissen oder Handlungen konfrontiert, von denen Sie ahnen, glauben oder wissen, dass sich an ihnen größere kulturelle Entwicklungen ablesen lassen. Notieren Sie sich einfache Formeln, die immer beginnen mit: „An XY lässt sich ablesen, dass…" Ein paar Beispiele:

- „An der unablässigen Kritik am Format ,Deutschland sucht den Superstar' lässt sich ablesen, dass sich die Intellektuellen immer noch darüber betrügen, dass auch alle anderen Musikproduktionen auf demselben kulturindustriellen Weg hergestellt werden."
- „An dem Format ,Deutschland sucht den Superstar' lässt sich ablesen, dass die Kulturindustrie nunmehr mit voller Ironie (oder Zynismus?) ihre Produktionsprinzipien gar nicht mehr verheimlicht, um Images der Eigentlichkeit und Echtheit herzustellen, sondern die ökonomische Rationalisierung öffentlich in Szene setzt."
- „An der Einführung von Designer-Marken-Kleidung bei H&M lässt sich ablesen, dass sich die Haute Couture (die Kleidung, die ausschließlich für die gesellschaftlich Höhergestellten zum Ausdruck ihres Höhergestelltseins reserviert war) in Massenware verwandelt. Zu sehen ist, dass die ästhetischen Zeichensysteme, über die gesellschaftliche Zuordnungen gesichert werden konnten, ins Schwimmen geraten."
- „Am mittlerweile sprichwörtlichen Erfolg von Google lässt sich nicht nur ablesen, dass ohne Komplexitätsreduktionsmaschinen in der hyperkomplexen Welt des Internet gar nichts mehr geht. Ablesen lässt sich auch, dass die Macht der Programmierer der Komplexitätsreduktionsmaschinen die eigentlich Mächtigen sein werden, weil sie darüber entscheiden, wer ge-

funden werden kann und wer im Rauschen des Datenmeeres untergeht."

Aufgabe 6: Das Journal des Symptomaten (2)
Je mehr Sie symptomatisieren, umso genauer werden Sie sehen, dass es sich um eine Art Trick der Komplexitätsreduktion handelt, die heikle Züge annehmen kann, weil sie nicht nur der Literaturkritiker, sondern auch der Stammtischbesucher anwenden kann. Notieren Sie sich deshalb ein paar symptomatische Sätze zum Symptomatisieren, mit denen Sie auf den Punkt bringen sollen, wo die Möglichkeiten und die Probleme dieser Methode liegen. Ein Beispiel:

- „An der Mode, alles symptomatisieren zu müssen, lässt sich ablesen, dass man es nicht mehr aushält, sich mit komplexen Verhältnissen angemessen auseinander zu setzen, und lieber ins Bonmot ausweicht, mit dem man auf der nächsten Party jemanden beim Small-Talk beeindrucken kann."

usw.

4.5 Benjamin von Stuckrad-Barre als Symptom

Begeben wir uns noch einmal in das Zimmer des Vetters aus Hoffmanns Erzählung und beobachten, was unten auf dem Markt passiert, der nun nichts anderes als der Buchmarkt sein soll. Absolviert wurde bereits das Training, das auch der Vetter den Ich-Erzähler absolvieren lässt: Beobachten, Beschreiben, Protokollieren, Zusammenfassen, Kontextualisieren. Kommen wir nun zum *Symptomatisieren.*

Auch dabei gilt: Man muss nur lange genug und genau hinschauen, um das Allgemeine im Besonderen zu erkennen. Ein Beispiel für einen Autor, der von der Kritik am Ende der 90er Jahre und zu Beginn des laufenden Jahrhunderts symptomatisierend behandelt wurde, ist Benjamin von Stuckrad-Barre. Er war und ist als Autor literarischer Texte ebenso bekannt wie als Feuilletonist und als Veranstalter erfolgreicher literarischer Events. In seinem Roman *Soloalbum* werden vom Ich-Erzähler die Partys, die Mädchen, die neuesten Songs aus den Charts und allerlei Konsumgüter aufgelistet und kommentiert. Es scheint, als sei der Erzähler an einen unendlichen Datenfluss von Modeartikeln und -partikeln und hippen Sprech-

und Denkweisen angeschlossen, die durch ihn hindurchrauschen und die er so zu sortieren versucht, dass für ihn ein Selbstbild daraus entsteht, das ihn nach der schmerzlichen Trennung von seiner Freundin irgendwie noch weiterleben lässt. Dieser Anschluss an den Datenfluss der Popkultur hat Stuckrad-Barre den Ruf eingebracht, „Pop-Literatur" zu schreiben. Stuckrad-Barre selbst wurde zum „Pop-Autor" ernannt.

Gemeint ist damit, dass er nicht nur Texte schreibt, die vom Datenfluss der Popkultur leben, sondern selbst als Person Teil des Flusses und des Rauschens ist. Dieser Überzeugung kommt Stuckrad-Barre mit den Strategien seiner Selbstinszenierung entgegen. Bevor er zum Romanautor wurde, schrieb er Gags für die Late-Night-Show von Harald Schmidt (einer der Giganten der Popkultur der 90er-Jahre), und selbst als Literat trat und tritt er immer noch offensiv als „Mitarbeiter der Unterhaltungsindustrie" auf. Seine Lesungen inszeniert er als kleine Literaturshows, in denen eben nicht nur gelesen wird, sondern auch Platten aufgelegt und kommentiert werden, in denen Show-Gäste auftreten (u. a. Harald Schmidt) und der Autor als charmanter Entertainer und Moderator interaktive Spielchen mit dem Publikum spielt. Mit Erfolg. Stuckrad-Barre konnte – im Gegensatz zu vielen anderen Autoren – für seine Lesereisen gleich ganze Säle mieten, die gut gefüllt waren, nicht zuletzt mit Leuten, die nicht unbedingt zum normalen Publikum von Lesungen gehören, sondern abends lieber ausgehen, um sich im Kino oder im Popkonzert zu amüsieren.

Wer die Texte von Stuckrad-Barre liest, die immer zwischen Journalismus und Literatur changieren, bekommt einen guten Eindruck von den selbstverliebten, meist unterhaltsamen Plaudereien und Gegenwartskommentaren, mit denen er sein Programm gefüllt hat. Wer sie liest, bekommt auch einen Eindruck davon, dass der Erzähler in diesen Texten immer ein Ich ist, das großen Wert darauf legt, fortwährend zu signalisieren, dass es an den großen Flow der Popkultur angeschlossen ist und unter diesem Anschluss zwar zuweilen leidet (Verlust von Eigentlichkeit), sich aber die Spielregeln dieser Kultur so sehr zu eigen macht, dass er sich selbst hervorragend amüsiert (Selbstfindung auf höherer Ebene durch Anverwandlung der ästhetischen Formeln der postmodernen Medienwelt).

Aus der Tatsache, dass Stuckrad-Barre dieses Hin- und Herschwanken zwischen Leiden und Lust an der Selbstästhetisierung am Vexierspiel der Medienidentitäten so weit getrieben hat, dass er selbst dem Rausch verfiel und sich in Büchern, Filmen und Fernsehsendungen als drogenabhängiger Literat vorstellen ließ, birgt nur vordergründig eine Moral von der Geschichte (als Geschichte der Popliteratur). Denn tatsächlich sind die Auftritte als ebenso verzweifelter wie überdrehter Kokainist Teil desselben Inszenierungszusammenhangs, in dem es immer darum geht,

Erzähler und Autor als eins erscheinen zu lassen, die beide gleichermaßen um das Selbstbild ringen, mit dem sich weiterleben lässt.

Kein Zufall also, dass Stuckrad-Barre seit Beginn seiner Karriere als Symptom gehandelt wird, an dem sich größere Bewegungen im Literaturbetrieb, im Kulturbetrieb und in der Kultur überhaupt ablesen lassen. Es gab und gibt kaum eine Besprechung eines seiner Bücher, die darauf verzichtet, sich zuallererst mit dem Autor selbst zu beschäftigen, um sich danach mit seiner Selbstinszenierung auseinander setzen und dann erst von dort aus den Blick auf die Texte zu öffnen. So wird Stuckrad-Barre symptomatisch für eine bestimmte Generation von Lesern:

> Es gibt Leute, die Benjamin von Stuckrad-Barre wirklich mögen. Sie bewundern ihn, [...] sie finden es toll [...] und sie beten ihn an. Sie, das sind die heute 24-Jährigen, die juvenilen Irrläufer und verzweifelten Sinnsucher, die Camus für eine Schuhmarke halten und den Namen Céline nur im Zusammenhang mit Dior verstehen. Doch sie sind es auch, die seine Bücher kaufen, weil da angeblich Pop und Geist und Spaß drinsteckt.
> *Tip-Magazin, Berlin, 22/99*

Symptomatisch wird Stuckrad-Barre auch für eine ganze Literaturrichtung:

> „Stuckrad-Barre hat sein Leben in einen Roman verwandelt, einen Roman über unsere Zeit. [...] Und so ist dieser Fall Stuckrad-Barre nicht nur die persönliche Geschichte eines Autors, der gern auf der Grenze von Kunst und Leben, von Inszenierung und Wirklichkeit wandelte, der im ‚Livealbum' von Kokain erzählt und von Kotzen, von Drogensucht und Bulimie, der aber jeden zu verklagen droht, der in solchen Fällen den Autor mit dem Erzähler verwechselt und womöglich die Sucht mit dem Absturz zusammenbringt – es ist auch die Geschichte einer Literaturrichtung, ihrer Rezeption und ihrer Fortschreibung."
> *Frankfurter Allgemeine Sonntagszeitung, 4. April 2004*

Nicht zuletzt wird Stuckrad-Barre, der als Model für Peek & Cloppenburg gearbeitet hat, symptomatisch für eine ganze Ästhetik namens „Pop":

> Die Popästhetik zelebriert die Versöhnung von Kunst und Geld", lautet die vierte von Thomas Assheusers *Zehn Thesen zur Krise des Pop*, die in der *Zeit* erschienen sind. „Nachdem die ‚Gegenkultur'

> nicht mehr angeben kann, wogegen sie sein soll, und nachdem Flexibilisierung nicht mehr gegen das ‚System' erstritten werden muss, sondern von diesem ausgeht, betreiben Popautoren selbst den Schulterschluss zwischen Kunst und Marketing. Kritisch sind sie nur noch gegen ihre Kritiker. Indem Popautoren Werbeverträge für waschechte Konfektionshersteller abschließen, behaupten sie, die Grenze zwischen dem Ökonomischen und dem Kulturellen sei gefallen und Geld eine höhere Form von Kunst.
> *Zeit, 11. April 2001*

Zum Symptom wird Stuckrad-Barre darüber hinaus für die Eventisierung der Literatur, für den Trend zur Selbstvermarktung von Autoren, zur Verpoppung des Literaturbetriebs… Wer die Besprechungen seiner Bücher liest, merkt schnell, wie hier fortwährend das Allgemeine im Besonderen gesucht wird – und deshalb das Besondere für das Allgemeine einstehen muss. Dass dieser Autor ausgerechnet das tut, *was* er tut, und dass er es so tut, *wie* er es tut, will niemand als Zufall gelten lassen. Aus der Perspektive der Kritiker erscheint Stuckrad-Barre wie der logische Teil einer Entwicklung, die zuerst die Kultur im weiteren Sinn und dann eben auch die Literatur erfasst hat.

Diese Symptomatisierung, diese Einschreibung des Allgemeinen ins Besondere, kann sich auf mehreren Ebenen vollziehen:

- *In Bezug auf den Innertext:*
  Werkimmanent können einzelne Szenen oder Abschnitte eines Textes als symptomatisch für den gesamten Text bestimmt werden: Wer die Machart oder die Funktion dieser einen Szene oder dieses einen Abschnitts verstanden hat (etwa – in Stuckrad-Barres *Soloalbum* – die Funktion oder die Machart eines Gesprächs des Ich-Erzählers mit einem der Girls auf einer der Parties über eine der Modemarken), hat der Idee nach den ganzen Text verstanden.
  Werküberschreitend können Motive, Erzählformen oder Sprechweisen im Text als Symptome identifiziert werden, die die Literatur oder die Kultur im größeren Rahmen betreffen: So wird bei Stuckrad-Barre etwa das dauernde Erwähnen von Markenartikeln und Popsongs zum Ausdruck des Anschlusses der Literatur an den Datenrausch der Popkultur; und der Erzähler wird selbst zur symptomatischen Verkörperung einer leid- und lustvollen Selbstästhetisierung, die die Autoren der Pop-Generation erfasst hat und einem allgemeinen Lebensgefühl der Mediengeneration entsprechen soll).
- *In Bezug auf den Intertext:*
  Werkimmanent können symptomatisierende Bezüge etwa zwischen dem ersten Roman von Stuckrad-Barre und späteren Texten hergestellt werden – bei Auto-

ren mit größeren Werken und längeren Karrieren spricht man dann etwa von symptomatischen Veränderungen oder Wiederaufnahmen oder Kontinuitäten zwischen dem jungen und dem alten Autor.

Werküberschreitend lassen sich Zusammenhänge von Stuckrad-Barres Büchern mit anderen Büchern oder Medien symptomatisieren: So wird sein Mitwirken in der *Tristesse Royal*-Gruppe, die sich 1999 im Berliner Hotel Adlon getroffen hat, um über die Ästhetisierung des Selbst und der Welt anhand banaler Alltäglichkeiten und großer Philosopheme zu plaudern, als Ausdruck der Dandyisierung der Literatur verstanden; und die Zuarbeit für Harald Schmidt wird als Ausdruck des Fasziniertseins junger Menschen durch die Regeln der Kulturindustrie gedeutet.

- *In Bezug auf den Extratext:*

  Werkimmanent können bestimmte Bezüge zwischen biographischen Schwellenpunkten symptomatisiert werden – etwa der erste Auftritt von Stuckrad-Barre bei Harald Schmidt und der letzte Auftritt in der Talkshow von Reinhold Beckmann.

  Werküberschreitend können biographische Verwicklungen von Stuckrad-Barre als Ausdruck der gesamtbiographischen Verwicklung einer ganzen Generation gedeutet werden: So wird das Nicht-mehr-zu-sich-selbst-Finden Stuckrad-Barres als Schwierigkeit der Identitätsfindung von Menschen verstanden, die mit Fernsehen, Internet, Playstation etc. aufgewachsen sind und nicht nur mit Lust vom postmodernen Identitätsspiel profitieren, sondern auch mit einem leidvollen Kreisen um die große Leere konfrontiert sind; so wird die Krise, die darin zum Ausdruck kommt, als eine Krise der Popkultur gedeutet und damit als eine Krise des Populären überhaupt.

Wer die Symptomatisierungen liest, die zur Interpretation von Stuckrad-Barres Texten und seiner Selbstinszenierung herangezogen werden, kann gut erkennen, dass sie immer die doppelte Zielrichtung haben:

Zum einen benutzen sie das einzelne Werk und die einzelne Person, um größere kulturelle Bewegungen zu bestimmen – und seien es auch nicht die ganz großen, sondern lediglich welche (und durchaus auch kaum spürbare) innerhalb einer Generation, innerhalb eines Betriebs, innerhalb einer Fraktion innerhalb dieses Betriebs oder auch nur innerhalb eines Werkzusammenhangs oder eines einzelnen Textes.

Zum anderen zielen sie auf eine aktuelle Bestimmung des Marktes: Sie zeigen die allmähliche Herausbildung von Trends und Moden ebenso an, wie sie ihren Niedergang verzeichnen. Sie verfolgen die Entwicklung von Marktsegmenten ebenso wie ihre Diffusion. Sie melden Neuheiten ebenso wie Übliches und Veraltetes, Provozierendes und Aufregendes, Langweiliges und Fades. Sie melden seismografisch, dass etwas gleich bleibt oder sich (in welche Richtung und aus welchen Gründen auch immer) verändert.

Was war, was ist und was kommt – das sind die Bezugsfragen der symptomatisierenden Methode. Und im Hinblick auf Stuckrad-Barre heißt das ganz banal: Was war vor der Popliteratur? Was definiert die Popliteratur? Was wird aus der Popliteratur werden? – Und was bedeutet das für den Literaturbetrieb? Was bedeutet das für das Prinzip „Autorschaft"? Und was bedeutet das für den Literaturbetrieb im Kulturbetrieb und in der Unterhaltungsindustrie? Und was bedeutet das für die kulturelle Entwicklung des wiedervereinigten Deutschlands am Ende der 90er-Jahre?

Man muss schon Trendforscher sein, um auf diese Fragen eine Antwort zu haben, obwohl man doch vielleicht erst einmal nichts weiter als ein neues Buch von Stuckrad-Barre in der Hand hat. Doch geht es auch dann, wenn man ein Kritiker ist, der die Kontexte kennt und aus den Kontexten heraus dieses neue Buch symptomatisieren kann.

Übung 15: Literatur symptomatisieren

Es folgen zwei Rezensionen, die beide mit Symptomatisierungen arbeiten. Das tun sie bei weitem nicht so übertrieben, wie es Dr. Pauser bei Betrachtung seiner Auto-Felgen tut. Doch vollziehen sie deutlich den Übergang vom Allgemeinen zum Besonderen und zurück. In beiden Fällen folgen sie der doppelten Funktion der Symptomatisierung: einerseits bestimmen sie die größeren kulturellen Bewegungen, andererseits fokussieren sie die konkreten Entwicklungen des Marktes.

Aufgabe 1: Symptomatisierungen bestimmen

Lesen Sie beide Besprechungen und markieren Sie die Stellen, an denen symptomatisiert wird. Übertragen Sie die symptomatisierenden Sätze in Ihr Journal und definieren Sie den Stellenwert im Hinblick auf *Werkimmanenz* oder *Werküberschreitung* in Bezug auf den Innertext, Intertext oder Extratext des jeweils besprochenen Buches.

Voll amortisierte Gefühlsinvestitionen

Fetisch „Jugend schreibt": Der 17jährige Benjamin Lebert hat mit „Crazy" einen autobiographischen Roman hingelegt, nach dem sich alte Feuilletonisten die Finger lecken. Ein Generationsmissverständnis und Lehrstück in Sachen Literaturvermarktung

Von Gerrit Bartels

„Der sieht ja aus wie ein Viva- Moderator", entfährt es einem Mitarbeiter dieser Zeitung beim Anblick des Konterfeis von Benjamin Lebert. Wohl wissend, dass selbst Viva-Moderatoren in der Regel volljährig sein müssen; aber nicht ahnend, dass Lebert mit seinen wasserstoffblonden Haaren und seinen stechend blauen Augen gerade mal 17 Jahre alt ist. Eigentlich nicht weiter erstaunlich, schon manche Haarfrisur hat für Verwirrung gesorgt, und auch 17jährige Bengels haben wir alle schon mal gesehen.

Doch Lebert hat ein Buch geschrieben, „Crazy" heißt es, einen autobiographischen „Roman" vom Leben im Internat und dem Erwachsenwerden. Und damit ist er seit zwei Wochen das sprichwörtlich liebste Kind des Literaturbetriebs und seiner angeschlossenen Medien. Und das nicht, weil hier ein außergewöhnlich toller Text die Party macht, gar ein Jahrhunderttalent entdeckt wurde, sondern vor allem weil mit ihm „der jüngste Autor der Verlagsgeschichte" (Kiepenheuer-&-Witsch-Verlagswerbung) an den Start geht.

Den meinte man eigentlich schon letztes Jahr in Benjamin v. Stuckrad-Barre ausgemacht zu haben mit seinem Buch „Soloalbum": Bekenntnisliteratur eines 23jährigen war das, ein Buch über die Tristesse der Postpubertät und die Liebe zu Oasis. Kein großer Wurf, aber ein Ereignis; ein Text, der ein diffuses Lebensgefühl 20- bis 30jähriger ansprach und sich mittlerweile an die 40.000mal verkauft hat. Allein aus diesem Grund lag es nah, diesem „Ereignis" ein weiteres folgen zu lassen, den Fetisch „Jugend schreibt" ein weiteres Mal von der Leine zu lassen.

Nach ein paar Texten in *jetzt*, dem Jugendmagazin der *Süddeutschen Zeitung*, war Lebert von Maxim Biller empfohlen worden, und ruck, zuck machten sich die KiWi- Verantwortlichen mit Lebert daran, „halb im Spaß, halb im Ernst, dem ‚Fänger im Roggen' ein Pendant entgegenzusetzen". Ein zweites Boywonder im KiWi-Szene-Land, ein „echtes" Kind, ein Teenager, der schreiben kann! Leberts Buch jedoch ist ein Entwicklungsroman ganz anderer Art; einer, der sich in Lichtgeschwindigkeit vor allem in den Feuilletons entwickelt, ein kleines Lehrstück in Sachen Literaturvermarktung. Wer da zu spät kommt, den bestraft das Leben wirklich.

So sollte „Crazy" zwar erst am 24.2. erscheinen, doch schon Anfang des Jahres veröffentlichte die *Spiegel*-Abonnentenbeilage *Kultur extra* eine Geschichte über den „Anfänger im Roggen", der dann vor zwei Wochen eine mütterliche Hymne von Elke Heidenreich im *Spiegel* folgte. Dort hatte man zwar noch im letzten Herbst über „das Gespenst der Pop-Literatur, das in den Verlagen herumgeistere", gelästert. Doch nun schien es angebracht, wieder ganz vorne dabei zu sein, einen Jungstar aus der Taufe zu heben und ihn zum Heiland für den nach Jungautoren lechzenden Literaturbetrieb zu erklären („Ein Autogramm von Gott"!).

Und schnell zog auch der Verlag nach: „Die Sperrfrist ist aufgehoben", teilte man lapidar in Schreiben an die Redaktionen mit, „eine Woche früher als geplant" werde das Buch ausgeliefert. Geärgert hätte man sich im Verlag schon über das Vorgehen des *Spiegels*, meint KiWi-Pressesprecherin Gudrun Fähndrich, doch da man das nicht verhindern konnte, habe man „eben aus der Not eine Tugend gemacht". Eine Startauflage von 30.000 Exemplaren will schließlich unters Volk gebracht werden. Trotz des Verkaufserfolgs von „Soloalbum" eine üppige Auflage für das Erstlingswerk eines Autors, dessen Credits höchstens in einer berühmten Journalistenfamilie bestehen. Man habe aber gespürt, das dieses Buch „was ganz Besonderes" sei, so Fähndrich weiter, „dieser Ton, dieses Gefühl, diese Wärme", und natürlich habe auch der „Aspekt des Alters" eine nicht unwesentliche Rolle gespielt.

Und diese Wärme, dieses Gefühl, die kann wahrscheinlich wirklich nur ein neuer, junger Heiland den müden Alten geben und zurückgeben, wenigstens einmal sollen sich schliesslich die eigenen Gefühlsinvestitionen amortisieren.

Von „Authentiziät" ist dann auch gern die Rede, wenn es um die Qualität von „Crazy" geht. Authentizität, die man eigentlich schon längst auf dem Müllhaufen der Siebziger wähnte, an der sich zuletzt die Generation X im Clip- Gestrüpp von MTV das Genick brach, nach der aber anscheinend im Zeitalter von Cyber und Techno mehr denn je jung wie alt lechzt: „Hallo Leute. Ich heiße Benjamin Lebert, bin sechzehn Jahre alt und bin ein Krüppel. Nur damit ihr's wisst. Ich dachte, es wäre von beiderseitigem Interesse."

Damit entwaffnet der leicht halbseitengelähmte, zum Schreibzeitpunkt noch sechzehnjährige Lebert seine Leser, und der Erzähler seine neuen Mitschüler im Internat. Und dann erzählt er halt von dem öden Leben dort. Wie er und seine Freunde im so genannten Hurenflügel Sex mit den Mädchen haben. Wie sie nach München aufbrechen, um in einer Stripbar zu enden: voll das leere 16jährige Leben halt, der Fluch der frühen Jahre.

Der Rest sind Gespräche unter Freunden, und in denen wird ohne Unterlass genauso mutig wie auch unausgegoren über das Leben als solches pseudophilosophiert: „Schmeckt das nicht nach Leben?" fragt Freund Janosch einmal beim Rauchen einer Zigarre, ein anderer fragt: „Das Kino erzählt doch vom Leben, oder?", woraufhin Janosch antwortet: „Nein, der Weg zum Kino erzählt mehr vom Leben."

Am Ende ist schließlich auch der Ausflug in die Stripbar „eine Geschichte, die das Leben schreibt". Und so weiter. Das mag einmal bezaubern, irgendwann weinen die Jungs alle bei der Lektüre von Hemingways „Der alte Mann und das Meer", vielleicht auch beim zweiten Mal, doch schon bald sehnt man sich nach einem anderen Leben beim Lesen, nach Fiktion, Artyness, Wahnwitz.

Ein paar Generationen raufgeklettert aber, und es passt wieder, irgendwie. Da wird dann weniger ein sowieso sehr einseitiger „verlogener Generationsvertrag geschlossen", wie die *Faz* mäkelte, sondern insbesondere ein lustiges Generationsmissverständnis produziert.

Die 56jährige Elke Heidenreich umarmt Lebert gleich stellvertretend für alle seine Altersgenossen: „Wir gehen in den Fußgängerzonen oft ratlos hinter diesen jungen Schlaksen her, die mit verkehrt herum aufgesetzten Baseballkappen, übergroßen Hosen und riesigen Turnschuhen abwesend und abweisend vor uns her schlurfen: Lebert schafft es nicht nur, dass wir ahnen, was in ihren Köpfen vorgeht, er schafft es sogar, dass wir die mö-

gen, die sie tragen." Kommt an mein altes Herz, ihr HipHopper, Lara-Croft-Jünger und Neo- Punks, sind doch so kleine Füße! Dabei haben sie es untereinander schon schwer genug, sich zu verstehen: Sarah Heister, 16jährige taz-Schülerpraktikantin, fand „Crazy" nicht so „prickelnd", stiess sich am Lebertschen „Rauchen, saufen, Frauen mißbrauchen" - Ton, bedankte sich aber doch nach der Lektüre: „Ich weiß jetzt, wie die Jungs in meinem Alter denken!" Damit die armen Teenies von heute aber nicht ganz mit sich allein gelassen werden, haben sie gestern in der *Faz* noch einen Versteher mehr bekommen: Maxim Biller, der sich selbstgefällig, pseudobetroffen und natürlich weiterhin begeistert (in der linken Hand den Penis, in der rechten die Tastatur?) dafür entschuldigt (!), Lebert „entdeckt" und nicht beschützt zu haben.
Und was meint Lebert? Der hat diese Woche in *jetzt* seine „Lebenswert"-Liste aufgeschrieben, unter Punkt 5 steht da: „Verstehen. Alles verstehen."
Benjamin Lebert: „Crazy". KiWi Paperback, 175 Seiten, 14,90 DM
[taz, 29.2.1999]

Fest des Patriarchen
John von Düffel gewinnt in seinem glänzend geschriebenen Roman der Familie überraschend freundliche Seiten ab
Von Silja Ukena

Es gibt so Reizworte. Eines davon ist „Familienfeier". Selten löst sie bei den Beteiligten die reine Freude aus. Oft führt sie zu gewissen Verspannungen und Fluchtgedanken, schlimmstenfalls lässt sie sich nur mit viel Alkohol überstehen. Auf dass sich ein gnädiger Schleier über alles lege, auf dass erträglicher werde, was uns so nah und gerade deshalb oft so unaushaltbar ist. Rätselhaftes Gemisch Familie. Es geht nicht mit ihr, aber ohne sie geht es auch nicht. Für die Literatur ein unerschöpflicher Glücksfall, wie John von Düffels neuer Roman Houwelandt, sein bester nach Vom Wasser, wieder einmal beweist.
Die Geschichte beginnt einige Monate vor der eigentlichen Feier, dem 80.Geburtstag des Familienoberhauptes Jorge de

Houwelandt. Ein Tag, an dem der Patriarch im Kreise von Kindern und Kindeskindern ein glückliches Jubiläum begehen soll. So plant es jedenfalls seine Frau Esther. Tatsächlich aber haben die Geschwister zum Vater und auch zueinander fast keinen Kontakt, den Enkeln ist der Großvater ein Fremder. Bande, falls es sie gab, sind längst zerrissen. Die Familienfeier soll sie nun wieder knüpfen. Angesichts der wütenden Verachtung, die die Houwelandts beherrscht, ist der Eklat allerdings viel wahrscheinlicher. Die Rede, die Sohn Thomas – als Erstgeborener von der Mutter mit den Worten „Gib dir Mühe" beauftragt – zu halten gedenkt, ist eine Abrechnung: mit einer Kindheit voller Zwang und Kälte, mit einem Vater, der zur Liebe nicht fähig war. Das Fest als Tribunal: *„J'accuse!"* Doch um Schuld geht es im Grunde bei allen Familienzwisten. Und schuldig ist im Zweifel immer der andere. Geht es doch um den existenziellen Beweis, es besser zu machen, das richtige Leben zu leben. Wo aber liegt die Wahrheit tatsächlich?
John von Düffel zieht sich als Erzähler klug aus der Affäre, indem er fortwährend zwischen seinen vier Hauptfiguren Jorge und Esther, Thomas und dessen Sohn Christian die Perspektive wechselt. Stetig prallen diese vier widersprüchlichen Versionen über das, was die Houwelandts sind, aufeinander.
Die Wahrheit, sie liegt in den schmalen Zwischenräumen dieser vier Weltbilder. Zugleich lässt sich allmählich eine der bloßen Erzählung übergeordnete Idee erkennen. Es geht dabei – in Analogie zum Russellschen Mengenparadoxon – um die Frage, ob eine Familie als eigene Größe, als Muster existiert, unabhängig von dem, was ihre Mitglieder individuell ausmacht. Eine Vorstellung, die all denjenigen fremd sein dürfte, die aufgewachsen sind mit der demonstrativen Familienlosigkeit der Nach-68er-Generationen, denen (aus durchaus nachvollziehbaren Gründen) familiäres Erbe als zutiefst suspekt galt.
Von Düffel, Jahrgang 1966, behauptet nun nicht etwa das platte Gegenteil. Aber wie selten ein Autor seiner Generation traut er der Familie die Kraft zu, Identität zu stiften. Identität, die der einzelne letztendlich nicht abzulegen vermag. Das ist eine streitbare Position, und man muss ihr nicht folgen. Vielleicht aber kann man nach der Lektüre dieses glänzend ge-

schriebenen Buches das nächste Familientreffen mit anderen Augen betrachten.

John von Düffel: Houwelandt. DuMont Verlag, Köln 2004, 19,90 €
(Zeit, 42/2004)

Aufgabe 2: Symptomatisierungen sammeln
Um ein deutlicheres Gespür für das Symptomatisieren zu bekommen, sollte man die jeweiligen Passagen in Kritiken anstreichen und ins Journal zu übertragen. Am besten ist, man nimmt sich eine Literaturbeilage, die in den großen Tages- und Wochenzeitungen zu einer der Buchmessen in Frankfurt oder Leipzig erscheinen, liest sie komplett und streicht sie komplett an, um auf einen Blick an einer ganzen Reihe von Kritiken zu sehen, wie häufig symptomatisiert wird.
Hier ein paar Beispiele aus der Beilage der *Zeit* im Herbst 2005:

- „Jede Zeit, wird immer behauptet, bekommt die Literatur, die sie verdient. Im Augenblick, so darf man das beste Buch zur deutschen Wiedervereinigung verstehen, reicht es nur zu einem dicken, im eigenen Erzählfett schwimmenden simplen Roman, der endlos Erzähloberflächen abgrast […]."
- „Aber das ist das Merkwürdige und das Markante an Jonathan Safran Foer, etwas, das auch den großen Erfolg seiner Bücher erklärt: Er ist ein Kind der Postmoderne, also spielt er auf den Seiten, wie er will, mal steht da nur ein Satz, mal schieben sich die Buchstaben übereinander […]. Foer benutzt nun dieses postmoderne Erbe – aber ohne die kritische Kraft etwa von Thomas Pynchon oder Kurt Vonnegut. Er ist, mit anderen Worten, der Scherbenaufsammler, der postmoderne Versöhner, der Schriftsteller als Schwiegersohn."
- „Muss man, um von den Abgründen unserer Existenz schreiben zu können, wirklich erst nach Berlin-Mitte auswandern? Gewiss, und nach allem, was uns die Moderne eingetrichtert hat, ist zuvörderst die Metropole der Erfahrungsraum für den existentiellen Ernstfall. Doch könnte es nicht sein, dass gerade jenseits der urbanen Ablenkungen, in der Provinz, unsere Heillosigkeit umso unverstellter hervortritt? Welche literarischen Möglichkeiten sich derzeit im Hinterland auftun, zeigen exemplarisch die Bücher von Norbert Scheuer."

- „Beide Bücher liefern prächtiges Kanonenfutter für die gerade einmal wieder aufbrandenden Scharmützel innerhalb der Linken in Deutschland. Altlinks oder poplinks, modern oder poststrukturalistisch, für oder gegen Amerika, politisch korrekt oder neoliberal – wer raus aus dem Graben und rein ins Schlachtfeld will, der lese Dietmar Dath."

usw.

Aufgabe 3: Die Kultbuch-Kritik

Jeder von uns kann ein Buch nennen, das für ihn als Kultbuch schlechthin gilt oder zumindest irgendwann als Kultbuch gegolten hat. Kultbücher sind *symptomatische Bücher*, weil sie weitaus mehr als nur Bücher sind: Sie stehen für eine bestimmte Lebensphase, für ein bestimmtes Lebensgefühl, für einen bestimmten Lebensentwurf, der vielleicht nicht unbedingt gelebt, dafür aber mit großer Faszination und Sehnsucht gelesen wird.

- Nennen Sie Ihr Kultbuch. Versuchen Sie, an diesem Buch die ganz spezifische Symptomatik abzulesen. Listen Sie in Ihrem Journal auf, wofür dieses Buch steht und warum es Sie so sehr fasziniert hat. Nennen Sie das Spezifische der Lebensphase, in der Sie es gelesen haben. Benennen Sie das Lebensgefühl und den Lebensentwurf, mit dem es unauflöslich verbunden ist. Und sagen Sie, an welchen Motiven, Figuren, Erzählstrukturen, Stimmungen, Stilformen sich das in Ihrem Kultbuch festmachen lässt.
- Nennen Sie ein aktuelles Kultbuch, von dem Sie wissen, dass es von sehr vielen Leuten gelesen wird. Versuchen Sie, was Sie für Ihr eigenes Kultbuch erkannt haben, nun auch an diesem Buch zu erkennen. Versuchen Sie, die Faszination zu bestimmen, die andere Leser ergriffen hat.
- Schreiben Sie einen Text im Umfang von maximal 2.500 Zeichen zu Ihrem Kultbuch, wahlweise auch zu einem Buch, das Sie zum Kultbuch für eine bestimmte Zeit für eine bestimmte Leserschaft erklären. In diesem Text sollten Sie sehr pointiert verdeutlichen, warum dieses Buch Kult ist. (Wenn Sie in der Gruppe oder im Seminar arbeiten, können Sie Ihre Texte sammeln und zusammenheften. Sie werden sehen, dass Sie sehr schnell einen ganzen Band beisammen haben, den Sie *Kultbücher* nennen können und in dem Sie so etwas wie einen ersten Zugang zu einer kleinen Kulturgeschichte als Mentalitäts- und Faszinationsgeschichte haben.)
- Diese Kultbuch-Übung lässt sich beliebig auf andere Medien und Formate übertragen: Nennen und erklären Sie Kultserien im Fernsehen; nennen Sie

und stellen Sie den Kinofilm vor, der Sie als Kind am stärksten beeindruckt hat; nennen und erklären Sie die Faszination, die in Ihrer Kindheit bestimmte Stars auf sie ausgeübt haben…

Aufgabe 4: Das symptomatisierende Exposé
Nehmen wir an, Sie wollen für das Feuilleton einer der großen Tageszeitungen eine Rezension schreiben. Wenn der Redakteur das Buch, das Sie rezensieren wollen, nicht kennt, wird er mit den Achseln zucken und sagen: „Pro Jahr erscheinen rund 60.000 neue Bücher. Warum soll ich ausgerechnet dieses Buch in meinem Kulturteil besprechen?"

- Sie werden dem Redakteur deshalb ein kurzes Exposé schreiben müssen, in dem Sie pointiert erklären, warum es ausgerechnet dieses Buch sein muss. Das wird nur über den Weg der Symptomatisierung gehen! Denn Ihnen wird nichts anderes übrig bleiben, als zu sagen, dass jenes Buch, das Sie besprechen wollen, nicht irgendein beliebiges Buch ist, sondern eins, das *auf eine symptomatische Weise eine symptomatische These präsentiert, eine symptomatische Geschichte erzählt, eine symptomatische Form der Auseinandersetzung mit einem symptomatischen Problem findet…*
- Verfahren Sie ab jetzt immer so mit Neuerscheinungen. Lesen Sie das Buch und schreiben Sie einen kurzen Text, maximaler Umfang 10 bis 15 Zeilen, mit dem Sie jeden Redakteur davon überzeugen können, dass ausgerechnet dieses Buch rezensiert werden muss. (Wenn Sie in der Gruppe arbeiten, legen Sie sich diese kleinen Exposés vor. Diskutieren Sie, welche Exposés Sie überzeugend finden – und welche nicht.)

5 Verkürzen, zuspitzen, pointieren, werten

5.1 Kritik an der Kontextualisierung

Was im letzten Kapitel vorgestellt wurde, gehört zwar zur festen Routine des Kritikers (und das heißt: routinierte Kritiker handhaben das Kontextualisieren und Symptomatisieren oft mit großer Lässigkeit und Abgeklärtheit). Doch sollte man sich, wenn man es anwenden will, darauf einrichten, dafür selbst kritisiert zu werden.

Der Soziologe Ulrich Oevermann lehnt das kontextualisierende Verfahren von Kritikern ab, weil es – so sagt er – den Gegenstand, um den es doch eigentlich geht, beliebig werden lässt. Oevermann schreibt dem Kontextualisieren zwar eine „wirkungsvolle Suggestivität" zu. Doch würden durch sie „destruktive Wirkungen" nur verstärkt. Diese Wirkungen beruhen darauf, „dass sie nur zum Schein etwas über das Werk oder den Text Spezifisches und Konkretes, also Aufschlussreiches ausdrücken, in Wirklichkeit aber nur das Bildungswissen und die Assoziations-Stärke des Interpreten verkörpern, also nur etwas über den Interpreten, aber nichts über dessen Text aussagen, so wie man das in der medialen Praxis der Selbst-Inszenierung auch häufig in kruder Form im schon kulturindustriell gewordenen Feuilleton antrifft, wenn ein Rezensent nur noch wenig Sachhaltiges über den Rezensions-Gegenstand, aber viel über seine eigene Belesenheit mitteilt." (Oevermann, 104)

Oevermann weist auf ein Problem hin, das beim Kontextualisieren fast automatisch entsteht: das Problem des Überflusses an möglichen und tatsächlichen Kontexten, die man gar nicht wirklich beherrschen, geschweige denn überhaupt ausleuchten kann. Zwar soll die Kontextualisierung dazu dienen, den jeweiligen Gegenstand durch Material von außen verständlicher zu machen. Und sie soll auch dazu dienen, den Text in umfassendere lebensgeschichtliche, historische oder literarische Zusammenhänge einzuordnen. Aber Fakt ist nun mal, was eine *Einführung in die Literaturinterpretation* feststellt: „*[D]en* Kontext, in den wir das Werk, interpretierend nur noch ‚hineinzustellen' brauchten, gibt es nicht für sich. Wir konstituieren ihn in der Analyse selbst, indem wir die komplexen Wirklichkeitsbezüge des Werkes schematisieren, d. h.: bestimmte von ihnen auswählen und in eine Struktur bringen. Indem wir also sagen: wir verstehen ein Werk in seinem Kontext, sagen wir zugleich: wir konstituieren den Kontext als das Modell eines bestimmten Wirklichkeitsbereichs, in den das Werk aufgrund seiner bestimmten Eigenschaften gehört." (Schutte, 76)

Genau das findet Oevermann bedenklich. Wenn man das Drumherum um den Gegenstand erst mal nur konstruiert, um sich von dort aus dann den Gegenstand zu konstruieren, anstatt ihn sich vorher genau anzuschauen, dann hält der Soziologe das für ein unsinniges Unternehmen. Für ihn läuft es vor allem auf eins hinaus: dass man sich nicht wirklich für den Gegenstand interessiert, sondern lediglich bestätigt, was man ohnehin schon weiß.

Ginge es nach Oevermann, zöge man den Kontext zur Unterstützung der Interpretation eines Werkes erst einmal nicht heran. Er käme erst ins Spiel, wenn eine „immanente sequenzanalytische Rekonstruktion des Werk-Textes abgeschlossen worden ist", was man sich als interpretatorische Auseinandersetzung mit dem Gegenstand vorstellen muss, die mit jener verwandt ist, die wir im Kapitel über das kritische Beschreiben und Analysieren vorgeschlagen haben. Nur wird sie von Oevermann viel intensiver und viel weniger sprunghaft gehandhabt, sondern geht von Beginn des Textes aus Schritt für Schritt weiter, arbeitet sehr genau Sequenz für Sequenz ab, Snapshot für Snapshot, Szene für Szene. Verfahren wird dabei mit der Überzeugung, dass noch im kleinsten Abschnitt auch ohne zusätzlich herbeigezauberten Kontext (und ohne Symptomatisierung) so gut wie alles zu erkennen ist.

Überträgt man das auf die Beobachtung und Beschreibung eines Platzes mitten in der Stadt, wie sie in den letzten Kapiteln vorgeschlagen wurde, heißt das: Oevermann würde eine Szene, die er auf diesem Platz beobachtet, oder ein Gespräch, das er belauscht, sehr genau protokollieren. Und er würde diese Transkription so genau interpretieren, dass er die grundsätzlichen strukturellen Determinanten in den Blick bekäme. Er würde noch eine weitere Szene und dazu noch eine Szene interpretieren, um von da aus Aufschluss über die gesellschaftlichen Strukturen zu bekommen, die eben auch den Platz strukturieren.

Wollte man Oevermann aber den Vetter aus Hoffmanns *Eckfenster*-Erzählung vorstellen, er würde das, was der Vetter tut, wohl kaum für eine wirkliche Analyse halten. Für ihn wäre es nur Feuilleton. Hoffmanns gelähmter Held wäre für Oevermann gerade der Typ, der nicht interpretiert, was er wirklich vor sich sieht. Er wäre einer, der lediglich seine esprithafte Geschichtenerfinderei in den Vordergrund schiebt, um sich selbst in Szene zu setzen. Der Vetter wäre also *der* Feuilletonist schlechthin, der zwar so tut, als würde er „Bilder des bürgerlichen Lebens" entwerfen, aber sich letztlich doch nur ein Selbstporträt zusammenschwatzt. Der Kontext, mit dem er operiert, wäre aus Oevermanns Perspektive nur ein Scheinkontext, der zum Verständnis der Wirklichkeit (oder eines Textes) nicht einen einzigen Schritt weiterhilft.

5.2 Kritik an der Symptomatisierung

Die Kritik an der Symptomatisierung läuft in eine ganz ähnliche Richtung. Kritisiert wird an diesem Verfahren zum einen, dass es seinen Gegenstand nicht in seiner spezifischen Eigentlichkeit wahrnimmt, sondern zur Projektionsfläche für beliebige Allgemeinheiten macht. Und kritisiert wird zum anderen, dass sich der symptomatisierende Kritiker zum Alleserklärer und Allesverknüpfer aufschwingt, aber letztlich nicht mehr ist (oder nicht mehr sein kann) als ein armer Dilettant.

Gustav Seibt, Literaturkritiker der *Süddeutschen Zeitung*, konstatiert, dass sich die Autoren des Feuilletons mittlerweile buchstäblich alles „unter ihre kulturellen Gesichtspunkte gerückt" haben: „Politik, Gesellschaft, Science und Science Fiction, den Klatsch, die Medien. Alles ist ‚symptomatisch', anregend, hintergründig, alles Essaystoff für originelle Geister." Die Verlockung der Avantgarde der siebziger Jahre, täglich die Kunst neu zu erfinden und immer das Große und Ganze zu verhandeln, habe „die Feuilletonisten zu einer Routine verdammt, die ungefähr so verlockend ist, als müsse man unentwegt Petits fours verzehren." (Süddeutsche Zeitung 50/2004)

Das eigentliche „Kerngeschäft" der Kritik, so Seibt, kommt dabei zu kurz: „Es ist manchmal ganz erholsam, einfach ein Buch besprechen zu dürfen" – und er meint damit die genaue Lektüre, die nicht gleich mit großen Thesen operiert, sondern gar nichts weiter als den Text braucht, der zu rezensieren ist. Wenn der *Petit four* die witzige Verknüpfung symptomatischer kultureller Entwicklungen noch mit dem kleinsten Gegenstand ist, so ist das von Seibt gewünschte sättigende Schwarzbrot des Kritikers die Versenkung in seinen Gegenstand.

Würde Seibt den Vetter aus Hoffmanns Erzählung persönlich kennen lernen, seine Kritik am Verfahren des Marktbeobachters würde nicht anders als die von Ulrich Oevermann ausfallen: Denn glaubt der Vetter wirklich, etwas an seinem Gegenstand zu erkennen, wenn er den einzelnen Streit sofort als Symptom für den Zustand in Deutschland nach Napoleon erklären will? Oder handelt es sich dabei nicht um eine bloße Meinung, für die als Pseudobeweis etwas herangezogen wird, was bloß zufällig ist? Liegt nicht der Verdacht nahe, der Vetter habe sich auch alles andere so hingedreht, dass es ihm gerade passt und seiner ganz persönlichen Stimmung entspricht?

Solche Fragen lassen sich übrigens nicht nur an den Vetter stellen. Auch Jörg Lau, der für die *Zeit* nach Niedermohr gefahren ist, wäre zu fragen: Begibt er sich dorthin, um etwas über das tatsächliche Leben in diesem Ort zu erfahren? Oder hat er das Ergebnis seiner Beobachtungen durch die Gleichsetzung des Wahlverhaltens auf Ortsebene und Bundesebene nicht längst gesichert, bevor er in Niedermohr ankommt? Und ist deshalb sein Blick, der sich um die Details bemüht, nicht schon so eingestellt, dass er nur das sehen kann und sehen will, was ihm in die große These passt? Und heißt das dann nicht, dass er gerade für die Details blind ist?

So lautet als die Kritik am symptomatisierenden Verfahren: Symptomatiker ordnen ihren Gegenstand zuvor festgelegten Kategorien unter. Sie lassen ihn nicht selbst sprechen. Sie wollen auch nicht, dass er selbst zur Sprache kommt. Es wird ihm, bevor er überhaupt etwas sagen kann, eine fremde Sprache aufgezwungen. Wo das aber der Fall ist, kann man sich von dem, was zu sehen ist, kaum noch überraschen lassen. Der Symptomatiker weiß immer schon Bescheid, was Sache ist, er muss das vermeintlich Neue nur noch mit dem Altbekannten kurzschließen. Das jeweilige Artefakt, das jeweilige Ereignis und die jeweilige Handlung, die in den Blick genommen werden – sie stehen nicht für sich selbst, sie sind immer nur Symptome, Verweise auf etwas anderes.

Für Kritiker wie Gustav Seibt ist klar: Auch hier bestätigt sich der Symptomatiker immer nur in dem, was er schon weiß. Nur würde Seibt noch einen Schritt weiter gehen. Ihm beweist der Symptomatiker mit seinen Artikeln, in denen er das Besondere als Ausdruck des Allgemeinen in Szene setzt, letztlich nur, dass er zwar über alles Bescheid wissen *möchte*, aber doch nur ein besserer Halbgebildeter ist. Wie sollte es auch anders sein? Wer will von der großen politischen Lage genau so viel Ahnung haben wie von der von der Kunstgeschichte – und von der Kunstgeschichte genau so viel Ahnung wie von der Car-Tuning-Szene und ihrem modischen Felgenbewusstsein – und von der Car-Tuning-Szene und ihrem modischen Felgenbewusstsein genau so viel wie von der Globalisierung usw.?

Die Kritiker des Symptomatisierens sagen: Wer immer aufs Große und Ganze zielt, kann sich nicht mehr wirklich auskennen. Und er *will* sich auch nicht auskennen, weil er ja gerade das, was konkret zu sehen ist, gar nicht erst kennen lernen, sondern sofort auf Distanz bringen will. „Es ist sehr leicht", schreibt Jens Jessen, Ressortleiter des Feuilletons der *Zeit*, „eine Degenerationsstufe des Feuilletons zu denken, in dem die Redakteure nicht mehr über die Dinge schreiben, von denen sie etwas verstehen (Musik, Film usw.), sondern nur noch über Dinge, von denen sie nichts verstehen (Computertechnik, Genforschung usw.) Damit hätten sich die Feuilletonisten endgültig an die Stelle der Künstler gesetzt, die ebenfalls ohne präzises Wissen beliebige Probleme der modernen Gesellschaft in Romane, Videoinstallationen oder Tanztheater überführen." (Was vom Tage bleibt, 51)

5.3 Kritik an der Kritik

Allerdings lässt sich kaum übersehen, dass Oevermann und auch Seibt in ihrer Kritik selbst anwenden, was sie so scharf kritisieren. Denn nicht nur arbeiten sie mit Kontexten. Auch operieren sie mit der Bestimmung von Symptomen.

Wenn Oevermann vom kulturindustriell gewordenen Feuilleton spricht, in dem der „Rezensent nur noch wenig Sachhaltiges über den Rezensions-Gegenstand, aber viel über seine eigene Belesenheit mitteilt", dann liest er aus einzelnen Texten (die ihm wahrscheinlich über einen langen Zeitraum hinweg aufgefallen sind) eine große Entwicklung aus den Kulturteilen der Zeitungen heraus, die den Journalismus im Ganzen bestimmt. Nicht anders, nur noch eine Spur symptomatisierender und selbstreflexiver, verfährt Seibt, wenn er über das Feuilleton im Allgemeinen und über seinen eigenen Artikel im Besonderen urteilt: „So also, knapp zusammengefasst, das Bild der Lage. Ihr Resultat ist eine untergründige Lustlosigkeit, eine Selbstskepsis, die in einer Zeit auch materieller Bedrohungen der Kultur und der Zeitungen den Geist depressiv herab stimmt. Ein Symptom dieser Krise ist ein Artikel wie dieser: Man betrachtet sich selbst und schreibt auch noch darüber."

Beide, Oevermann und Seibt, symptomatisieren äußerst routiniert und mit großer Lässigkeit. Weder der eine noch der andere neigen zur Vorsicht oder gar zum Zweifel, wenn sie über *das* kulturindustrielle Feuilleton und *die* geisteswissenschaftliche Ästhetik (Oevermann) oder über *die* Boulevardisierung *der* Kulturteile (Seibt) urteilen.

Dass Oevermann und Seibt so verfahren, um dieses Verfahren zu kritisieren, hat vor allem einen Grund: Sie müssen sich kurz fassen. Sie haben nicht vor, große Abhandlungen zum Thema zu schreiben. Oevermann *will* keine große Abhandlung schreiben, weil sich der Text, in dem er die kulturjournalistische Kritik kritisiert, eigentlich der Interpretation von Becketts *Endspiel* widmen soll. Und Gustav Seibt *kann* sich der aktuellen Lage des Feuilletons gar nicht ausführlich widmen, weil ihm die Redaktion lediglich 130 Zeilen zur Verfügung gestellt hat.

Anders gesagt: Seibt und Oevermann verzichten darauf, genau zu zeigen, wie vorsichtig sie aus den Gegenständen heraus ihre Kontexte entfalten. Und sie markieren auch nicht deutlich, wie sie von den großen Kontexten zurück auf das Symptom (und von dort aus auf Größeres zurück) schließen können. *Sie haben weder Platz noch Zeit! Sie verkürzen notgedrungen ihre Perspektive auf den Gegenstand, und sie spitzen ihre Thesen zu, bis sie nur noch wie prägnante Pointierungen erscheinen.*

5.4 *Eine mögliche* Lektüre

Kontextualisierung und Symptomatisierung lassen sich also einsetzen, um den Gegenstand einerseits in seinen Bedeutungshorizonten zu entfalten, um ihn dann aber andererseits wieder so weit zurückzufalten, dass er *kurz und knapp* besprochen werden kann.

Für das Kontextualisieren liegt das auf der Hand. Da nicht alle möglichen Kontexte auf einen Schlag ausgeleuchtet werden können (weil es eine unendliche Arbeit wäre), muss sich der Kritiker für wenige Zusammenhänge des Gegenstands mit seinem ästhetischen und kulturellen Umfeld entscheiden. Um diese wenigen Zusammenhänge wird er sich kümmern. Um die anderen kümmert er sich *nicht.*

Man muss sich den Kritiker in diesem Sinn als Navigator vorstellen, der das Netzwerk von Zusammenhängen kennt, in denen der jeweilige Gegenstand als bedeutungsgeladenes kulturelles Artefakt erscheint. Er kennt sich mit näheren und ferneren Verbindungen aus. Er beobachtet die Kultur über einen längeren Zeitraum und kennt die wichtigsten Zeit- und Raumkoordinaten der Kultur und die Dynamik, mit der sich diese Koordinaten verschieben. Einige Kontexte kennt er besser, andere kennt er nicht so gut, einige kennt er nur vom Hörensagen. Er weiß allerdings, wie man Kontexte, mit denen man nicht so gut bekannt ist, recherchiert und über die Recherche in einer Kritik aktiviert. Vor allem hat er als Navigator ein Gespür dafür, welcher der jeweiligen Kontexte aktiviert werden könnte, um am Gegenstand etwas sichtbar zu machen. Genauer: Der Kritiker ist in der Lage, bei der Betrachtung der unendlich vielen Kontexte, in deren hyperkomplexem Netzwerk der Gegenstand verortet werden könnte, *einen* symptomatischen Zusammenhang auszuwählen. Noch mal anders: Der Kritiker symptomatisiert die Zusammenhänge. Der Kontext, den er in seiner Auseinandersetzung aktiviert, lässt – wenn es gelingt! – die komplexe Bedeutung des Gegenstands für einen ganz kurzen Moment sichtbar werden.

Wäre die Aufgabe, eine Neuausgabe von E.T.A. Hoffmanns *Vetters Eckfenster* zu besprechen, so würden sich, wie in ÜBUNG 13 zu sehen war, auf der innertextuellen, intertextuellen und extratextuellen Ebene so viele Kontexte öffnen, dass man sich schnell für einen oder zwei entscheiden müsste. Schon allein, wenn man nur alle dort genannten Kontexte aufzählen wollte, ohne ein weiteres Wort über sie zu verlieren, würde es den Rahmen einer normalen Besprechung sprengen.

Der Kritiker als Navigator kennt sich in diesem komplexen Netzwerk von Kontexten rund um E.T.A. Hoffmanns Erzählung aus, einiges kennt er besser, einiges nicht so gut, aber er weiß, wo und wie er sich noch einmal kundig machen könnte, um etwas über den neuesten Stand der Forschung zu erfahren (Kritische Ausgabe), etwas über Hoffmanns Werk (Einzel- und Werkinterpretationen), etwas über die Literatur der Zeit (Literaturgeschichte), etwas über die kulturellen Rahmenbedingungen der Zeit: Kulturgeschichten über die Entwicklung der Städte, über die Entwicklung der Stadtbeobachtung, über die Literarisierung der Städte seit dem 18. Jahrhundert…

Dann aber entscheidet sich, was daraus gemacht wird. Weil diese ganze Recherchearbeit nicht Eins-zu-eins übertragen werden kann, wird nun wichtig, auf welche Aspekte der jeweiligen kontextuellen Ebene sich der Kritiker konzentriert, welche anderen Aspekte derselben Ebene und welche Aspekte von anderen Ebenen noch mit hinzugezogen werden – und vor allem inwieweit diese Ebenen so zusammengefügt werden, dass sie das, was hier besprochen wird, symptomatisch erscheinen lassen.

Man könnte auch viel schlichter sagen: Der Kritiker „liest" den Gegenstand und seinen Kontext und protokolliert *eine* (!) *mögliche* (!) Lektüre, die er allerdings als eine ganz und gar richtige und wichtige darstellt, durch die auf exemplarische Weise die Komplexität des Werkes vorgestellt werden kann.

Für eine Kritik, die man zu Hoffmanns *Eckfenster* etwa aus der Perspektive des Soziologen Ulrich Oevermann formulieren würde, hieße das: Entscheidungen auf der inner-, inter- und extratextuellen Ebene zu treffen, durch die *eine* Lektüre entsteht, in der die kritischen Punkte deutlich herausgestellt werden.

- Für den Einstieg könnte ein *innertextuelle*r Bezug gewählt werden: Der Vetter wird in der Kritik kurz und prägnant als Beobachter vorgestellt, der „Bilder des bürgerlichen Lebens" entwirft; erklärt wird die Methode dieses Entwurfs, wie sie im Text vorgeführt wird, pointiert wird am Ende das Bild vom Markt als Bild des Lebens.
- Von dort aus ließe sich in der Kritik eine Verbindung zum *intertextuellen* Kontext öffnen: Hoffmanns Held und Methode wird mit der Stadtbeobachtung der Zeit in Zusammenhang gebracht, die sich davor scheut, die konkreten gesellschaftlichen Mechanismen zu analysieren und sich an einem Geschichtenerfinden erfreut, das den Beobachter, aber nicht das Beobachtete in Szene setzt.
- Hat man diesen Kontext bestimmt, kann man zur *extratextuellen Ebene* übergehen und zeigen, dass Hoffmanns Beobachtungs- und Schreibweise Teil an der Herausbildung eines Feuilletons hat, das aus der journalistischen Perspektive die Welt beobachtet, das an kulturindustrielle, massenmediale Mechanismen gebunden ist und sich genau deshalb von wissenschaftlichen Ansprüchen entfernt.
- Und das alles ließe sich zum Abschluss symptomatisieren: Hoffmanns Text wäre dann einer, an dem man genau diesen Wandel festmachen kann. Es wäre also ein symptomatischer Text, an dem die große Entwicklung abzulesen wäre.

Wäre die Aufgabe, diese Rezension in maximal 1.800 Zeichen auszuarbeiten, so könnte der Text also lauten:

> Auch wenn man die Erzählung längst kennt – die Neuausgabe von Hoffmanns *Vetters Eckfenster* hält Überraschungen für den parat, der sie noch einmal liest. Schon oft hat man aus dem Eckfenster auf den Markt geschaut und ist den Anweisungen gefolgt, nach denen hier „Bilder des bürgerlichen Lebens" entstehen sollen. Der Vetter, den Hoffmann als Schriftsteller vorstellt, sitzt fast vollständig gelähmt in seiner Kammer und hat sich aufs Schauen und Plaudern verlegt. Was er sieht, sieht er sehr genau. Er fixiert Personen und Gegenstände, setzt sie in Kontexte und erklärt sie zu Symptomen der gesellschaftlichen Entwicklung. Was er beobachtet, ist nicht irgendein Markt. Es ist *der* Markt. Und *der* Markt steht für *die* bürgerliche Gesellschaft *der* Gegenwart. Dass dem Erzähler, der den Vetter besucht, die erzählbare Ordnung des Durcheinanders erst schrittweise erklärt werden muss, macht den Reiz der Erzählung aus. Mit ihm wird man in die Kunst des Sehens eingeweiht, die sich aber – der Leser merkt es ebenso schnell wie der Vetter – eher eine Kunst des freien Assoziierens ist. Der Vetter denkt bei Ansicht des Marktes vor allem an eins: an die eigene Endlichkeit. Und so spürt man, wenn man nach langer Zeit wieder mit am Eckfenster steht, dass man hier nicht, wie oft behauptet wird, der Geburt der wissenschaftlichen Stadtbeobachtung beiwohnt. Geboren wird das Feuilleton, das dem unablässigen Erzählen über die unablässigen Ereignisse in der Stadt folgt, um vor allem das eigene Befinden zu messen. Dass Hoffmann das mit einem Augenzwinkern in Szene setzt, zeigt: Er kann auch heute noch jenen Interpreten ein Schnippchen schlagen, die ihn zum modernen Stadtforscher stilisieren. Stattdessen wird er zum Romantiker der neuen Ökonomie gerade dort, wo er das äußere Stadtbild als Bild des Inneren auf den Markt für Presseprodukte tragen lässt.

Es gehört zu den häufigsten Anfängerfehlern von Kritikern, dass sie sich nicht entscheiden können oder wollen. Manche *können* es nicht, weil sie über die notwendigen Kontexte gar nicht verfügen oder in der Fülle von möglichen Kontexten untergehen und keinen Ausweg mehr aus dem Überangebot von möglichen Interpretationen finden.

Und manche *wollen* sich nicht entscheiden, weil sie meinen, die ganze Komplexität eines Werkes in seiner ganzen Fülle vorstellen zu müssen. Ein solcher Anspruch nimmt immerhin Rücksicht auf die ganz grundsätzliche Konstitution moderner und postmoderner Kunstwerke, die eben nicht darauf angelegt sind, einmalig und richtig interpretiert zu werden, sondern von der ständigen Neuinterpretation leben, weil sie sich nicht festlegen lassen wollen und fortwährend neue Sinnhorizonte öffnen oder auch wieder verschließen. Doch der Fehler eines solchen Anspruchs ist, dass man zuviel zeigen und zu wenig sagen will. Die Folge:

Die Kritik erdrückt sich selbst, weil sie nur eine Fülle von Aufzählungen und Aneinanderreihungen zu bieten hat, aber nicht auf pointierte Weise zeigen kann, wie der besprochene Gegenstand tatsächlich funktioniert.

Übung 16: Walter Benjamin – essentialisiert

Walter Benjamin hat in sein Buch über Charles Baudelaire, in dem er die Geschichte der Wahrnehmung von Großstadt im 19. Jahrhundert rekonstruiert (als Kapitel seiner großen Arbeit über Paris als Hauptstadt des 19. Jahrhunderts), einen Abschnitt über Hoffmanns *Vetter* eingefügt und sie mit Poes Erzählung *Man in the Crowd* und Baudelaires Sonett *A une passante* kontextualisiert und in diesem Kontext dann symptomatisiert.

Aufgabe 1: Textdiagnose
Die Aufgabe ist, im nachfolgenden Auszug aus Benjamins Baudelaire-Buch, die kontextualisierenden und symptomatisierenden Momente zu markieren. Sie werden einmal mehr sehen, dass Benjamin eine ganz rigide Art hat, Kontexte und Symptome zu bestimmen und zu verknüpfen. Können Sie sie kurz definieren?

Aufgabe 2: Texterweiterung
Kontextualisierung und Symptomatisierung für die Kritik lassen sich als Verfahren der Verkürzung und Pointierung verwenden. Können Sie rekonstruieren, was hier weggekürzt und was hier pointiert wird? Machen Sie sich Notizen dazu, was sich aus der vorliegenden Passage an größeren, aber nicht explizierten Zusammenhängen herauslesen lässt.

> Poes berühmte Novelle *Der Mann in der Menge* ist etwas wie ein Röntgenbild einer Detektivgeschichte. Der umkleidende Stoff, den das Verbrechen darstellt, ist in ihr weggefallen. Die bloße Armatur ist geblieben: der Verfolger, die Menge, ein Unbekannter, der seinen Weg durch London so einrichtet, dass er immer in deren Mitte bleibt. Dieser Unbekannte ist der Flaneur. So ist er von Baudelaire verstanden worden, als er in seinem Guys-Essay den Flaneur „L'homme des foules" genannt hat. Aber Poes Beschreibung ist frei von der Konnivenz, die Baudelaire ihr entgegenbrachte. Der Flaneur ist für Poe vor allem einer, dem es in seiner eigenen Gesellschaft nicht geheuer ist. Darum sucht er die Menge; nicht weit davon wird der Grund, aus dem er sich in ihr verbirgt, zu suchen sein. Den Un-

terschied zwischen dem Asozialen und dem Flaneur verwischt Poe vorsätzlich. Ein Mann wird in dem Maße verdächtiger als er schwerer aufzutreiben ist. Von längerer Verfolgung abstehend, fasst im Stillen der Erzähler seine Erkenntnis so zusammen: „,Dieser alte Mann ist die Verkörperung, ist der Geist des Verbrechens', sagte ich zu mir. ,Er kann nicht allein sein; er ist der Mann der Menge.'"
Das Interesse des Lesers wird vom Verfasser nicht für diesen Mann allein beansprucht; es wird mindestens gleich sehr an die Schilderung der Menge heften. Dies aus dokumentarischen Gründen wie aus künstlerischen. In beiden Hinsichten ragt sie hervor. Was zuerst frappiert, ist, wie hingerissen der Erzähler dem Schauspiel der Menge folgt. Dem folgt auch in einer bekannten Erzählung E.T.A. Hoffmanns, der Vetter an seinem Eckfenster. Aber wie befangen geht der Blick dessen über die Menge hin, der in seinem Hauswesen installiert ist. Und wie durchdringend ist der des Mannes, der [in Poes Erzählung; stp] durch die Scheiben eines Kaffeehauses starrt. In dem Unterschied der Beobachtungsposten steckt der Unterschied zwischen Berlin und London. Auf der einen Seite der Privatier; er sitzt im Erker wie in einer Rangloge; wenn er auf dem Markt sich deutlicher umsehen will, so hat er einen Operngucker zur Hand. Auf der anderen Seite der Konsument, der namenlose, der ins Kaufhaus eintritt und es in kurzem, angezogen vom Magneten der Masse, von dem er unablässig bestrichen wird, wieder verlassen wird. Auf der einen Seite ein Vielerlei kleiner Genrebilder, die insgesamt ein Album von kolorierten Stichen bilden; auf der anderen Seite ein Aufriss, der einen großen Radierer zu inspirieren imstande wäre; eine unabsehbare Menge, in welcher keiner dem andern ganz deutlich und keiner dem anderen ganz undurchschaubar ist. Dem deutschen Kleinbürger sind seine Grenzen eng gesteckt. Und doch war Hoffmann nach seiner Veranlagung von der Familie der Poe und Baudelaire. In den biographischen Bemerkungen zur Originalausgabe seiner letzten Schriften wird angemerkt: „Von der freien Natur war Hoffmann nie ein besonderer Freund. Der Mensch, der Mittheilung mit, Beobachtungen über, das blose Sehen von Menschen galt ihm mehr als Alles. Ging er im Sommer spazieren, was bei schönem Wetter

täglich gegen Abend geschah, so ... fand sich nicht leicht ein Weinhaus, ein Conditorladen, wo er nicht eingesprochen, um zu sehen, ob und welche Menschen da seyen."
(Benjamin, Baudelaire, 46f)

Aufgabe 3: Benjamin essentialisieren
Jetzt sollen Sie etwas tun, was einer Art Sakrileg gleichkommt.

- Die hier zitierte Passage umfasst etwa 3.200 Zeichen. Streichen Sie den Text auf eine Länge von möglichst genau 1.800 Zeichen zusammen. Das heißt: Nehmen Sie nicht nur Textstücke heraus. Raffen Sie den Text insgesamt so, dass Sie das Wichtigste derart pointieren, dass Benjamins Zugriff klar bleibt, aber die Ausführungen aufs Notwendigste reduziert sind. Benennen Sie die Kontexte noch einfacher! Symptomatisieren Sie noch entschiedener!
- Wenn Sie das geschafft haben, schaffen Sie auch das hier: Kürzen Sie noch weiter. Bauen Sie sich das, was man einen Textbaustein nennen kann. Das heißt: Sie kürzen sich eine Zusammenfassung so zurecht, dass Sie sie als Baustein für andere Texte benutzen können, die sie schreiben – etwa für eine Rezension zu Hoffmanns *Eckfenster*-Erzählung, in der Sie *en passant* auf Benjamins Hoffmann-Kritik eingehen. Dieser Textbaustein sollte nicht mehr als 750 Zeichen haben, aber immer noch alles Wichtige enthalten.

Aufgabe 4: Sekundärliteratur pointieren
Wenn Sie im Seminar arbeiten, lässt sich diese Kürzungsaufgabe direkt übertragen. Wählen Sie sich einen der Texte aus der Sekundärliteratur, mit der sich beschäftigen, heraus und verwandeln Sie ihn, so wie er ist, in eine sehr pointierte, kontextualisierende und symptomatisierende Kritik im Umfang von 3.000 Zeichen. Bauen Sie sich anschließend aus derselben einen Textbaustein von max. 1.000 Zeichen, den Sie in anderen Zusammenhängen (etwa in einer Seminararbeit) verwenden können.

5.5 „Me, myself & I": Das Ich des Kritikers

Am Feuilleton hat der Soziologe Ulrich Oevermann nicht nur kritisiert, dass es seine Gegenstände durch Kontextualisierung und Symptomatisierung verkürzt. Er moniert auch, dass sich der Kritiker im Zuge dieser Verkürzung selbst in den Vordergrund schiebt. Ausgedrückt sei in Kritiken „nur zum Schein etwas über das Werk oder den Text Spezifisches und Konkretes, also Aufschlussreiches". Eigentlich werde „aber nur das Bildungswissen und die Assoziations-Stärke des Interpreten" in Szene gesetzt, „also nur etwas über den Interpreten, aber nichts über dessen Text" ausgesagt. (Oevermann, 104)

Tatsächlich sind Verkürzung und Pointierung unmittelbar an die Person des Kritikers gebunden. Mehr noch: Der persönliche Einsatz des Kritikers ist selbst eine Strategie, mit der sich Texte verkürzen und pointieren lassen. Wo sich der Kritiker sichtbar macht, signalisiert er, dass es sich beim jeweiligen Lektüredurchgang nur um *einen möglichen, nicht um den einzig gültigen* Durchgang handelt. Hier wird dann *aus der Perspektive dieses einen Autors* ein Vorschlag gemacht, wie der jeweilige Gegenstand zu verstehen sei. Dieser Vorschlag wird zur Diskussion gestellt. Denn wo *nur eine mögliche* Perspektive vorgestellt wird, haben auch andere Platz. Was als Kritik zu lesen ist, ist deshalb immer Ausdruck eines persönlichen Zugriffs, der zu einem bestimmten Zeitpunkt vorgenommen wird und deshalb keine letzte Stellungnahme sein kann. Kritik ist ein Statement, das notwendig die Signatur seines Autors trägt und auf das andere Autoren mit anderen Statements mit anderen Signaturen antworten können.

Mit Hilfe dieser Grundsätzlichkeit lassen sich die Grenzen und Möglichkeiten klären, die den Einsatz des „Ich" in Kritiken betreffen. Deutlich ist: Ohne Personalisierung geht es nicht! Vielleicht wünschen sich einige Kritiker eine Kritik, die tatsächlich *alle* Kontexte ausleuchtet und den Gegenstand gleichmäßig im hyperdimensionalen Netzwerk der Kultur sichtbar werden lässt. Doch würde das schon allein vom Umfang her nicht nur den Kritiker, sondern auch die Kritik und letztlich auch den Leser überfordern.

Vielleicht wünschen sich einige aber auch, dass es eine kritische Auseinandersetzung mit dem Gegenstand geben sollte, die sich nur auf den Gegenstand konzentriert. Sie dürfte nicht den Kritiker in Szene setzen, sondern allein den Gegenstand zum Sprechen bringen. Sie müsste dafür auf alle Kontexte verzichten und minutiös das interne Funktionieren (oder Nicht-Funktionieren) des jeweiligen Gegenstands nachweisen. Insofern dabei jeglicher Verzicht auf Kontextualisierung und Symptomatisierung zur Bedingung gemacht wird, wäre das wohl kaum zu realisieren. Denn immerhin geht schon jeder Auswahl eines Gegenstandes eine implizite Kontextualisierung und Symptomatisierung voraus: Nur mit ihrer Hilfe lässt sich bestimmen, dass es sinnvoll ist, sich ausgerechnet mit diesem Gegenstand (und nicht mit einem anderen) zu beschäftigen. Wer sich den Kritiker wünscht, der sich nur auf diesen einen Gegenstand konzentriert und ihn ohne Kontextualisierung und Symptomatisierung ebenso meditativ wie intensiv durchdringt, wird sich deshalb in der Regel auf einen Kanon von Autoren und Werken berufen, der ihm ersparen soll, sich Rechenschaft über die kulturelle Symptomatik des jeweiligen Gegenstands und über die eigene Entscheidung zu geben.

Was also bliebe übrig von der Kritik, wenn man die Person des Kritikers aus der Kritik herausstreicht? Sie dürfte vielleicht nur noch maschinell den Gegenstand zusammenfassen (wobei allerdings jede Zusammenfassung selbst schon wieder mit Auswahlkriterien arbeiten muss, die auf die Symptomatisierung bestimmter Stellen zielen). Oder sie müsste aufhören, Kritik zu sein und sich in eine wissenschaftliche Auseinandersetzung mit dem Gegenstand verwandeln, der es um die objektive, nachprüfbare Bestimmung durch ein stichhaltiges Argumentations- und Beweisverfahren geht, das unabhängig von Personen funktionieren muss (wobei natürlich jedes Argumentations- und Beweisverfahren wiederum im Verdacht steht, aus der Logik seiner Gegenwart heraus formuliert zu sein und damit dann doch wieder nur eine Perspektive aus einer Reihe von Perspektiven zu bieten, die sich im Zuge der Weiterentwicklung der Kultur öffnen und auch wieder verschließen).

Auf jeden Fall wäre Kritik um etwas ganz Entscheidendes gebracht: um den Anspruch, *vorläufige* Statements zu formulieren, *mögliche* Lektüren vorzuschlagen, Thesen zu formulieren und Diskussionen anzuregen, die nicht mit der einzelnen Kritik abgeschlossen werden, sondern erst noch durch die Leser und andere Kritiker mit anderen Perspektiven und anderen Lektürevorschlägen entfaltet werden müssen.

Daraus lässt sich nun aber keineswegs ein Plädoyer für eine forcierte Verwendung des „Ich" in Kritiken ableiten. Im Gegenteil, auch hier sind Bedenken angebracht. Denn wenn die Kritik ohnehin die deutliche Signatur des Kritikers trägt, hat der „Ich"-Einsatz etwas Riskantes. Sagt der Kritiker, der ohnehin im Text anwesend ist, noch einmal deutlich „Ich" und wieder „Ich", kann die Kritik schnell aufdringlich wirken. „Ich"-Texte gelingen nur dann, wenn der Kritiker in seinem Text elegant vorführen kann, dass diese Doppelung für den besonderen Zugriff auf den Gegenstand unbedingt notwendig ist. Gelingt das nicht (und allzu oft gelingt es eben nicht!), liest sich das doppelte „Ich", als ob der Autor kein Feingefühl hat und peinlicherweise nicht merkt, dass er sich dem Leser so sehr mit seinem „Hallo-alles-was-ICH-sage-sage-immer-ICH" aufdrängt. Meint der Leser aber, einen grobmotorischen Kritiker am Werk zu sehen, wird er ihm kaum zutrauen, den Gegenstand auf eine Weise vorstellen zu können, dass man tatsächlich etwas an ihm zu sehen bekommt, was so vorher noch nicht zu sehen war.

Fassen wir zusammen: Den Verächtern des „Ich" ist zu sagen, dass man ohne die Pointierung und Verkürzung durch die Signatur des Autors das Prinzip „Kritik" erledigt. Auf der einen Seite wäre denen, die in ihren Kritiken nicht auf das *explizite* „Ich" verzichten wollen, zu sagen: Ohne das „Ich" des Kritikers kommt man ohnehin nicht aus, seine explizite Performance sollte deshalb nur wohl dosiert und mit aller strategischen Vorsicht und Einsicht eingesetzt werden.

Beiden Seiten wäre aber noch etwas ganz anderes zu sagen, wenn es um die Frage nach dem Einsatz des Kritiker-„Ich" als Signal für einen subjektiven Zugriff geht: Für Kritiken gilt, was der Philosoph Jürgen Habermas für die Formulierung von Positionen in philosophischen Auseinandersetzungen gefordert hat. Zu bevorzugen sei, so Habermas, „eine Kombination von starken Aussagen mit schwachen Statusansprüchen": „Wir wissen [...] dass es keinen Nullkontext für Wahrheitsansprüche gibt. Diese werden hier und jetzt erhoben und sind auf Kritik angelegt. Deshalb rechnen wir mit der trivialen *Möglichkeit*, dass sie morgen oder an einem anderen Ort revidiert werden." (Habermas, Diskurs der Moderne, S.247).

Starke Aussagen, schwache Statusansprüche. Übertragen auf die Kritik heißt das: Kritiken müssen *definitiv* formuliert sein, weil sie behaupten müssen, nicht einfach beliebige Lektüren und beliebige Behauptungen zu bieten, sondern aus einer bestimmten Perspektive durch ihren Gegenstand in den Kern der kulturellen Selbstreflexion vorzustoßen. Sie müssen aber zugleich durch ihre Signatur hindurch signalisieren, dass sie nur *vorläufige* Lektüren zur Diskussion stellen und lediglich einen Text als Teil eines großen, dynamischen Hypertextes vorstellen, den die literarische Öffentlichkeit fortschreibt.

Kontextualisierung, Symptomatisierung und Personalisierung ermöglichen genau dieses doppelte Spiel, das Kritiken immer spielen, wenn sie gelingen: Denn mit diesen Verfahren wird die Perspektivität und Prozessualität der Kritik deutlich herausgestellt. Aber mit ihnen wird die Kritik zugleich als *definitiv* und *verbindlich* markiert. Behauptet wird, dass *von dieser Position aus gerade jetzt* etwas zu sehen ist, was sonst nicht so einfach zu sehen wäre, aber den besprochenen Gegenstand und das kulturelle Netzwerk, in das er eingeflochten ist, im Kern bestimmt.

Übung 17: „Ich"-Strategien entwickeln

Es folgen vier Einstiegssequenzen von Kritiken, in denen auf ganz unterschiedliche Weise mit dem „Ich" umgegangen wird – von der direkten Nennung bis zur versteckten Anwesenheit. Es sind nur vier von vielen möglichen Formen, „Ich" zu sagen, aber sie bieten immerhin ein kleines Spektrum.

Aufgabe 1: Das „Ich" finden

Lesen Sie die vier Auszüge und streichen Sie an, an welchen Stellen die Autoren sich so in ihre Text einschreiben, dass dem Leser deutlich wird, dass das „Ich" schreibt. (Schauen Sie also *auch* danach, wo das Ich nicht unmittelbar präsent ist und sich vielleicht in verwandelter Gestalt als „wir" oder „man" oder in der besonderen Schreibweise zeigt.)

PETER WEISS: „Trotzki im Exil"
Von Marcel Reich-Ranicki

Was sich hier abspielte, kommt mir widerwärtig und obszön vor: In Düsseldorf, der angeblich reichsten Stadt der reichen Bundesrepublik Deutschland, in einem Theaterneubau, der die öffentliche Hand nicht weniger als vierzig Millionen Mark gekostet hat und der sich zwischen dem Bürohaus eines der größten Konzerne Europas und der Filiale einer der mächtigsten Banken des Erdballs befindet, wurde ein Stück aufgeführt, das die Weltrevolution rühmt und die Hinrichtung der bürgerlichen Gesellschaft fordert; und jene, die den Zuschauerraum füllen – ich war nicht in der Premiere, sondern in einer ganz gewöhnlichen Repertoire-Aufführung –, sind typische Vertreter ebendieser Gesellschaft, meist offenbar wohlhabende Düsseldorfer, die natürlich nichts weniger wünschen als die kommunistische Herrschaft an Rhein und Ruhr.
Dennoch habe ich nach keinem einzigen Satz dieses Stückes Widerspruch gehört – und auch keine Zustimmung; für dieses Publikum ist, was hier auf der Bühne geschieht, so wichtig wie etwa die Intrigen um Boris Godunow, ja, mir will scheinen, daß die Mitteilung des Lehärschen Zarewitsch, es stehe ein Soldat am Wolgastrand, bei den deutschen Stadttheaterabonnenten ungleich stärkere Reaktionen auslöst als Trotzkis Ruf nach der permanenten Revolution. Warum lassen die Düsseldorfer – aber die Hamburger oder die Frankfurter würden sich kaum anders verhalten – alles über sich ergehen? Man speit sie an, und sie tun, als wäre es ein harmloser und lieber Regenschauer. Der Grund ist einfach: Sie halten das, was man ihnen bietet, für Literatur, für Kunst. Sie konsumieren es als Dichtung.
In der Tat hat das Stück „Trotzki im Exil", von Peter Weiss mit Kunst und Literatur etwas gemein – nämlich die Person des Verfassers; wir verdanken ihm schließlich das „Marat"-Drama und einige hervorragende Prosabücher, die zwischen *1960* und *1963* erschienen sind. Und was immer Peter Weiss noch schreiben mag, er kann nur sich selber kompromittieren, nicht sein früheres Werk, das aus der Geschichte der deutschen Literatur nach *1945* nicht mehr wegzudenken ist.

Der Impuls zu dem neuen Stück war vornehmlich politischer Art. Man erinnert sich, daß Weiss *1965* – er war damals schon fast fünfzig Jahre alt – vom Kommunismus hingerissen wurde, in dem er, wie Millionen vor ihm, das gelobte Land der Solidarität und der Gerechtigkeit entdeckte. Er hatte es leichter als andere: Denn das bürgerliche Schweden, wo er seit Jahrzehnten lebt, ist ein sicherer Port, von dem es sich gemächlich raten läßt, ja, von der Stockholmer Loge aus kann man die proletarische Weltrevolution bequem besingen. […]
(Aus: Marcel Reich-Ranicki: Lauter Verrisse. München 1990.)

Sterne und Streifen
Patrick Roths Erzählungen „Starlite Terrace"
Von Hubert Winkels

Patrick Roth schreibt wundervolle Geschichten, seit vielen Jahren. Sie entfalten einen enormen Sog beim Lesen, weil sie Schichten auf Schichten türmen, biographische Geschichten, Filmgeschichten, literarische Geschichten, und weil sie alle aufs feinste miteinander verwoben sind. Man kann auch umgekehrt formulieren, seine Texte zerreißen ein dichtes Gewebe von Geschichten, und durch die zerfransenden Ränder greifen wir, die Leser, ins Unendliche. Am Ende stockt einem regelrecht der Atem, und man muss sich kurz orientieren, um wieder in die eigene Haut zurückzufinden. Das ist außergewöhnlich und so gut wie von jedem, der sie liest, gewürdigt worden. Warum nur muss man bei jedem neuen Buch von Patrick Roth nachdrücklich um eine Aufmerksamkeit werben, die selbstverständlich zu sein hätte?
Versuchen wir mit einer Antwort auf diese scheinbar so äußerliche Frage den jüngsten Büchern Patrick Roths, dem Band mit Dramen, Hörspielen und Prosa „Riding with Mary" und besonders dem neuen Erzählungsband „Starlite Terrace" näher zu kommen. Eröffnet wird das Marienbuch mit einer ausdrücklich autobiographischen Geschichte, einem Schlüsseltext: „Johann Peter Hebels Hollywood oder Freeway ins Tal von Balzac", die Patrick Roth schon häufiger vorgelesen hat, hier aber zum ersten Mal in einem Buch vorlegt. Er erzählt darin, wie er nach Hollywood

kam, vor fast dreißig Jahren, und wie er sich die fremde amerikanische Umgebung mittels vertrauter deutscher Literatur aneignete. […]
(Aus: Hubert Winkels: Gute Zeichen. Deutsche Literatur 1995–2005, Köln 2005.)

Cees Nooteboom: Tote Seelen schlafen nicht
Von Ulrich Greiner

Ja, das stimmt: Es muss sich Zeit nehmen, wer diesen Roman genießen möchte, und wer ihn schnell liest, verliert seine Zeit. Das schrieb die holländische Zeitung „De Morgen" über Cees Nootebooms „Allerseelen". Und es stimmt zugleich nicht. Genießen kann dieses Buch nur, wer Trauer als einen Genuss betrachtet.
Zeit verlieren, Zeit gewinnen. Die Alltagsrede wirkt auf einmal flach, wenn man die vertrackten Botschaften und die verhangenen Landschaften Nootebooms durchwandert. Es sind die europäischen Landschaften des Zweifels und der Erleuchtung, des Haders und der Weisheit, Landschaften der Geschichte, der Philosophie, der Abschiede und der Liebe. Am Ende verspürt man eine starke Trauer, und die ist vielleicht kein Genuss, aber ein Gewinn. Für einen Augenblick ist man imstande, der vergehenden Zeit ins Angesicht zu sehen, ohne den Fluch der Vergänglichkeit zu empfinden.
„Allerseelen" ist ein Berlin-Roman, ein historischer Roman und ein Unterhaltungsroman. Letzteres insofern, als sich die Menschen dieser Geschichte sehr oft miteinander unterhalten. Sie tun es in Berliner Kneipen und Wohnungen, der Kameramann Arthur Daane und seine Freunde: der holländische Bildhauer Victor, der deutsche Privatgelehrte Arno, die russische Wissenschaftlerin Zenobia und, vor allem durchs Telefon und im inneren Zwiegespräch, die Amsterdamer Freundin Erna. Sie reden über Gott und die Welt, über Nietzsche und Saumagen, Blutwurst und Hegel, sie trinken und faseln, werden sentimental und frivol, und am Ende schwankt Daane einsam durch die Nacht. […]

(Ulrich Greiner: Mitten im Leben. Literatur und Kritik, Frankfurt am Mai 2000.)

Kunst mit Kerbtieren.
Katja Lange-Müllers *Verfrühte Tierliebe*
Von Heinrich Detering

Das Kerbtier erfreut sich in der Literatur der Moderne einer erstaunlichen Beliebtheit. Von Kafkas verwandeltem Ungeziefer über Ernst Jüngers subtile Jagdausbeute bis zu den entomologischen Erzählungen des unvergessenen Ingomar von Kieseritzky zieht sich eine wahre Ameisenstraße von Insektengeschichten durch unsere Poesie – zu schweigen von jenem russisch-amerikanischen Schmetterlingsfänger, der auch als Erzähler Weltruhm erlangte. Ohne streng statistische Nachprüfung läßt sich doch mit Grund vermuten, daß „das Leben der Bienen" (M. Maeterlinck) und der „Gesang der Regenwürmer" (H. Stern) die Dichter weit intensiver beschäftigen als beispielsweise das Thema „masturbierende Männer", das jedenfalls in den höheren Etagen der Literatur eher ein Schattendasein fristet.
Hinwiederum ist der literarische Kerbtierkult seinerseits natürlich nur ein Schatten gegenüber einem Thema wie „Leben in der DDR". Nicht genug damit, daß es über diesen Staat noch viel mehr schöngeistige Bücher gibt als über alle Ameisenstaaten zusammen – viele gute Schriftsteller haben in diesem Staat sogar selber gelebt und können seinen Alltag sozusagen von innen und von unten schildern. Die zur Zeit vermutlich beste dieser Schriftstellerinnen heißt Katja Lange-Müller und hat eine wunderbare Erzählung geschrieben, die nicht nur alle bisherige Insektendichtung in den Schatten stellt, sondern überdies auch das Kunststück vollbringt, auf vollkommen plausible Weise Kerbtiere, masturbierende Männer und andere Bestandteile des Alltags in, unter anderem, der DDR zusammenzuführen.
[…]
FAZ, 4.11.1995

Aufgabe 2: Eine Ich-Typologie entwerfen
Benennen Sie die Funktionen des „Ich"-Sagens und des Nicht-„Ich"-Sagens in den Texten. Können Sie ein Etikett für die jeweilige Art finden, sich in den Text einzuschreiben? Entwerfen Sie sich anhand der vorliegenden Auszüge und anhand Ihrer eigenen Sammlungen im Journal eine Typologie der „Ich"-Formen der Kritiker.

- „*Der Ich-Sager*: Der Ich-Sager ist ein Kritiker, der keinen Satz schreiben kann, ohne…";
- „*Der Wir-Sager*: Der Wir-Sager mag nie alleine sein, wenn er liest und schreibt, dann…";
- „*Der Man-Sager*: Der Man-Sager trägt gern graue Anzüge und bleibt am liebsten unerkannt in der Menge, denn wenn er…";

Das sind nur Vorschläge, es geht auch interessanter… Versuchen Sie es.

Aufgabe 3: Möglichkeiten und Grenzen der Personalisierung identifizieren
Jede einzelne Form der Einschreibung des Selbst kann man als Strategie überprüfen: Was leistet sie? Und was leistet sie *nicht*? Wann funktioniert sie? Wann funktioniert sie *nicht*? Wann gelingt sie? Und wann wirkt sie peinlich? Nutzen Sie die von Ihnen entworfenen Etiketten und die kleine Typologie, um sich die Grenzen und die Möglichkeiten dieser jeweiligen Einschreibung zu vergegenwärtigen.

Aufgabe 4: Die eigene Kritik verwandeln
Wenn Sie für die Aufgabe (c) der ÜBUNG 15 eine kleine Kritik zu einem Kultbuch geschrieben haben, dann können Sie den Text jetzt als Material nehmen, um Ihre Typologie an Ihrem Text durchzuspielen. Schreiben Sie dieselbe Kritik viermal neu –

- einmal im Stil des Textauszugs von Marcel Reich-Ranicki,
- einmal im vorsichtigeren Wir-Stil von Hubert Winkels,
- einmal in der deutlich Ich-bezogenen Man-Version von Ulrich Greiner,
- schließlich in der Detering-Version, in der sich der Sprecher nicht als solcher benennt, aber in jeder Zeile anwesend ist.

5.6 Hop oder Top: Pointieren durch Werten

Hat man sich erst einmal ein Gefühl für das eigene „Ich" in der Kritik erarbeitet, lässt sich die Frage nach der Wertung anders stellen. Wenn zutrifft, was wir bisher über die Kontextualisierung, die Symptomatisierung und die Personalisierung gesagt haben, kommt der eigentlich wertenden Passage einer Kritik keine so tragende Bedeutung mehr zu.

Denn gewertet wird immer schon vorher! Wie in Kapitel 2 zu sehen war, operiert bereits jede Zusammenfassung mit einer impliziten Wertung, weil Passagen ausgewählt und so arrangiert werden, dass etwas sichtbar wird, was am Gegenstand vorher so noch nicht zu sehen war. Und auch das war zu sehen: Wo der Gegenstand kontextualisiert wird, um ihn als kulturelles Artefakt in einem kulturellen Netzwerk verstehen zu können, findet man die Kontexte nicht einfach vor, sondern muss sie überhaupt erst einmal konstruieren. Auch diese Konstruktion muss man als Wertung verstehen. Wenn man Kontexte zuerst entfaltet, um sie dann in der Kritik wieder zu reduzieren, laufen Selektionsprozesse ab, die nicht beliebig sind, sondern den Blick für den Bedeutungswert des Gegenstands schärfen.

Nicht anders verhält es sich mit dem Symptomatisieren. Wenn der Lektüreweg durch die konstruierten Kontexte hindurch als *der* Lektüreweg vorgestellt wird, so werden die impliziten Wertungen, die man bis dahin durch das zusammenfassende Arrangement und die Konstruktion des Kontextes vorgenommen hat, noch einmal verstärkt. Wenn dann auch noch das „Ich" als Signatur zu erkennen ist oder sich dem Leser explizit als „Ich" präsentiert, bleibt für den Leser kein Zweifel, dass er an jeder Stelle der Kritik einem Wertungsvorgang folgt. Je feiner Kritiken gemacht sind, umso impliziter laufen diese Wertungen ab. Wenn der Leser ans Ende des Textes kommt, ist ihm bei solchen fein gearbeiteten Kritiken längst klar, ob es sich um ein Lob oder einen Verriss handelt.

Das heißt allerdings nicht, dass man auf die explizite Wertung verzichten soll. Es heißt vielmehr: Der Kritiker muss sich die Glaubwürdigkeit und Wirksamkeit seiner expliziten Wertung *vorher* erarbeiten. Kommt sie unvermittelt und lässt sich nicht auf das beziehen, was zuvor gesagt wurde, kann man nicht von Wertung sprechen, dann handelt es sich eher um einen spontanen Einfall.

Versteht man Kritiken so grundsätzlich als implizit und explizit wertende Texte, lassen sich gleich zwei Mythen erledigen, mit denen sich vor allem jene herumschlagen, die mit dem Schreiben von Kritiken beginnen. Da wäre zum einen die Mythe, dass es eine Kritik geben könnte, die ganz auf Wertung verzichtet und lediglich den Gegenstand referiert. Diesem Ideal kann man sich vielleicht annähern. Aber einholen wird man es nicht. Denn selbst das Referat macht Entscheidungen und Schwerpunktsetzungen erforderlich, die den Gegenstand notwendig verkürzen und pointieren und damit implizit werten.

Die zweite Mythe, die sich gleich mit erledigen lässt, lautet: Jede Kritik muss *deutlich* werten. Selbstverständlich kann der Kritiker seinen Text auf eine explizite Wertung anlegen. Aber die kann nur auf den Punkt bringen, was er sich zuvor schon zurechtgelegt hat und was – wenn es denn fein genug gearbeitet und stark genug formuliert ist – durchaus auch ohne explizite Wertung auskommen könnte.

Ohne diese beiden Mythen sieht man schon klarer. Nicht nur weiß man, dass die eigentliche Wertungsarbeit dort geleistet werden muss, wo es nicht um das explizite *Hop* oder *Top* geht. Auch lässt sich besser begreifen, dass es sich bei der expliziten Wertung eher um einen rhetorischen Kniff handelt, keineswegs aber um das, was eine Kritik unbedingt braucht.

Der rhetorische Kniff der expliziten Wertung besteht darin, dass sie den Argumentations- und Erzählweg pointiert. Steht die Wertung am Schluss, führt sie noch einmal zusammen und bringt auf den Punkt, was den gesamten Text über impliziert worden ist. Weil sie die Kontextualisierungs- und Symptomatisierungsarbeit noch einmal auf eine griffige Grundformel bringt („Am Ende weiß man, dass man es hier mit einem grandios gescheiterten Buch zu tun hat", „So viele handwerkliche Mängel sind auch dem unerfahrenen Regisseur kaum zu verzeihen"), ist die Wertung als Pointierung der Pointierung, als Verkürzung der Verkürzung, zu verstehen.

Als Pointierung der Pointierung macht die Wertung die Kritik ausdrücklich angreifbar. Je definitiver eine Wertung formuliert ist, umso nachdrücklicher gibt die Kritik das Signal, dass sie sich keineswegs als letztes Wort versteht, sondern auf Antwort wartet. Mit der expliziten Wertung wird der Kritik also das Moment von Prozessualität eingeschrieben: Der Kritiker übergibt seinen Text der Öffentlichkeit, um zu sehen, was dazu zu sagen ist.

Indem die Wertung die gesamte Kritik pointiert, leistet sie aber noch viel mehr: Sie vermittelt Orientierung, denn sie reduziert die Komplexität des Gegenstandes noch einmal so weit, dass der Leser sie ziemlich schnell mit einem Griff fassen und einschätzen kann.

Vielleicht erwischt man sich selbst manchmal dabei, dass man ein Bücherjournal durchblättert oder den Literaturteil eines Feuilletons überfliegt und gar nicht mehr die Kritiken liest, sondern nur kurz den Beginn und den letzten Abschnitt. Wer so liest, will Orientierung. Weil man nicht alle Bücher, die auf den Markt kommen (und nicht mal die, die man interessant findet) lesen kann, liest man eben Kritiken. Und weil man auch nicht alle Kritiken lesen kann (noch nicht einmal nur die Kritiken zu Büchern, die man interessant findet), liest man auch die meisten Kritiken nur wie im Vorbeiflug und schaut vor allem auf eins: auf die Wertung.

Für solche Leser arbeitet der Kritiker als Navigator, der sich wegeskundig und zielsicher durch die hyperkomplexen Netzwerke der Kultur bewegt und sich auch auf dem unüberschaubaren Buchmarkt auskennt. Die Kritik reduziert die Komplexität des Marktes, indem sie Neuerscheinungen auf ein paar Zeilen komprimiert oder sogar auf eine schlichte Formel reduziert: „Das lohnt sich zu lesen!", „Damit sollte man seine Zeit nicht vertun!" Nicht zufällig finden sich derart reduzierte Wertungsformeln, insofern sie ein Lob aussprechen, auf den Umschlägen von Büchern wieder. Oft werden sie noch einmal verkürzt, um noch prägnanter zu sein: „Unglaublich gut! (Elke Heidenreich, *ZDF*)", „Das Beste, was es zu diesem Thema auf dem Buchmarkt gibt. (Karl Otto Conrady, *literaturen*)"

Wenn – wie von Walter Benjamin zu hören war – Flaneure und Kritiker immer auch Beobachter des Marktes sind, „in das Reich des Konsumenten ausgeschickte Kundschafter des Kapitalismus" (Passagenwerk 538), dann beweist sich die Richtigkeit dieser Behauptung vor allem immer dann, wenn man solche lobenden Kurzformeln auf Büchern liest. Denn sie dienen dazu, den Käufer im Buchladen dazu zu bringen, genau dieses Buch und nicht ein anderes auszuwählen. So gesehen kundschaftet der Kritiker hier nicht mehr nur Trends und Moden aus. Er geht noch einen Schritt weiter, wenn er aus der Kulturbeobachtung heraus eine Lese- und damit dann immer auch eine Kaufempfehlung abgibt.

Kein Wunder, dass genau diese Vermischung von Kritik und Kaufempfehlung am häufigsten und am lautesten kritisiert wird. Wenn namhafte Kritiker im Fernsehen „Lesen!" oder „*Bloß nicht* lesen!" rufen, was soviel wie „Kaufen!" oder „*Bloß nicht* kaufen!" heißt, gewinnen sie einen Einfluss auf den Buchmarkt und damit dann auch auf die weitere Entwicklung der Literatur, die für viele etwas Unheimliches hat.

Doch sollte man nicht so tun, als täten die Bauchbinden und die Fernsehshows der Kritik Gewalt an. Tatsächlich wird hier nur etwas auf die Spitze getrieben wird, was der Kritik keineswegs fremd ist, sondern ihr so grundsätzlich eingeschrieben ist, dass es sich nicht aus ihr herauslösen lässt: nämlich die Aufgabe, Komplexität zu reduzieren, zu verkürzen, zuzuspitzen, zu pointieren und zu werten.

Die Hochkonjunktur der Fernsehkritik sollte allerdings nicht darüber hinwegtäuschen, dass die explizite Wertung allein nicht ausreicht. Ihr muss eine pointierte Auseinandersetzung mit dem Gegenstand vorangehen (oder ihr folgen). Dass der Leser oder der Fernsehzuschauer diese Auseinandersetzung nicht immer mittragen oder nachvollziehen mag, ist ein anderes Problem. Es enthebt den Kritiker auf jeden Fall nicht davon, die eigene Auseinandersetzung mit dem Gegenstand exemplarisch vorzuführen.

So viel ist auf jeden Fall klar: Wer Kritiken schreiben will, nur um den Gestus der Großkritiker aus dem Fernsehen nachzuahmen, muss gar nicht erst viel üben. Da ist es einfacher, man zeigt auf Gegenstände und hebt oder senkt nach Belieben den Daumen und spart sich die Mühe, sich überhaupt mit irgendwelchen Gegenständen auseinander zu setzen.

Allerdings kann, wer wirklich Kritiken schreiben will, sich nicht darum drücken, den jeweiligen Gegenstand zu werten. Wer darauf verzichtet, um unentschieden zu bleiben, weil er sich kein Urteil zutraut, keine Ahnung vom Gegenstand hat oder den Gegenstand wegen moralischer Bedenken vor einem Urteil schützen will, wird eine Kritik schreiben, die misslingt. Denn diese Unentschiedenheit wird sich bis in jede Zeile hinein nachvollziehen lassen.

Kritiken leben davon, dass sich die Kritiker für *eine mögliche* Lektüre entscheiden und sie so symptomatisieren, dass daraus eine Bewertung abgeleitet werden kann, die dem Leser hilft, sich über den jeweiligen Gegenstand, über seinen Kontext und über die Bedeutung des Gegenstands in diesem Kontext zu informieren und dadurch zu orientieren. Wer als Kritiker darauf verzichtet, genau das zu leisten, sollte auch gleich darauf verzichten, Kritiken zu schreiben. Man wird sie nämlich nicht lesen wollen.

Übung 18: Wertungen werten

Ein Gefühl für gelingende implizite und explizite Wertungen kann man nur dann bekommen, wenn man die Texte von Kritikern über eine längere Zeit studiert.

Aufgabe 1: Album der Navigatoren
Beginnen Sie damit, sich ein kleines Album von *explizit wertenden Schlussformeln* anzulegen und geben Sie ihnen kleine Überschriften, um die jeweilige Wertungsart zu bestimmen (vielleicht erarbeiten Sie sich ja damit über einen längeren Zeitraum hinweg einen ganzen Katalog von Wertungstopoi, in dem alle Varianten verzeichnet sind.)
Folgende Beispiele sind der Weihnachtsliteraturbeilage der *Zeit*, Dezember 2005, entnommen.

Die überdrehte Euphorie
Wer nach Lektüre dieses Buches den Menschen nicht liebt, den Schriftsteller Bukowski nicht verehrt, wem nicht klar ist, dass hier eines der größten und originellsten Talente des 20. Jahrhunderts sein Leben kommentiert, möge fortan Thomas Mann lesen, bis ihm die Augen verfaulen.
(Helmut Krausser über einen Band mit Briefen von Charles Bukowski)

Der verhaltene Verriss

Sarah Hall hat eine merkwürdige und zuweilen anrührende Lebensgeschichte aufgeschrieben und ein paar starke Frauen porträtiert, doch mangelt es ihrem Roman an einigem: einem guten Anfang, Humor und jener fesselnden Erzählkraft, die Hall dem Tätowierer Riley attestiert, von der sie uns aber nur wenige Kostproben liefert. Damit animiert sie uns zwar zum Weiterlesen, zu einer Tätowierung könnte sie uns aber kaum überreden. Nicht einmal zu einem kleinen Anker auf einem nur selten entblößten Körperteil.

(Tobias Timm über den Roman Der elektrische Michelangelo von Sarah Hall)

Das Lob des hauptamtlichen Gutachters

Die Verfasser schreiben leidenschaftlich und mit Gespür für Schwerpunkte. Was Wilsons eigene Texte auszeichnet, sind die gedruckten oder nur gedachten Fragezeichen, die den Leser unauffällig in den platonischen Dialog über das Wesen der Musik hineinziehen. Man sollte sich bei Reclam für diese Sammlung bedanken.

(Konrad Heidkamp über das von Peter Niklas Wilson herausgegebene Buch Jazz-Klassiker)

Die Fachkritik

Hier erzählt eine Erzählerin, ohne sich selbst greifbar zu werden. Über den Nahen Tagen, wie spannend auch immer, bleibt das Fragezeichen, wer Johanna ist – wie naiv oder wissend, wie neurosestarr oder wie gereift. Dass dies als Unklarheit erscheint – was ja auch zu einer komplexeren Figur geschichtet werden könnte –, ist vielleicht der eigentliche Mangel des Buches.

(Bernadette Conrad über Angelika Overath)

Die verteidigende Lobrede

Solche Beziehungen, wie Peter Jungk sie schildert, passen in keine Kiste, sprengen sie vielmehr. Es ist gewiss eine pathetische Geschichte, die Jungk hier erzählt. Aber sie ist nicht pathetischer als unser Anspruch an die Literatur sein sollte.

(Jochen Jung über Die Reise über den Hudson von Peter Stephan Jungk)

… Liste ist fortzuführen …

Aufgabe 2: Vereinseitigen
Die folgende Kritik tut das, was sie ihrem Gegenstand attestiert: sie „balanciert fein auf der Grenze dazwischen". Lösen Sie diese Balance auf. Bearbeiten Sie die kursiv gesetzten Passagen so, dass Sie einmal der Abneigung gegen das besprochene Buch nachgeben und einmal ganz offen beeindruckt sind. Wenn Sie Zeit haben, fertigen Sie jeweils eine etwas gröbere und eine feinere Vereinseitigung an.
Schauen Sie in einem zweiten Schritt nach, ob sie die Passage, die nicht kursiv gesetzt ist, nacharbeiten müssen, um sie Ihrem Urteil anzupassen und um damit Ihr Urteil plausibler erscheinen zu lassen.

Es gibt zwei Sorten von Altherrenprosa; die einen flüchten sich in die Erotik, die anderen ins Misanthropische. Michael Krüger nun, wie könnte es anders sein, balanciert fein auf der Grenze dazwischen. Seine Turiner Komödie ist Lebensbilanz und Abrechnung – es geht um die nachgelassenen Worte des genialischen, arroganten, verlorenen Rudolf, Professor, Schriftsteller und Selbstmörder; es geht um Worte aus jenem Jenseits, das die Literatur ist; es geht um jenen Hass auf die Bücher und das Schreiben und all das, diese Art von Hass, die von Liebe nicht mehr wirklich zu unterscheiden ist.
Sehr elegant und altmodisch lässt Krüger seinen Erzähler in der Wohnung, im Leben und in den Lügen seines toten Freundes herumspazieren. Die beiden sind Veteranen jenes deutschen Literaturbetriebs, den Rudolf genug verachtete, um als begnadeter Sonderling zu gelten; der Erzähler war dafür nicht mutig oder nicht verlogen oder hochmütig genug und landete im Mittelmaß. Jetzt ist er aus Deutschland nach Turin gekommen, weil er sich um Rudolfs Vermächtnis kümmern will. Er kramt in Kladden und Kartons, er trinkt Barolo und hört Beethoven, er begegnet dem alten Hund Cesare und drei Frauen – und der Abgrund, der sich da vor ihm öffnet, ist natürlich sein eigener. Am Ende

rettet er, was er retten kann. Die Erinnerung. Da ist er ganz egoistisch.

„Rudolf behauptete", heißt es am Schluss des Buches, „sein Schreiben sei im Grunde nichts anderes als der Versuch, sich selbst von der Illusion zu befreien, ein Schriftsteller zu sein. Man muß so lange schuften, bis man hundertprozentig weiß, daß man kein Schriftsteller ist. Leider geben die meisten vorher auf. Nur aus der Asche der Zerstörung des Schriftstellerberufs kann ein Schriftsteller hervorgehen." *Krüger lässt seine Figuren zärtlich in dem Sumpf aus Text und Subtext versinken, seine Sätze haben einen leichten, angenehm bitteren Nachgeschmack, und die Pointe dieses etwas angejahrten akademischen Kabinettstücks ist von ironischer Bosheit: Dem Leben entkommen wir; der Literatur nicht.*

(Georg Diez, Die Zeit, Weihnachtsliteraturbeilage 2005.)

Aufgabe 3: Glatt loben, glatt verreißen

Es folgen zwei längere Kritiken, die sich mit einem monumentalen, zehnbändigen Romanprojekt von Marianne Fritz auseinander setzen. Die eine ist voll des Lobes. Die andere ist ein glatter Verriss. In beiden Fällen widmen sich die Kritiker ihrem Gegenstand in aller Ausführlichkeit. Und sie legen, um ihre Urteile zu begründen, zwei ganz unterschiedliche Wege zurück. Welche sind es? Lesen Sie die Kritiken und machen Sie sich zum jeweiligen Argumentationsgang Notizen.

- Wie konstruieren die Kritiker hier ihren jeweiligen Kontext?
- Wie symptomatisieren sie genau den Weg, den sie zurücklegen (und wie symptomatisieren sie ihr Urteil)?
- Inwieweit markieren sie ihr Urteil als etwas ebenso Definitives wie Vorläufiges?
- Und wie deutlich (und wodurch genau) kommt das Ich des Kritikers in den Blick?

Kritik 1

Besuch der Toten bei den Lebenden

Marianne Fritz und ihr monumentales Romanwerk „Dessen Sprache du nicht verstehst"

Von Thomas Beckermann

Marianne Fritz, *1948* in Weiz/Steiermark geboren und heute in Wien lebend, kennt von Anfang an nur ihr großes episches Projekt: „Die Festung". Schon ihre ersten beiden Bücher - die Erzählung „Die Schwerkraft der Verhältnisse" *(1978)* und der Roman „Das Kind der Gewalt und die Sterne der Romani" *(1980)* - sind Teile davon. Den Vorausband „Was soll man da machen" mit den gut hundert Seiten Text, mit dem Inhaltsverzeichnis des ganzen Romans und dem fünfzigseitigen Personen- und Ortsregister - das zu lesen schon ein Abenteuer ist - sowie mit der hilfreichen Einführung von Heinz F. Schafroth kenne ich. Das gut dreitausend Seiten umfangreiche und fünfzehneinhalb Kilogramm schwere Manuskript ihres neuen Romans „Dessen Sprache du nicht verstehst" habe ich im Herbst *1983* gelesen. Damals galt ich für meine Umwelt als verschollen, denn ich war dem Sog dieses Textes erlegen und tauchte unwillig, verändert und nur mühsam mich in die gewohnte Wirklichkeit wieder einfindend, aus der Welt „der Chen und Lein", der Bewohner von Nirgendwo und der Festung auf. Die nun erschienenen Bücher mit ihren möglichen Veränderungen kenne ich nicht. Ich schreibe also aus der Erinnerung an eine fast zwei Jahre zurückliegende Lektüre, die jedoch bis heute in mir nachschwingt.
An diesem Roman „Dessen Sprache du nicht verstehst" werden sich die Geister scheiden, und nur allmählich wird dieses große Werk Eingang finden in unsere Gegenwart und dann, dessen bin ich mir sicher, in die Literatur- und Kulturgeschichte dieses Jahrhunderts. Für einen unvorbereiteten Leser muß das Lesen rasch zu einem Schock führen: So radikal hat Marianne Fritz sich der Sprache bemächtigt, die Konventionen der Grammatik und der Interpunktion aufgekündigt, die Bedeutung des Ganzen den konkreten Details untergeordnet und so einzigartig hat sie Pathos, Alltagssprache und Dialekt ineinander verwoben. Mehr aber noch wird verstören, daß sie der erzählenden Phantasie in einem ganz überraschenden Maße freien Lauf gewährt und sie dennoch einbindet in ein riesiges und bis in die Kleinigkeiten hinein aufeinander bezogenes Strukturgeflecht. Ihre Phantasie überspringt mühelos die üblichen Trennungen zwischen den Menschen und den Dingen, zwischen dem Gestern und dem Morgen, zwischen der vermeßbaren Welt und der

geträumten. Die Dinge unterhalten sich. Die Toten kommen zu den Lebenden, wie auch diese die Toten besuchen

Aufhebung der Gegenwart

Das erzählte Geschehen spielt an drei Tagen Anfang Juni *1914* und im August jenes Jahres, es reicht aber auch weit ins *19*. Jahrhundert zurück und weist über den Ersten Weltkrieg und dessen Ende hinaus. Die eindeutige Definition von Gegenwart ist aufgehoben, indem immer wieder deren Vorgeschichte und die Zukunft dieser Vorgeschichte miterzählt wird, die nicht unbedingt die geschehende Gegenwart ist. Und immer wieder schieben sich vor die Realität die Träume, die z.B. August Null in der Nacht auf dem Kirchturm heimsuchen oder die Johannes Null und Pepi Fröschl über den Regenbogen zu Gott wandern lassen, um dort festzustellen, daß dieser die Menschen längst vergessen hat.

Ein noch größerer Schock erwartet den Leser in der Nichtbeachtung seiner Leseerwartungen. Der Text bietet keinerlei Möglichkeit zur Identifikation mit einer der vielen Figuren. Marianne Fritz nähert sich diesen von außen, sie bewegen sich zuerst wie in einem Schattenspiel und entwickeln nur schrittweise ihre eigenen Konturen. Ein allwissender Erzähler, der mit seinen Verstehenshinweisen den Leser an die Hand nimmt und anleitet, ist nicht vorhanden. Er hat sich in die von ihm erzählte Geschichte aufgelöst und in die formalen Bezüge zurückgezogen. Und schon gar nicht läßt sich der Text über die Autobiografie der Autorin entdecken und entschlüsseln. Die Autorin ist nur anwesend in ihrer intensiven Erzählart und in ihrem Engagement für die Leidenden.

Am meisten aber mag den Lesenden die Perspektive auf die Welt irritieren. Wie selten zuvor ist sie ausschließlich die des Landproletariats und der Arbeiter; es ist der Blick von unten nach oben mit Folgen bis in die Redeweisen, Denkentwürfe, Gefühle, und der satirisch-karikierenden Darstellung der Welt der Herrschenden. Und: Es gibt in diesem Roman keine Helden, nur Leidtragende.

Vor allem geht es in „Dessen Sprache du nicht verstehst" um die Familie Null, die Mitte des Jahres *1914* in Nirgendwo im Nullweg wohnt. Man muß diese sprechenden Namen ganz wörtlich nehmen. Diese Nulls repräsentieren einen wichtigen sozialen Umbruch. Sie sind keine Bauern mehr, sondern verdienen wenig Geld als Landarbeiter oder als Arbeiter in den entstehenden Großfabriken. Sie alle kommen im Verlauf dieser Geschichte um oder verschwinden im Irrenhaus zu Donau-blau, eben in der Festung. So flieht z. B. der jüngste Bruder, Johannes, gerade *24* Jahre alt, da er sich nicht unterordnen und einer fremden Stimme folgen will, vor dem Militärdienst und ist damit vogelfrei; er wird von der Bevölkerung versteckt und von den Soldaten verfolgt, sucht am Ende Zuflucht bei dem neuen Pfarrer Pepi Fröschl, wird von diesem aber verraten und vom Militär umgehend erschossen. Das Haus der Nulls aber wird abgerissen.

Das Schicksal dieser Familie ist eingebettet in das der Bauern Rundum, Spieß und Kienspan, das der verschiedenen Wirtschaften, des Kaufladens Kern, des Uhrmachermeisters Johannes Todt, des Malermeisters Ikarus und seines Gesellen Abel Niemand, des Zahnarztes Helmuth Morpheus, der Bürgermeisterfamilie Alexander Glatz, des Fabrikantenclans Schwefel, sowie das der kirchlichen Würdenträger; allen voran das des hin und her gerissenen Pepi Fröschl, der selbst aus einer Arbeiterfamilie stammt und nun zu den führenden Kreisen gehört, die die Wege zu Himmel, Hölle und Fegefeuer kennen, der aber lieber ein Leutepriester und ein Mann der neuen Zeit sein möchte und doch ein Hochwürden ist. Marianne Fritz verfolgt diese Wechselfälle, diese Siege und Opfer über Nirgendwo hinaus bis nach Gnom und Transion, bis zu der Marktgemeinde Dreieichen mit seinem Institut, bis in die Hauptstadt Donaublau und bis in das Land „der Chen und Lein" mit dem Gleichmut und dem unablenkbaren Blick einer Geschichten-Erzählerin.

Die unerforschten Leiden kleiner Leute

Ein Kosmos entsteht in breiter sozialer Auffächerung und mit allen Spannungselementen, die zwischen den beharrenden und den vorantreibenden Gruppen, zwischen den Bauern und den Städtern, zwischen den Arbeitern und dem Kapital, zwischen den Juden und den Christen herrschen, der historisch genau ausdeutbar ist, der aber dieses Wiedererkennungserlebnisses

nicht bedarf, da er ganz frei die innere Geschichte dieser Leute in diesem Land entwirft. Die Misere ihres tatsächlichen Lebens führt diese Figuren in das freie Leben ihrer Wünsche und in das ihrer Herkunft und in das der ihnen verwehrten Zukunft, wodurch sich das Historische ausweitet ins Märchenhafte und Mythische. Dieser Roman ist eine weitausschwingende Ballade, ein Epos des kollektiven Gedächtnisses: der Entstehung des Ersten Weltkriegs und damit der Zerstörung des alten Europa, der unermeßlichen und noch immer unerforschten Leiden der kleinen Leute und der Geschichte ihrer Sehnsucht nach Ruhe und Selbstbewegung.
Mit höchst raffinierter, aber unangestrengt wirkender Kunst versteht es Marianne Fritz, denen eine Sprache zu verleihen, die über keine eigene Sprache verfügen. Und diese ist eine so kräftige wie schmiegsame, eine bilderreiche und eine komplizierte Sachverhalte darstellende Sprache. Die Herrschenden verstehen diese Sprache nicht, wie auch die Bewohner des Landes deren Sprache eher erleiden.

Die Erzählung der verborgenen Geschichte

Nicht die Information, die Bedeutung steht im Vordergrund – was ja einen großen Teil unserer Gegenwartsliteratur so dürftig macht –, sondern die Bewegung, der Rhythmus, der Klang; also die sinnliche Erfahrung und das entstehende, nie starre Bild. Ihm hat sie kompromißlos die Stellung der Wörter und der Satzzeichen untergeordnet, deshalb auch scheut sie keine Weglassung und nicht die Wiederholung. Dieser einzigartige Erzählgestus ist schon mit dem ersten Satz des Romans vorhanden: „Die Männer auf den Pferden kamen nicht weiter: ‚Ajaai-jai! Zur Seite!', und gezogen den Säbel, der vorne voran geritten und am nächsten den Weibern." „Dessen Sprache du nicht verstehst" ist ein Epos über den Abstieg in die Verliese der Vorgeschichte unserer Gegenwart, das mit der Konfrontation der Mächtigen mit den Machtlosen beginnt, die ihren Glauben niemals aufgeben: „Trotzdem! Es ist ein gutes Land", und das behutsam die Geschichte der Namen- und Chancenlosen entfaltet und das endet mit der hinterhältigen Ermordung des ganz gewöhnlichen, aber gedankenreichen Johannes Null: „Denn er war kein Heiliger, denn er war absolut kein Held; nur, er konnte nicht anders. Das war sein Mut." Es ist ein Buch, das ohne Vorbild zu sein scheint und geradezu archaisch wirkt in seiner Genauigkeit und mit seinem langen Atem in einer von den Moden des Tages und den kleinen Ich-Umkreisungen beherrschten Literatur. Ein Buch, das auf Brillanz, den überraschenden Effekt und die diskursive Zeitkritik verzichtet, weil es Marianne Fritz mit unerbittlichem Ernst nur um eines geht: So radikal wie möglich und mit allen ästhetischen Konsequenzen unsere verborgene Geschichte zu erzählen, an deren Folgen wir noch heute zu leiden haben. Deshalb auch ist dieser Roman „Dessen Sprache du nicht verstehst" im besonderen Maße ein Buch, das auf die uneingeschränkte Mitarbeit seiner Leser angewiesen ist und das diese in sich aufnehmen kann, für eine lange Zeit, um sie dann durch viele Erfahrungen reicher und mit geschärftem Bewußtsein wieder freizugeben.

Kritik 2

Ein riesenhafter Flohzirkus

„Dessen Sprache du nicht verstehst" - ein Roman von Marianne Fritz

Von Werner Fuld

Dieser Roman ist eine Privatangelegenheit der Autorin. Daß er gedruckt wurde, war bereits ein unnötiger Aufwand, denn Leser sind hier überflüssig, vielleicht sogar unerwünscht. Niemand, der ernsthaft mit einem Publikum rechnet, schreibt *3305* eng bedruckte Textseiten, noch dazu in einer Art Privatsprache: „Selbst, vorausgesetzt die Nutzlosigkeit seines Unternehmens, zu verhindern eine verhindern wollende Sophie, ihre Verhinderungsbemühungen auch nur jener unterschätzte!" Solche grammatikalische Sinnlosigkeit ist keine Fehlleistung, sondern Absicht; schon der Titel des Werks weist Leser zurück: es sei ein Buch, „dessen Sprache du nicht verstehst". Aber dieses Hindernis kann, genau wie die unverschämte Dicke, auch eine werbende Herausforderung sein, denn wer will sich nachsagen lassen, er hätte keinen Blick für Minderheitenprobleme?

Je umfangreicher ein Buch ist, desto leichter verführt es in zweifacher Weise zum Betrug. Zunächst denkt man, nur wer etwas mitteilen will, opfert soviel Lebenszeit zum Schreiben und hat schon deshalb einen Anspruch auf unsere Aufmerksamkeit. Und dann rechnet man zusätzlich die eigene Leseleistung als Qualität dem Buch an, denn man vergeudet ja nicht Wochen mit einem Text, der nichts taugt. Was viel Zeit kostet, muß sie wert gewesen sein.
Beides ist ein keineswegs seltener Selbstbetrug, der schiere Quantität in Qualität verwandeln will. Die Information, daß die siebenunddreißigjährige Österreicherin Marianne Fritz in vier Jahren und täglich vierzehn Stunden insgesamt sieben Millionen Buchstaben aufs Papier brachte, ist keine Aussage über das Buch und auch kein Grund zu besonderem Respekt. Der Drang zum Reden oder Schreiben ist medizinisch gesehen ein außersprachliches Phänomen, nämlich ein Teil des allgemeinen Bewegungsdranges. Wer sich daran begeistern möchte, sollte Sportreporter werden.
Der Literaturkritiker hingegen fragt nach der Qualität. Nun muß man nicht ein ganzes Faß geleert haben, um zu merken, daß der Wein sauer ist. Es ist auch nicht nötig, sich durch jedes Kapitel und jede Seite dieser drei Bände hindurchzuquälen: man merkt bald, daß die Sache mißlungen ist.
Mißlungen aber nicht, weil der Roman zu lang wäre, sondern umgekehrt ist er so lang, weil ihm eine zum Scheitern verurteilte Idee zugrunde liegt, nämlich der Versuch einer literarischen Darstellung der Welt im Originalmaßstab 1:1, ausgehend vom Schicksal einiger Dorfbewohner in zwei Monaten des Jahres *1914* und einbeziehend auch Himmel, Hölle und Geisterwelt. Die Autorin wollte nicht einfach die Geschichte vom Kriegsdienstverweigerer und Deserteur Johannes Null erzählen, der verfolgt, von seinem Freund verraten und schließlich erschossen wird, sondern sie wollte aus diesem Handlungskern eine Gegengeschichtsschreibung der einfachen Leute und ewigen Verlierer entwickeln, ein Epos über Gewalt und Erniedrigung, über das große (und leitmotivisch wiederholte) Thema der Leiden, die der Mensch dem Menschen zufügt, solange es Herrscher und Beherrschte gibt. Marianne Fritz schreibt vom „Scheiterhau-

fen des Klassenhasses", auf dem „die Wunderblume Hoffnung" brennen soll.
Das ist ein widersprüchliches Bild: Brennt jene Blume nur so lange wie das Feuer des Hasses, und stirbt die Hoffnung mit dem Erlöschen des Scheiterhaufens? Die Autorin scheint das zu befürchten, denn sie schiebt Scheit auf Scheit nach, fügt Geschichte um Geschichte an, sie verfeuert die Stammbäume ganzer Familien und legt schließlich ihre Sprachaxt frevlerisch ans Weltgerüst.
Benjamin hat einmal die Spannung, die einen Roman durchzieht, mit dem Luftzug verglichen, der die Holzscheite im Kamin verglühen läßt. Ein großer Roman sei nicht deshalb bedeutend, weil er etwa lehrreich „ein fremdes Schicksal uns darstellt, sondern weil dieses fremde Schicksal kraft der Flamme, von der es verzehrt wird, die Wärme an uns abgibt". Vor diesem Buch aber sitzt man frierend, weil zahllose Lebensläufe zu unüberschaubaren Fragmenten zerredet werden, und man stochert schließlich lustlos in einem riesigen Haufen kalter Asche: Sprachasche.
Denn Marianne Fritz hat sich, entsprechend ihrem Programm einer Gegengeschichtsschreibung, auch eine Art Gegensprache und Antigrammatik erfunden, da ihr die gängige Sprache zur Widerspiegelung von Geschichte zu abgenutzt erschien. Hilfsverben, Artikel, Pronomina werden weggelassen, die Interpunktion verändert, der Satzbau reduziert und die Zeitenfolge verwischt, da „die grammatikalische Zeitenregelung nicht unbedingt deckungsgleich mit der Wirklichkeit, eher dieselbe regelrecht einfangen sollte: normieren, um nicht zu sagen zensorieren".
Ihre Neusprache führt aber nicht zu einer Befreiung der Wirklichkeit, sondern zu einer archaisch starr anmutenden Stilisierung, die sehr rasch den Leser ermüdet. Zuweilen fühlt man sich auch an Beipackzettel japanischer Waren erinnert, die von jemandem ins Deutsche übersetzt sind, der beide Sprachen nicht beherrscht: „Der genickt, und sich wieder erinnert, daß, Obwohl er saß auf jener Seite, der: Eckbank, die ihn blicken ließ in den Hof, arbeitete Barbara Null, sich entzogen hatte seiner Kontrolle ..." Man kann das mit einiger Mühe verste-

hen. Schwierig wird es bei Passagen, die einer Anhäufung von Druckfehlern gleichen: „Und trotzdem, er den gehenden Pietruccio Guggliemucci und seinen Hinauswurf Durch empörte Sonnenklarer Entging Sein – einst eigentlich, doch Freund – Aufstehen und auch Gehen verhindert unterstützende Kraft...“
Solche um ihre organischen Zusammenhänge gebrachte Sprache lebt nicht mehr, und mit ihr läßt sich auch Lebendiges nicht mehr vermitteln. Für den Leser wird es schwierig, auch nur eine Seite zu überblicken, weil er von Satzfragment zu Satzfragment stolpert und bei der Dechiffrierung leicht den Zusammenhang verliert. Die Erfassung und Einordnung von Rückblenden, die sich auf über 1000 Seiten auseinanderliegende Ereignisse beziehen, ist fast unmöglich.
Ein grundsätzliches Hindernis ist zudem die Scheinmythologisierung der Geschichte durch eine realitätsabweisende Namensgebung. Im Land des „Chen und Lein“ kämpfen die „Erdfarbenen“ und die „Hechtgrauen“, das Dorf heißt „Nirgendwo“, die Stadt „Donaublau“ und der Deserteur „Null“, wohnhaft im „Nullweg“. Dieses Versteckspiel ist nicht nur sinnlos, sondern es widerspricht auch der Absicht der Autorin, wirkliche Geschichte und historische Wirklichkeit darzustellen.
Döblins „Berlin Alexanderplatz“ ist ja eben deshalb mehr als nur ein Zeitroman, weil er an Konkretheit schwer zu überbieten und weil in der Gestalt des Franz Biberkopf diese notwendige Konkretheit aufgehoben ist. Bei Marianne Fritz aber entsteht keine neue Wirklichkeit, sondern allenfalls ein graues, dörflich proletarisches Disneyland. Kein Welt-, geschweige denn ein Marstheater, sondern leider nur ein maßlos überdimensionierter Flohzirkus.
Es scheint jedoch, daß die Autorin die Plagegeister, die sie rief, nicht mehr bannen kann – sie schreibt bereits an einer Fortsetzung: „es furchtbar. Eine Entwicklung, die stoppen.“

Aufgabe 4: Kürzen

Diese Kritiken widmen sich ihrem Gegenstand in aller Ausführlichkeit. Für den Wiederabdruck in einer Tageszeitung sollten sie allerdings gekürzt werden. Kopieren Sie sich dafür den Text aus dem Buch raus und fertigen mit Rotstift eine Strichfassung an. Einmal sollen die Texte auf 5.000 Zeichen, dann auf

2.500 gekürzt werden. Zuletzt sollen Sie aus den Texten jeweils eine kleine Geschenkempfehlung destillieren, in der dem Leser in 800 Zeichen empfohlen wird (oder davon abgeraten wird), alle Bände des Werkes von Marianne Fritz zu kaufen.

Aufgabe 5: Umfärben

Wenn Sie die Kritik im Umfang von 2.500 Zeichen vor sich haben, dann versuchen Sie den Ton zu ändern. Unter (a) wurde empfohlen, ein Navigatoren-Album anzulegen, in dem verschiedene Wertungstypen verzeichnet sind: Die überdrehte Euphorie, der verhaltene Verriss, die Fachkritik, das Lob des hauptamtlichen Gutachters…

Nehmen Sie diese Typen als Vorbild für eine Pointierung des Zugriffs. Ihre Kritik sollte so umgefärbt werden, dass sie jeweils einem dieser Typen entspricht.

Aufgabe 6: Rollenspiel

Wenn Sie in der Gruppe arbeiten, dann teilen Sie sich in bestimmte Kritiker-Typen auf: Der eine tritt als Euphoriker auf, der zweite als Fachkritiker, der dritte als trockener Gutachter… Stellen Sie sich gegenseitig Ihre Texte vor und nehmen Sie zu den anderen Kritiken in Ihrer gewählten Rolle Stellung.

6 Erzählen

6.1 Gerecht? Angemessen? Gut erzählt!

Bisher war ausgesprochen wenig von dem zu hören, was „Gerechtigkeit gegenüber dem Werk" genannt wird. Wer Gerechtigkeit fordert, meint: Der Kritiker soll seinen Gegenstand in seinem inneren Funktionszusammenhang vorstellen; er soll ihn also nicht mit Ansprüchen oder Wertungen konfrontieren, die von außen an ihn herangetragen werden.

„Gerechtigkeit" wird gern auch durch das Wort „Angemessenheit" ersetzt. „Angemessenheit" klingt etwas vorsichtiger und milder. Gemeint ist: Kritik soll sich dem Werk auf eine Weise anpassen, sich ihm vielleicht sogar so weit anschmiegen, dass seine eigentliche Form durch die Kritik hindurch spürbar wird. Wenn überhaupt eine Wertung vorgenommen wird, sollte sie sich auf das Werk beziehen und zeigen, ob der innere Funktionszusammenhang des Werkes stimmt – oder ob er eben nicht stimmt.

Dass bislang so wenig von „Gerechtigkeit" die Rede war, hat gute Gründe. Denn wo sie als wichtigster Orientierungspunkt für das Schreiben von Kritiken genannt wird, schreibt man dem Kritiker in der Regel eine dienende Funktion zu. *Zuerst* kommt die Kunst, die Maßstäbe setzt. *Dann* kommt die Kritik, die diesen Maßstäben gerecht werden muss. *Zuerst* kommt der kreative Akt. *Dann* folgt die sekundäre Auseinandersetzung. Entsprechend hat dieses Gefälle in den Kritiken deutlich sichtbar zu sein. Der Kritiker – der dieser Auffassung nach kein Künstler, sondern eher eine Art Parasit ist, der sich von etwas Eigenständigem nährt – hat als Diener ins Bild zu treten, der sich dem Kunstwerk ebenso wie dem Leser verpflichtet. Dem Leser soll er auf eine Weise Bericht erstatten, dass man sich vom Werk ein richtiges Bild machen kann.

Solche unterwürfigen Begründungen einer Werk-„Gerechtigkeit" sind problematisch. Nicht nur arbeiten sie mit einem – zurückhaltend gesagt – konservativen Verständnis, das zwar Gerechtigkeit einklagt, aber neueren Entwicklungen in der Kunst und der Kritik, die nicht mehr mit dem Prinzip der Unterordnung, sondern dem des funktionalen Nebeneinanders und des synergetischen Miteinanders arbeiten, selbst kaum gerecht werden kann.

Die Begründungen einer Werk-„Gerechtigkeit" sind vor allem deshalb problematisch, weil sie so tun, als stünde immer schon (und für immer) fest, was gegenüber dem Werk gerecht ist. Dabei muss gerade das im Zuge der Kritik erst ermittelt werden. Und ‚ermitteln' heißt: dass man sich nicht auf Vorgegebenes verlassen darf und nicht so tun kann, als wisse man schon vorher Bescheid. Deshalb gehört zu den Voraussetzungen für das Schreiben von Kritiken vor allem eins: Mut zum Experiment. Eine Kritik zu schreiben bedeutet, den Blick auf den Gegenstand überhaupt erst einmal zu justieren, den Gegenstand zu fokussieren und ihn so zu rekonstruieren und zu kontextualisieren (und dabei perspektivisch zu verkürzen, zuzuspitzen, zu pointieren und zu bewerten), dass durch die experimentelle Probe aufs Exempel etwas Symptomatisches an ihm sichtbar wird.

Kritiken sind deshalb strukturell nicht auf „Gerechtigkeit" eingestellt. Eingeschrieben ist ihnen – wie wir gesehen (und auch trainiert) haben – ein Moment von Prozessualität, durch das jede einzelne Auseinandersetzung nicht als letztgültige verstanden werden darf. Im Gegenteil soll an ihr abzulesen sein, dass sie ihren Gegenstand derart kontextualisiert, symptomatisiert, zuspitzt, pointiert und wertet, dass eine Position erkennbar wird, die es (der Idee nach) in der literarischen Öffentlichkeit erst noch zu verhandeln gilt.

Statt von „Gerechtigkeit" und „Angemessenheit" sollte deshalb besser vom „Gelingen" der Kritiken die Rede sein. Und das heißt dann: *Kritiken gelingen, wenn sie ein experimentelles Zusammenspiel in Gang setzen, das in seiner Bestimmtheit und Vorläufigkeit auf pointierte Weise etwas am Gegenstand als kulturellem Artefakt sichtbar macht – und weitere Auseinandersetzungen mit dem Gegenstand anregt.*

Definiert man den Orientierungspunkt für jede Kritik so, erübrigt sich die Frage nach dem Dienen und Bedientwerden. Auch erübrigt sich die Frage, ob die Kritik dem Kunstwerk nach- oder gar untergeordnet ist und ob man es also im Fall der Kunst mit etwas Hochwertigem, im Fall der Kritik aber mit etwas vergleichsweise Minderwertigem zu tun hat. Der Kritik wird dann nämlich eine Aufgabe zugeschrieben, die sie zu etwas Eigenständigem macht: Sie wird als Teil eines größeren Prozesses begriffen, durch den sich die Kultur über sich selbst verständigt, indem sie Artefakte schafft und diese dann in Auseinandersetzungen übersetzt, aus denen neue Vorgaben, Ideen, Impulse für neue Artefakte hervorgehen. Kritik hält diesen Selbstverständigungsprozess auf ihre Weise und mit ihren Mitteln am Laufen, indem sie mit einer sehr kurzen Reaktionszeit und auf sehr pointierte Weise Positionen markiert und Orientierungen für diese Auseinandersetzungen zur Verfügung stellt.

In diesem Prozess gibt es keine klaren Reihenfolgen. Es wäre irreführend, wollte man behaupten, es sei zuerst die Kunst dagewesen, der seither die Kritik zu folgen hat. Das mag im Einzelfall so aussehen, insofern eine Kritik zu einem Gegenstand erst dann geschrieben werden kann, wenn der Gegenstand tatsächlich vorhanden ist. Mit Blick auf den Selbstverständigungsprozess der Kultur aber finden Kunst und Kritik ganz grundsätzlich gleichzeitig statt und beeinflussen sich auf eine Weise, die es unsinnig macht, das eine dem anderen unter- oder nachzuordnen.

Stellt man von „Gerechtigkeit" auf „Gelingen" um, lautet die Frage an die Kritik nicht, ob sie sich dem Gegenstand, den sie im Blick hat, hinreichend unterwirft, andient oder anschmiegt. Die Frage ist vielmehr, ob sie ein Lektüre- und Deutungsexperiment so gut erzählen kann, dass es dem Leser auf eine Weise plausibel wird, die dazu anregt, weiterzudenken.

So wird die Kritik über das Lektüre- und Deutungsexperiment hinaus zu einem Erzählexperiment. Folgerichtig muss der Kritiker nicht nur ein guter Beobachter und Analytiker sein. Er muss sich nicht nur in unübersichtlichen Kontexten orientieren können und den Mut haben, sich symptomatisierend für eine These, für eine Formel, für einen Punkt zu entscheiden. Er muss auch gut erzählen können, um seinen Deutungsversuch und seine Wertung in den Selbstverständigungsprozess einzuspeisen. Der Kritiker muss also immer auch und vor allem eins sein: ein guter Erzähler.

Wie man Kritiken gut erzählt, lässt sich allerdings kaum in Regeln fassen. Wie das Erzählen selbst ist die erzählte Kritik nicht auf bestimmte Formate festgelegt. Im Gegenteil lebt auch sie sowohl vom souveränen Umgang mit bekannten Formaten als auch von einer beständigen Variationskraft, durch die etwas Neues hervorgebracht werden kann.

Trotz dieser strukturellen Offenheit lässt sich die wichtigste Voraussetzung für eine gut erzählte Kritik sehr klar benennen: Der Kritiker muss etwas erzählen *wollen*! Wo er bewusst auf Erzählung verzichten will, wird die Kritik zum nicht-erzählten Erzähltext, der ein paar Referatteile abhakt. Und wo der Kritiker einfach nur vor sich hinschreibt, zerfällt ihm der Text unter den Händen – und dem Leser unter den Augen! – in Einzelstücke, die nicht richtig zueinander gehören wollen, nicht richtig miteinander verknüpft sind oder nicht richtig aufeinander aufbauen. Es mag dann im Text einzelne Ideen und vereinzelte Hinweise geben. Wenn sie aber nicht in einer Erzählung integriert sind, werden sie sich auch vom Leser nicht integrieren lassen. Und wenn sie sich nicht integrieren lassen, ist die Kritik keine wirkliche Kritik, sondern ein ungerichtetes Assoziieren oder Auflisten, mit dem sich weder etwas über den Gegenstand erfahren, noch eine Position markieren oder gar eine weiterführende Auseinandersetzung in Gang setzen lässt.

Nun scheint die Behauptung, man dürfe beim Schreiben von Kritiken nicht das Prinzip „Gerechtigkeit" in den Vordergrund stellen, weil es in erster Linie um das „gute Erzählen" geht, in einen Relativismus hineinzuführen, der nicht nur generell etwas Bedenkliches hat (geht denn dann alles, Hauptsache, es ist gut erzählt?!). Das Erzählen führt offensichtlich auch von den Grundtechniken weg, über die so ausführlich gesprochen worden ist und die zur Grundlage jeder Kritik erklärt worden sind: das Symptomatisieren und Kontextualisieren.

Doch das Gegenteil ist der Fall. Nur um Missverständnisse zu vermeiden, sei das noch einmal deutlich herausgestellt: Gerade die Verpflichtung darauf, den jeweiligen Gegenstand im Rahmen werkimmanenter und kultureller Kontexte zu rekonstruieren, um dann einen Lektüreweg als exemplarischen vorzuschlagen, der den Gegenstand als symptomatischen vorstellt, führt zu der Schlussfolgerung, dass die Kritik gut erzählt sein muss. *Gerade weil die Kritik ihren Gegenstand nicht umfassend ausleuchten kann (keine Zeit! kein Platz!) und gerade weil sie ihn nicht in einer vermeintlichen Objektivität zu fassen bekommt (zu intuitiv! zu unmittelbar in der Gegenwart für die Gegenwart formuliert!) wird das offensichtliche Erzähltsein zur Grundbedingung der Kritik: Denn je deutlicher sie erzählt ist, je definitiver sie einen Lektüreweg vorschlägt und abschreitet, umso deutlicher und definitiver gibt sie zu erkennen, dass mit ihr ein Vorschlag gemacht wird, der zwar einen Anspruch auf Wahrheit macht, aber sich selbst doch als relativ versteht, insofern er in den Prozess der Kultur hineingeschrieben ist.*

Und damit auch das dann noch einmal deutlich gesagt ist: Mit der Forderung, Kritiken müssen gut erzählt sein, ist keine Aufforderung verbunden, möglichst abgehoben vom Gegenstand zu erzählen, womöglich erfundene Geschichten zu erzählen und sich in dem zu üben, was in Volkshochschulschreibkursen zur Selbsterfahrung („Schreib Dich frei!") empfohlen wird. Es soll gerade nicht irgendetwas erzählt werden. Auch soll der Kritiker gerade nicht irgendwelchen inneren Impulsen folgen, um eine möglichst schöne Geschichte zu erzählen. Dass Kritiken gut erzählt sein müssen, heißt *erstens*, dass sie als ästhetische Einheit wahrgenommen werden sollen ; dass sie *zweitens* das, was sie erzählen, mit dem Anspruch erzählen, etwas am Gegenstand als kulturellem Artefakt sichtbar machen zu können (Anspruch auf Wahrheit); aber dass sie eben *drittens* auch signalisieren, dass man das, was sie erzählen, theoretisch auch ganz anders erzählen könnte (Selbstrelativierung).

Übung 19: Einstiege, Ausstiege

Kontextualisierung und Symptomatisierung sind nicht nur Verfahrensweisen, mit denen sich Gegenstände als kulturelle Artefakte bestimmen lassen. Sie lassen sich auch zur Strukturierung der jeweiligen Erzählung einer Kritik einsetzen – etwa, indem man kontextualisierende oder symptomatisierende Einstiege oder Ausstiege komponiert.

Der kontextualisierende Einstieg ähnelt einem filmischen Verfahren: Man zoomt sich aus der Totalen immer näher an ein Detail heran oder nähert sich ihm mit einer Schnittfolge. Erst sieht man die Landschaft, erst schaut man von

oben auf eine Stadt, dann bewegt man sich auf einen bestimmten Punkt zu, an dem die Szene beginnt.
Einen solchen kontextualisierenden Einstieg, der sich symptomatischen Einzelheiten nähert, führt Silja Ukena in ihrer Besprechung von John von Düffels Roman *Houwelandt* vor, die wir bereits vollständig in ÜBUNG 15 abgedruckt haben.

> Es gibt so Reizworte. Eines davon ist „Familienfeier". Selten löst sie bei den Beteiligten die reine Freude aus. Oft führt sie zu gewissen Verspannungen und Fluchtgedanken, schlimmstenfalls lässt sie sich nur mit viel Alkohol überstehen. Auf dass sich ein gnädiger Schleier über alles lege, auf dass erträglicher werde, was uns so nah und gerade deshalb oft so unaushaltbar ist. Rätselhaftes Gemisch Familie. Es geht nicht mit ihr, aber ohne sie geht es auch nicht. Für die Literatur ein unerschöpflicher Glücksfall, wie John von Düffels neuer Roman Houwelandt, sein bester nach Vom Wasser, wieder einmal beweist.

Allgemeiner als mit einem so allgemeinen Reizwort und einem so allgemeinen Statement zur allgemeinen Wirkung von Familienfeiern, lässt sich wohl kaum einsteigen. In dem Seufzer *Rätselhaftes Gemisch Familie. Es geht nicht mit ihr, aber ohne sie geht es auch nicht* und in der Wendung *Für die Literatur ein unerschöpflicher Glücksfall* erreicht dieses Auflisten von Allgemeinheiten einen Höhepunkt, von dem aus die Kritik schnell ins Plattitüdenhafte umkippen könnte. Doch das passiert hier nicht. Die Kritikerin treibt die Verallgemeinerung auf die Spitze, um sich von dort aus ganz plötzlich dem Besonderen zuzuwenden: nämlich John von Düffels neuem Roman, der durch den Verweis auf andere Werke vom selben Autor und durch eine kurze und knappe Wertung noch einmal so kontextualisiert wird, dass der Leser pointiert orientiert wird.
Auf diese gelungene, wenn auch riskante Kontextualisierung folgt eine Passage, in der die Kritikerin auf analytische Weise komprimiert, was sie gelesen hat. Ist sie vom Allgemeinen (Familienfeier) zum Besonderen (der neue Roman von John von Düffel) gekommen, zoomt sie sich nun in den Text selbst hinein: Der Inhalt, den sie referiert, wird so zu einem Symptom für das, was eben noch an Allgemeinheiten ausgebreitet wurde. Und um zu zeigen, wie das eine mit dem anderen zusammenhängt, dreht sie am Ende des nächsten Absatzes aus dem Besonderen wieder das Allgemeine heraus und lässt, was im Roman passiert, als Ausdruck eines größeren kulturellen Konfliktzusammenhangs erscheinen.

> Die Geschichte beginnt einige Monate vor der eigentlichen Feier, dem 80.Geburtstag des Familienoberhauptes Jorge de Houwelandt. Ein Tag, an dem der Patriarch im Kreise von Kindern und Kindeskindern ein glückliches Jubiläum begehen soll. So plant es jedenfalls seine Frau Esther. Tatsächlich aber haben die Geschwister zum Vater und auch zueinander fast keinen Kontakt, den Enkeln ist der Großvater ein Fremder. Bande, falls es sie gab, sind längst zerrissen. Die Familienfeier soll sie nun wieder knüpfen. Angesichts der wütenden Verachtung, die die Houwelandts beherrscht, ist der Eklat allerdings viel wahrscheinlicher. Die Rede, die Sohn Thomas – als Erstgeborener von der Mutter mit den Worten „Gib dir Mühe" beauftragt – zu halten gedenkt, ist eine Abrechnung: mit einer Kindheit voller Zwang und Kälte, mit einem Vater, der zur Liebe nicht fähig war. Das Fest als Tribunal: *„J'accuse!"* Doch um Schuld geht es im Grunde bei allen Familienzwisten. Und schuldig ist im Zweifel immer der andere. Geht es doch um den existenziellen Beweis, es besser zu machen, das richtige Leben zu leben. Wo aber liegt die Wahrheit tatsächlich?

Ein weiteres Beispiel für einen kontextualisierenden Einstieg, der nun aber nicht mit Allgemeinplätzen, sondern mit dem Kontext des Werkes eines Autors arbeitet, bietet Hubert Winkels in dem Ausschnitt, den wir bereits in ÜBUNG 16 zitiert haben:

> Patrick Roth schreibt wundervolle Geschichten, seit vielen Jahren. Sie entfalten einen enormen Sog beim Lesen, weil sie Schichten auf Schichten türmen, biographische Geschichten, Filmgeschichten, literarische Geschichten, und weil sie alle aufs feinste miteinander verwoben sind. Man kann auch umgekehrt formulieren, seine Texte zerreißen ein dichtes Gewebe von Geschichten, und durch die zerfransenden Ränder greifen wir, die Leser, ins Unendliche. Am Ende stockt einem regelrecht der Atem, und man muss sich kurz orientieren, um wieder in die eigene Haut zurückzufinden. Das ist außergewöhnlich und so gut wie von jedem, der sie liest, gewürdigt worden. Warum nur muss man bei jedem neuen Buch von Patrick Roth nachdrücklich um eine Aufmerksamkeit werben, die selbstverständ-

> lich zu sein hätte? Versuchen wir mit einer Antwort auf diese scheinbar so äußerliche Frage den jüngsten Büchern Patrick Roths [...]

Auch hier reißt der Kritiker zuerst einen Horizont auf, um sich dann dem einzelnen Werk zu nähern, das als etwas ganz und gar Symptomatisches erscheint. Wenn das „jüngste Buch" von Patrick Roth besprochen wird, geht es plötzlich nicht mehr um ein beliebiges Werk. Es geht um ein Buch, an dem der Kritiker etwas über den Werkzusammenhang zeigen kann.
Und noch ein drittes Beispiel, ebenfalls in der ÜBUNG 16 zitiert. Ein exzellentes Beispiel für eine kultur- und literarhistorische Kontextualisierung als Einstieg in eine Kritik:

> Das Kerbtier erfreut sich in der Literatur der Moderne einer erstaunlichen Beliebtheit. Von Kafkas verwandeltem Ungeziefer über Ernst Jüngers subtile Jagdausbeute bis zu den entomologischen Erzählungen des unvergessenen Ingomar von Kieseritzky zieht sich eine wahre Ameisenstraße von Insektengeschichten durch unsere Poesie – zu schweigen von jenem russisch-amerikanischen Schmetterlingsfänger, der auch als Erzähler Weltruhm erlangte. Ohne streng statistische Nachprüfung läßt sich doch mit Grund vermuten, daß „das Leben der Bienen" (M. Maeterlinck) und der „Gesang der Regenwürmer" (H. Stern) die Dichter weit intensiver beschäftigen als beispielsweise das Thema „masturbierende Männer", das jedenfalls in den höheren Etagen der Literatur eher ein Schattendasein fristet.
> Hinwiederum ist der literarische Kerbtierkult seinerseits natürlich nur ein Schatten gegenüber einem Thema wie „Leben in der DDR". Nicht genug damit, daß es über diesen Staat noch viel mehr schöngeistige Bücher gibt als über alle Ameisenstaaten zusammen – viele gute Schriftsteller haben in diesem Staat sogar selber gelebt und können seinen Alltag sozusagen von innen und von unten schildern. Die zur Zeit vermutlich beste dieser Schriftstellerinnen heißt Katja Lange-Müller und hat eine wunderbare Erzählung geschrieben, die nicht nur alle bisherige Insektendichtung in den Schatten stellt, sondern überdies auch das Kunststück vollbringt, auf vollkommen plausible

Weise Kerbtiere, masturbierende Männer und andere Bestandteile des Alltags in, unter anderem, der DDR zusammenzuführen. [...]

Aufgabe 1: Kontextualisierende Einstiege sammeln
Um ein Gefühl für Einstiege zu bekommen, die Kontexte öffnen, um dann den Gegenstand als kulturelles Artefakt vorzustellen, das genau durch diesen Kontext definiert ist, sollte man sie sammeln. Dafür haben Sie das Journal. Eröffnen Sie dort eine Rubrik, in die Sie immer den ersten Absatz (oder die ersten zwei Absätze) einer Kritik schreiben oder einkleben. Um das Verfahren noch genauer in den Blick zu bekommen, können Sie auch gleich drei Rubriken eröffnen:

- Einstiege über den *innertextuellen,*
- den *intertextuellen* oder
- den *extratextuellen* Kontext.

Aufgabe 2: Kontextualisierende Einstiege entwickeln
Kontextualisierende Einstiege zeigen zuerst die Totale, um sich dann von dort aus dem Detail, dem symptomatischen Ausschnitt zu widmen. Erfinden Sie nach diesem Muster einige Einstiege für Kritiken, die sich folgenden (ebenfalls erfundenen) Büchern widmen:

- Heribert Schmitz: *Rot-Grün. Aus-und-Vorbei. Über das Ende einer Ära.* Solingen 2005.
- Geri Lankow: *Cybersex.* Roman. München 2005.
- Heiner Rahmsinn: *Die Google-Kultur. Über die Verwirrung des Wissens.* Köln 2005.

Sollten Sie der Empfehlung in ÜBUNG 4 gefolgt sein und seither Listen mit Titeln von Büchern führen, die es noch nicht gibt, die aber eigentlich mal geschrieben werde müssten, so können Sie diese ja als Ausgangspunkt für erfundene Kritiken mit kontextualisierenden Einstiegen nutzen.

Die *symptomatisierenden Einstiege* verfahren genau umgekehrt. Sie zoomen nicht aus der Totale auf die Details und kommen nicht vom Allgemeinen zum Besonderen. Sie beginnen stattdessen mit einem symptomatischen Ausschnitt, mit einer symptomatischen Szene oder einem symptomatischen Bild, von dem aus dann auf allgemeinere Zusammenhänge übergegangen wird.
So beginnt Marcel Reich-Ranicki in der in ÜBUNG 16 zitierten Besprechung der Inszenierung eines Stücks von Peter Weiss mit der symptomatischen eige-

nen Reaktion (Ekel) und der symptomatischen Reaktion des Düsseldorfer Publikums, um dann zum Kontext (dem Werk von Peter Weiss) überzugehen:

> Was sich hier abspielte, kommt mir widerwärtig und obszön vor: In Düsseldorf, der angeblich reichsten Stadt der reichen Bundesrepublik Deutschland, in einem Theaterneubau, der die öffentliche Hand nicht weniger als vierzig Millionen Mark gekostet hat und der sich zwischen dem Bürohaus eines der größten Konzerne Europas und der Filiale einer der mächtigsten Banken des Erdballs befindet, wurde ein Stück aufgeführt, das die Weltrevolution rühmt und die Hinrichtung der bürgerlichen Gesellschaft fordert; und jene, die den Zuschauerraum füllen – ich war nicht in der Premiere, sondern in einer ganz gewöhnlichen Repertoire-Aufführung –, sind typische Vertreter ebendieser Gesellschaft, meist offenbar wohlhabende Düsseldorfer, die natürlich nichts weniger wünschen als die kommunistische Herrschaft an Rhein und Ruhr.
> Dennoch habe ich nach keinem einzigen Satz dieses Stückes Widerspruch gehört – und auch keine Zustimmung; für dieses Publikum ist, was hier auf der Bühne geschieht, so wichtig wie etwa die Intrigen um Boris Godunow, ja, mir will scheinen, daß die Mitteilung des Lehärschen Zarewitsch, es stehe ein Soldat am Wolgastrand, bei den deutschen Stadttheaterabonnenten ungleich stärkere Reaktionen auslöst als Trotzkis Ruf nach der permanenten Revolution. Warum lassen die Düsseldorfer – aber die Hamburger oder die Frankfurter würden sich kaum anders verhalten – alles über sich ergehen? Man speit sie an, und sie tun, als wäre es ein harmloser und lieber Regenschauer. Der Grund ist einfach: Sie halten das, was man ihnen bietet, für Literatur, für Kunst. Sie konsumieren es als Dichtung.
> In der Tat hat das Stück „Trotzki im Exil", von Peter Weiss mit Kunst und Literatur etwas gemein – nämlich die Person des Verfassers; wir verdanken ihm schließlich das „Marat"-Drama und einige hervorragende Prosabücher, die zwischen *1960* und *1963* erschienen sind. Und was immer Peter Weiss noch schreiben mag, er kann nur sich selber kompromittieren, nicht sein früheres Werk, das aus der Geschichte der deutschen Literatur nach *1945* nicht mehr wegzudenken ist.

Der Impuls zu dem neuen Stück war vornehmlich politischer Art. [...]

Noch direkter steigt Gerrit Bartels in seiner Besprechung von Benjamin Leberts Roman *Crazy* ein, die in ÜBUNG 15 nachzulesen ist. Bartels beginnt mit einer ganz konkreten Situation. So konkret ist sie, dass alle Erklärungen erst nachgeliefert werden: Erst kommt das Zitat, das der Leser noch gar nicht zuordnen kann, dann öffnet sich der Blick auf eine Szenerie (Redaktionsbüro), schließlich öffnet sich der Kontext von Leberts Roman bis zum Literaturbetrieb:

„Der sieht ja aus wie ein Viva- Moderator", entfährt es einem Mitarbeiter dieser Zeitung beim Anblick des Konterfeis von Benjamin Lebert. Wohl wissend, dass selbst Viva-Moderatoren in der Regel volljährig sein müssen; aber nicht ahnend, dass Lebert mit seinen wasserstoffblonden Haaren und seinen stechend blauen Augen gerade mal 17 Jahre alt ist. Eigentlich nicht weiter erstaunlich, schon manche Haarfrisur hat für Verwirrung gesorgt, und auch 17jährige Bengels haben wir alle schon mal gesehen.
Doch Lebert hat ein Buch geschrieben, „Crazy" heißt es, einen autobiographischen „Roman" vom Leben im Internat und dem Erwachsenwerden. Und damit ist er seit zwei Wochen das sprichwörtlich liebste Kind des Literaturbetriebs und seiner angeschlossenen Medien. Und das nicht, weil hier ein außergewöhnlich toller Text die Party macht, gar ein Jahrhunderttalent entdeckt wurde, sondern vor allem weil mit ihm „der jüngste Autor der Verlagsgeschichte" (Kiepenheuer-&-Witsch-Verlagswerbung) an den Start geht. [...]

Noch ein drittes Beispiel, das sich die Anfangsszene eines Romans als Anfangsszene für eine Kritik wählt, um von dort aus das Erzählprinzip eines ganzen Werkzusammenhangs zu entfalten:

Wenn kleine Jungen vom Friseur kommen, kann ihnen nichts Schlimmeres passieren, als fotografiert zu werden. Nur ein paar Stoppel stehen über der Stirn, und für einen Scheitel reicht das Ganze nicht mehr. *Der springende Brunnen*, Martin Walsers jüngster Roman, beginnt im Herbst 1932 mit einem Haarschnitt und einer Fotografie: Auf dem Heimweg fällt der Held, der fünfjährige Johann, einem Wanderfotografen in die Hände: Da steht er mit seinem Kahlkopf, die Schneidezähne über die Unterlippe vorgeschoben, und ist doch stolz, denn er ist der erste in der Familie, der ganz allein auf einer Fotografie zu sehen ist. Aber auch die Klage ahnt er schon, denn ein solches Foto kostet die Eltern drei Mark. In diesem Roman gibt es viele solcher Szenen der Selbstverklärung mit innewohnendem Gegenschlag, oder umgekehrt: der Erniedrigung mit immanenter Erhöhung.

Je weiter man in der Lektüre des Buches kommt, desto mehr sortiert sich das Werk dieses Autors: auf der einen Seite liegen alle anderen Romane, Novellen, Erzählungen und Dramen Martin Walsers, auf der anderen liegt dieses Buch. [...]

(Thomas Steinfeld, Frankfurter Allgemeine Zeitung, 26.9.1998)

Aufgabe 3: Symptomatisierende Einstiege sammeln

Um ein Gefühl für Einstiege zu bekommen, die symptomatische Szenen aufspüren, um sie dann über größere Kontexte aufzuschlüsseln, gilt auch hier: Man sollte sie sammeln. Eröffnen Sie also in Ihrem Journal neben der Rubrik für die kontextualisierenden Einstiege eine weitere Rubrik, in die Sie symptomatisierende Einstiegsszenen schreiben oder kleben. Und auch hier können Sie genauer unterteilen:

- Sind es Szenen, die dem besprochenen Werk entnommen sind?
- Sind es symptomatische Szenen, die aus dem Zusammenhang des Werks eines Autors oder aus dem Leben des Autors genommen wurden?
- Oder sind es allgemeine „kultursymptomatische" Szenen oder Anekdoten, über die sich der Kritiker seinem spezifischen Gegenstand nähert?

Aufgabe 4: Symptomatisierende Einstiege entwickeln

Für diese drei erfundenen Titel haben Sie sich bereits kontextualisierende Einstiege zurechtgesponnen:

- Heribert Schmitz: *Rot-Grün. Aus-und-Vorbei. Über das Ende einer Ära.;*
- Geri Lankow: *Cybersex;*
- Heiner Rahmsinn: *Die Google-Kultur. Über die Verwirrung des Wissens.*

Spinnen Sie sich nun drei kurze szenische Einstiege zusammen, um dann von dort aus auf größere Kontexte umzuschalten. (Wahlweise können Sie auch hier

Titel aus Ihrer für die ÜBUNG 4 angefertigten Liste von Büchern verwenden, die erst noch geschrieben werden müssen.)

Aufgabe 5: Kontextualisierende und symptomatisierende Ausstiege

Wenn man das Prinzip der Kontextualisierung und der Symptomatisierung für die Narrativierung von Kritiken verstanden hat und Einstiege mit ihnen entwickeln kann, kann man sich genauso gut vorstellen, wie Ausstiege nach demselben Muster funktionieren.

(a) Nehmen Sie an, am Ende einer Kritik soll nicht die Wertung stehen. Stattdessen soll ein erzählerisches Ende gefunden werden, in dem noch einmal auf den Punkt gebracht wird, um was es in der exemplarischen Erzählung der Kritik gegangen ist.

> **symptomatisierend:** Während er aus dem Zugfenster schaut, formuliert er jene Sätze, die am Anfang des Musters stehen: Der Kreis schließt sich. Der Junge aus der Trümmerwelt hat sein Versprechen wahrgemacht.
> *Volker Hage über Dieter Fortes Roman In der Erinnerung*

> **kontextualisierend:** Tomboy ist ein Beleg dafür, wie sich die Grenzen zwischen Kulturen zu verschieben beginnen und in die sich geschlossenen Zirkel der Musikszene nun bis ins Haus Suhrkamp hinüberdiffundieren können, weil sie mittlerweile selbst schon eine Geschichte haben. Pop, das Rhythmus- und Sprachgefühl des Augenblicks, wird in der deutschsprachigen Gegenwartsliteratur eine immer größere Rolle spielen. Und Meinecke hat das Zeug dazu, Themen vorzugeben.
> *Helmut Böttiger über Thomas Meineckes Roman Tomboy*

- Welche narrative Funktion haben kontextualisierende Ausstiege?
- Welche narrative Funktion haben Ausstiege, die sich eine Szene oder ein bestimmtes Bild wählen?

Entwickeln Sie symptomatisierende und kontextualisierende Schlussformeln für *Rot-Grün. Aus-und-Vorbei,* für den Roman *Cybersex* und für das Buch über die *Google-Kultur.*

(b) Schauen Sie nach Schlussabsätzen in Kritiken. Stöbern Sie die auf, in denen symptomatisiert oder kontextualisiert wird. Kleben Sie sich diese Absätze in Ihr

Journal und schreiben Sie sich kurz daneben, was genau durch den Einsatz des jeweiligen Verfahrens am Schluss passiert.

6.2 Was heißt: Erzählen?

Im Abschnitt zur Wertung haben wir bereits ein paar Kritik-Typen anhand ihrer Urteilsformeln identifiziert, und die Aufgabe war, sich eine vollständige Typenliste mit eigenen Fundstücken zusammenzustellen. Notiert hatten wir das *euphorische Lob, die Fachkritik, den verhaltenen Verriss, das Lob des hauptamtlichen Gutachters, die verteidigende Lobrede…*

Von diesen Typen lassen sich nicht nur Wertungsformeln ableiten. Aus ihnen lassen sich auch ganze Erzählmuster entfalten. Die These im Hinblick auf das Werten in der Kritik lautete: Das Urteil kann am Ende nicht plötzlich kommen, es muss im Text mehr oder weniger vorsichtig und mehr oder weniger deutlich vorbereitet sein. Wer es nicht schafft, sein Material in den Abschnitten davor so zurechtzulegen, dass der Leser ahnen kann, auf was das alles hinausläuft, hat die Kritik nicht wirklich gut gefertigt. Die Frage nach der „Erzähltheit" einer Kritik stellt sich deshalb nicht nur aus kulturwissenschaftlichen Gründen, die wir im letzten Abschnitt skizziert haben. Sie stellt sich auch aus ganz pragmatischen Gründen, weil die Kritik, ohne gut erzählt zu sein, grundsätzlich nicht funktioniert.

Was aber heißt genau, dass Kritiken „erzählt" sein sollen? Bisher haben wir uns nur auf kleinere Abschnitte konzentriert (den Snapshot, die Webcam, die analytische Zusammenfassung, den Kontext, die Symptomatisierung, die Wertung). Will man aber erzählen, so gilt es, diese einzelnen Aspekte auf eine Weise zusammenzufassen, dass sie in einem Text integriert sind. Erzählen heißt in diesem Sinn, die einzelnen Verfahrensweisen – von der Beobachtung bis zur Wertung – so zusammenzufügen, dass sie als Wegmarken eines einzigen, als exemplarisch vorgestellten Lektürewegs erscheinen. Erzählen heißt damit also auch, den Wegverlauf zu entwerfen, die Einzelteile zu platzieren, Zusammenhänge herzustellen, Übergänge zu bauen (oder Sprünge und Brüche einzuplanen), Höhepunkte zu bestimmen – und nicht zuletzt die Geschwindigkeiten zu definieren, mit denen man durch die einzelnen Abschnitte kommt und auf das Ende zuläuft.

Mit dieser Aufzählung ist noch nichts darüber gesagt, wie man im Einzelnen verfährt – ob der Weglauf gradlinig oder verschlungen ist, ob er auf Abschweifung setzt oder auf einen rasanten Durchlauf. Vielleicht wechseln die Geschwindigkeiten, mit denen erzählt wird. Vielleicht wechseln sich Sprünge mit ruhig fließenden Passagen ab.

Die Frage ist aber nicht nur, wie der Erzählweg gebaut und abgeschritten werden soll. Erzählen heißt auch, es in einer bestimmten Tonlage zu tun, die im Verlauf der Kritik keineswegs immer dieselbe bleiben muss. So kann der Text im trockenen, referierenden Tonfall beginnen. Zum Schluss kann der Text zu einer polemischen, vielleicht sogar wütenden Abrechnung mit dem Gegenstand werden. Oder man beginnt den Text als furchtbaren Verriss, um ihn dann langsam aber sicher in ein vorsichtiges Lob übergehen zu lassen und am Ende dann die eigene Strenge als altväterliche Lehreinheit für den Autor des besprochenen Werkes auszugeben.

Wenn man wirklich erzählen will, dann ist noch viel mehr zu klären. Gibt es ein „Ich", ein „Man", ein „Wir"? Wird es im Text als Figur eingesetzt, die im Verlauf der Kritik, innerhalb der nächsten 3.000 Zeichen einen Spaziergang durch den Text mit Abstechern in die Kulturgeschichte absolviert? Muss es ein Lektüreabenteuer durchstehen, das voller Glücksmomente ist, voller Ärgernisse oder Frustrationen? Tritt der Autor des besprochenen Werkes als Gegenpart oder Mitstreiter des „Ich", „Wir" oder „Man" auf? Mischen sich die Helden des Romans ein, mischt vielleicht sogar der Text selbst mit und zeigt sich freundlich, widerständig, abweisend, arrogant, verschlossen?

Und wer spielt noch mit? Andere Bücher mit anderen Helden desselben Autors? Andere Autoren der Gegenwart? Andere Autoren, die etwas zum selben Thema oder in derselben Art geschrieben haben? Und welche Rolle spielen sie, welche Rolle spielen ihre Bücher und ihre Helden?

Und als was soll der Erzähler selbst erscheinen? Der Kritiker kann seinen Text mit großer Intellektualität aufladen und sich als *kompetenten Erzähler* in Szene setzen, der souverän über alle kulturgeschichtlichen Kontexte verfügt und seine Lektüreerlebnisse präzise auf Distanz halten kann, um sie als Lektüreergebnisse zu präsentieren. Er kann sich aber auch als Erzähler vorstellen, der *von der Lektüre befangen* ist und noch gar keinen Überblick über das gewonnen hat, was ihm da gerade widerfahren ist. Er kann *den lässigen Kenner* geben, der mit leichter Hand zeigt, was an seinem Gegenstand gelungen und was misslungen ist. Er kann aber auch den *harten Hund* spielen (der den Autor wie einen Schüler an der Tafel vorführt), den *Angry Young Man* (dem das literarische Establishment furchtbar auf die Nerven geht), *den feinnervigen Kritiker* (der auf Schrilles hochempfindlich reagiert), *den poetisch gestimmten Mitleser* (der sich vom Text ganz persönlich und im Innersten ansprechen lässt und ihn in sich und durch seinen Text zum Klingen bringt), *den abgeklärten Pop-Typen* (der seinen Gegenstand nutzt, um zu zeigen, wie gut er mit dem Jargon der Jugendkulturindustrie umgehen und ihn auch auf hohe Literatur anwenden kann), *den Edelmann* (der selbst noch der schlichtesten Form der Trivialkultur mit geradezu aristokratischer Haltung und Höflichkeit gegenübertritt), *den Missionar* (der darauf aus ist, schlichtweg jedes Werk an der Nähe oder Distanz zu seiner Mission zu messen), *den Bewährungshelfer* (der bereit ist, auch noch aus gescheiterten Texten etwas Gutes herauszulesen), *den Literaturpapst* (der in einer Art Schnellgericht aburteilt, frei- oder heiligspricht und sich die Begründungen im Einzelnen spart, weil er weiß, dass er als Beweis für die Stimmigkeit seiner Argumente die eigene Person mit all ihrer Größe und Lebenserfahrung in die Waagschale zu werfen hat)…

Wenn Erzählen heißt, all diese Entscheidungen zu treffen und in einer ästhetischen Einheit, in einer Erzählung zu integrieren, muss man sie nicht immer unbedingt explizit treffen und schon gar nicht jeden Moment präsent halten. Man wäre wohl überfordert, wollte man fortwährend darüber nachdenken, welche Entscheidungen man treffen könnte (oder treffen müsste), um den ganzen Text gelingen zu lassen. Fragt man routinierte Kritiker, behaupten sie, nicht über eine einzige dieser Entscheidungen nachzudenken, sondern einfach nur eins zu tun: zu schreiben! Aber das Geheimnis der routinierten Kritiker (das ein so großes Geheimnis ist, dass sie oft selbst nicht wissen, dass sie es vor sich selbst hüten) ist: All die genannten Parameter, durch die sich eine Erzählung ausrichten lässt, integrieren sie *routinemäßig*. Wer über eine lange Zeit Kritiken schreibt, wer sich mit Formen und Themen und Abläufen vertraut macht, wer das Funktionieren von Texten ebenso wie das eigene Funktionieren als Schreibender kennt, justiert die eigenen Parameter auf eine Weise, die man „vorbewusst" nennen kann (um das geniehafte „unbewusst" ausdrücklich zu vermeiden).

Beginnt man aber mit dem Schreiben von Kritiken, hat das Scheitern mit den eigenen Texten meist einen einzigen Grund: Man macht sich nicht klar, mit was für Parametern man es eigentlich beim Erzählen zu tun hat. Die Folge ist, dass man sich beim Schreiben nur schwer orientieren (wo bin ich? was will ich?) und den eigenen Text in Bezug auf seinen Gegenstand nur schwer justieren kann, weil man sich nicht entschieden hat und vielleicht nicht einmal weiß, was man eigentlich (und warum? und in welcher Hinsicht?) entscheiden müsste.

So lange man noch keine Routine hat und das Eigenleben von Texten, die man schreibt, ebenso wenig kennt, wie man sich selbst als Autor kennt, sollte man sich die Parameter ins Bewusstsein rufen. Und das heißt: Wenn man beginnt, Kritiken zu schreiben, sollte man sich vorher in Stichpunkten festlegen, was eben kurz aufgezählt worden ist: *in welche Richtung man auf welchem Weg in welchen Zusammenhängen und Übergängen mit welcher Geschwindigkeit in welcher Tonlage, mit welchen Figuren, in was für einem dramatischen Bogen man erzählen will – und in welcher Rolle dabei der Erzähler selbst in Erscheinung treten soll.*

Kurzum: Man muss sich fragen, was man eigentlich erzählen will. Im Großen und Ganzen. Und im Detail. Denn wenn man erzählt, dann erzählt man nicht mal hier und mal da, um zwischendrin das Erzählen auszusetzen. Wenn erzählt wird, dann erzählt man total. Und man muss sich deshalb auch total entscheiden.

Übung 20: Stilübungen

Der französische Schriftsteller Raymond Queneau hat 1947 ein Bändchen mit dem Titel *Excercises de style* veröffentlicht. Es enthält 98 kurze Texte, die allesamt einen kurzen Text variieren, der gleich zu Beginn zu lesen ist.

Angaben

Im Autobus der Linie S, zur Hauptverkehrszeit. Ein Kerl von etwa sechsundzwanzig Jahren, weicher Hut mit Kordel anstelle des Bandes, zu langer Hals, als hätte man daran gezogen. Leute steigen aus. Der in Frage stehende Kerl ist über seinen Nachbarn erbost. Er wirft ihm vor, ihn jedesmal, wenn jemand vorbeikommt anzurempeln. Weinerlicher Ton, der bösartig klingen soll. Als er einen leeren Platz sieht, stürzt er sich drauf. Zwei Stunden später sehe ich ihn an der Cour de Rome, vor der Gare Saint-Lazare, wieder. Er ist mit einem Kameraden zusammen, der zu ihm sagt: „Du solltest dir noch einen Knopf an deinen Überziehernähen lassen." Er zeigt ihm wo (am Ausschnitt) und warum.

Jede Variation dieses Eröffnungstextes hat eine kurze Überschrift, die anzeigt, unter welchem Aspekt die „Angaben" bearbeitet werden. Hier ein paar Beispiele:

Rückwärts

Du solltest noch einen Knopf an deinen Überzieher nähen, sagte sein Freund zu ihm. Ich traf ihn mitten auf der Cour de Rome, nachdem ich ihn, sich gierig auf einen Platz stürzend, zurückgelassen hatte. Er hatte gerade gegen die Knüffe eines anderen Fahrgastes protestiert [...]

Metaphorisch

Im Zentrum des Tages, auf den Haufen reisender Sardinen eines Käfers mit dickem, weißem Rückenschild geworfen, kanzelte mit einem Male ein Hähnchen, mit großem, gerupftem Halse eine von ihnen die friedliebende, ab, und seine Rede breitete sich, feucht, von Einspruch, in den Lüften aus [...]

Philosophisch
Nur die großen Städte vermögen der phänomenologischen Spiritualität die Wesenheiten temporellen und unprobabilistischen Koinzidenzen vor Augen zu führen. Der Philosoph, der ab und zu in die bedeutungslose und utilitäre Inexistentitalität eines Autobusses der Linie S steigt, kann hier mit Klarheit [...]

Unfähig
Wie soll man den Eindruck schildern, den die Berührung von zehn aneinander gepressten Leibern auf der hinteren Plattform eines Autobusses der Linie S eines Tages gegen Mittag in der Nähe der Rue de Lisbonne auslöst? Wie soll man den Eindruck zum Ausdruck bringen, den der Anblick einer Person mit unförmig langem Hals und einem Hut, dessen Band, man weiß nicht, weshalb, durch ein Stück Schnur ersetzt worden ist, auf einen macht? [...]

usw.

Mit seinen *Stilübungen* zeigt Queneau, was es heißt, eine Anekdote als Material zu verstehen, das man immer wieder neu bearbeiten kann. Der Text wird dynamisiert, das ganze Buch wird zu einem einzigen Sprachspiel, in dem eine völlig banale Angelegenheit in immer wieder neue Erzählvarianten übersetzt wird, um immer wieder anders zu erscheinen.
Queneaus Buch ist nicht zufällig zu einem Klassiker für literarische Schreibkurse geworden, denn er führt vor, dass man Erzählen nicht dann am besten lernt, wenn man sich auf eine Erzählweise versteift, sondern in der Lage ist, Texte variieren zu können. So lässt sich das Bändchen gut als Trainingsbuch nutzen, das gymnastische Übungen für Erzähler vorführt, durch die sich die Bewegungsfreiheit beim Schreiben entscheidend erweitern lässt.
Wenn es aber für den Kritiker ebenfalls darum geht, etwas zu erzählen, dann lässt sich Queneaus Trainingsbuch auch für das Schreiben von Kritiken nutzen. In den Abschnitten, die auf diese Übung folgen, werden immer neue Erzählmöglichkeiten für Kritiken vorgestellt. Es sind Muster, die sich beliebig auf Gegenstände übertragen lassen, denen sich eine Kritik widmet. Gezeigt wird, in

welchen Varianten man etwa Verrisse schreiben oder loben, verteidigen oder abwägen, referieren, verbessern oder grundsätzlich bezweifeln kann.

Aufgabe. Eine Kurzkritik variieren
Eröffnen Sie in Ihrem Journal einen Abschnitt für Stilübungen, in dem Sie die folgende Kurzrezension, die der *Zeit* entnommen ist, nach Maßgabe der eigenen Liste von Wertungstypen und in Hinsicht auf die in den folgenden Abschnitten skizzierten Erzählmuster variieren (freilich ohne das hier besprochene Buch gelesen zu haben; jetzt kommt es darauf an, mit dem Material zu experimentieren. Es ist durchaus erlaubt, ein bisschen dazuzuspinnen...).

Haruki Murakami: Tony Takitani
(Dumont-Verlag, Köln 2005, 64 S. mit Fotografien aus dem Film, 14,90 Euro)
Wie viel vom Menschen bleibt in den Kleidern seiner Frau zurück, wie viel in den Schallplatten seines Vaters? Dinge können einem die Luft nehmen, aber sie halten auch die Seele fest. Die kurze Geschichte vom Vater, einem Jazzposaunisten, und seinem Sohn, einem erfolgreichen Illustrator, hängen nicht zufällig zusammen. Er eignet sich nicht zum Vater, er eignet sich nicht zum Sohn. Murakami erzählt vom Glück, als sei es unhaltbar. Als Tony liebt, lebt und seine Frau stirbt, können die Dinge die Gefühle nicht mehr fassen. Die glückliche Einsamkeit wird zur unglücklichen Einsamkeit.

Hier kommen ein paar Variationen:

Euphorisches Lob mit unmittelbarem Angestecktsein
Es ist Winter, und bei diesem Grau in Grau ist die Wahrscheinlichkeit, von einer Depression befallen zu werden, so hoch, dass man kaum noch eine Chance hat, dem allgemeinen Denk- und Senkblei zu entkommen. Liest man Haruki Murakamis Erzählung Tony Takitani, ist man dem Stimmungsverfall vollends anheim gegeben, und das so kurz vor Weihnachten. Allerdings hat man es hier mit einem Paradox zu tun: Mit Murakami erlebt man eine Depression in einem Zustand der wunderbaren Euphorie. Was sagt der Psychiater dazu, wenn man eine Vater-Sohn-Geschichte genießt, die...

Verriss mit K.-o.-Schlag zu Beginn
Das berühmte Elvis-Problem. Kaum ist er ein Weltstar, schon beginnt er, eine schlechte Platte nach der anderen zu produzieren, nur um im Geschäft zu bleiben. Haruki Murakami geht es nicht anders. Nur macht er es mit Erzählungen. Das vorliegende Bändchen ist eine Art Single-Auskoppelung aus einem Album, von dem man nicht weiß, ob man es komplett hören will. Murakami will eine Geschichte über die Einsamkeit, das Leben, das Lieben und das Sterben zusammen mit einer Vater-und-Sohn-Geschichte erzählen, und das alles auf etwas über sechzig Seiten...

Das kulinarische Lob
Einsamkeit ist nicht die Abwesenheit von etwas, sondern eine Fülle von Reflexen und Gedanken, die sich der Leere stellen. Es scheint, als wollte sich Haruki Murakami in seiner neuen Erzählung nicht nur der Wahrheit dieser Sentenz versichern, sondern sie der Literatur noch einmal eingravieren. Dass er ein Meister der Gravur ist, zeigt er an der Setzung seiner Helden: Der Vater, ein Jazzposaunist, der Sohn, ein erfolgreicher Illustrator,...

usw.

Vorgeführt wird in den nächsten Abschnitten *die Verteidigungsrede, das Streitgespräch, die Pro- und Contra-Abhandlung, die indifferente Kritik, der verdeckte Verriss, die verdeckte Kritik*. Wenn Sie zu jedem Erzählschema eine Variation schreiben, dann haben Sie am Ende des nächsten Abschnitts zehn Varianten zusammen. Feilen Sie an den kleinen Texten, um exemplarische Formate zu entwickeln, an denen man gleich auf den ersten Blick erkennt, um was für Zugriffe es sich handelt. Auf diese Weise legen Sie eine kleine Sammlung von exemplarischen Zugängen an, in der Sie immer mal wieder nachschlagen können (und bald schon nicht mehr nachschlagen müssen, wenn Sie routinierter sind), wenn Sie die nächste größere Kritik schreiben.

6.3 Die großen Erzählungen

In einigen Büchern, die dem Leser das erfolgreiche oder sogar „verdammt gute" Erzählen beibringen wollen, vertreten die Autoren die These, dass es nur zehn oder zwölf, vielleicht fünfzehn Grundkonstellationen für gute Geschichten gibt.

Diese Aufteilung hat nicht nur etwas ausgesprochen Naives. Sie ist auch bedenklich. Denn mit ihr werden nicht nur die Erzählkonstellationen reduziert. Die unüberschaubare Komplexität der Erzählmöglichkeiten und die Eigendynamik des Erzählprozesses werden gleich mit weggekürzt. Zumindest werden sie soweit ausgeblendet, dass der eigentliche Vorgang des Schreibens aus dem Blick gerät (was die Leser, die das Schreiben mit Hilfe solcher Bücher lernen wollen, schnell zu spüren bekommen, wenn sie die Konstellationen zwar begriffen haben, nun aber selbst *schreiben* müssen). Sinnvoll sind solche Vorgaben deshalb in erster Linie für das normierte Schreiben von Romanen oder Drehbüchern, die in die kulturindustrielle Verwertungsmaschinerie eingespeist werden sollen: für kommende Bestseller, für Blockbuster, für Hits, also für alles, was der Markt schon kennt und bereits erfolgreich an die Konsumenten weitergibt.

Wenn man selbst schreiben will, muss man solche Einführungen in die kulturindustriellen Erzählmechanismen nicht verdammen. Im Gegenteil: Man sollte sie unbedingt lesen. Sie bieten für das unüberschaubare Feld von Erzählmöglichkeiten ein zwar naives und bedenkliches, aber vielleicht gerade deshalb so faszinierendes Ordnungsmuster, mit dem sich probeweise erkennen lässt, wie das *Erzählen für den Markt* funktioniert. Und wenn man sie als Bücher liest, die Vorschläge machen, wie man das Erzählen *auch* beobachten kann und das eigene Schreiben *auch* ausprobieren kann, lässt sich doch einiges lernen. In diesem Sinn sollte man sie als Experimentierbücher benutzen, in denen Modelle angeboten werden, durch die sich eine bestimmte Kultur des Erzählens besser verstehen lässt und mit deren Hilfe sich durchaus auch neue Erzählmöglichkeiten entwickeln lassen. Immerhin sollte man, wenn man selbst erzählen will, auch die kulturindustriell bestätigten Erzählstrategien gut kennen und durchaus auch beherrschen – nicht um ihnen sklavisch zu folgen, sondern um mit ihrer Hilfe, in Anlehnung und Absetzung zugleich, ein mögliches eigenes Schreiben kennen zu lernen und in neue (oder zumindest andere) Strategien umzusetzen.

Dasselbe gilt für Erzählmodelle, die sich anbieten, wenn man Kritiken schreiben will. Auch sie lassen sich als Angebote verstehen, mit denen sich tatsächlich ein ordnender Überblick über ein eigentlich unüberschaubares Feld von Möglichkeiten arrangieren lässt. Sie reduzieren das Feld zur Probe – und geben dem, der das Schreiben von Kritiken trainieren will, die Möglichkeit, sie für das eigene Schreiben auszuprobieren.

Fragt man also nach den großen Erzählungen, die Kritiken nicht nur zugrunde liegen, sondern – so behaupten wir es jetzt genauso wie in jenen Büchern, die dem Leser das „verdammt gute" Erzählen beibringen wollen – Kritiken im Kern strukturieren, dann lassen sich (wenn man von der Kategorie der Wertung ausgeht) schnell die zwei elementarsten dramatischen Konstellationen bestimmen, in denen die Beziehung zwischen Kritiker und Gegenstand am deutlichsten geklärt werden und die dem Leser die deutlichsten und streitbarsten Orientierungen geben: der *Verriss* und das *Lob.*

6.4 Der Verriss

Verriss bedeutet Konfrontation. Verriss heißt, jemanden anzugreifen, um – das Wort sagt es sehr genau – zu verletzen, vielleicht auch zu zerstören. Als Marcel Reich-Ranicki, Kritiker der *Frankfurter Allgemeinen Zeitung* und Star des im ZDF ausgestrahlten Literarischen Quartetts, 1995 vom Nachrichtenmagazin *Spiegel* als Karikatur auf den Titel gesetzt wurde, die den neuen Roman von Günter Grass in der Luft durchreißt, hat diese Geste des Verletzens und Zerstörens ihren emblematischen Ausdruck gefunden. Der Angriff hat weitere Kämpfe, Grabenkämpfe und kleine Kriege in Gang gesetzt, die von weiteren Kritikern für und gegen Reich-Ranicki in der literarischen Öffentlichkeit ausgefochten wurden. So hat sich die Welle des Einsatzes von Kritiker-Gewalt durch alle Feuilletons hindurch fortgesetzt. Und inszeniert wurde damit einer der großen Schaukämpfe auf dem Feld der Literatur, der deshalb so unterhaltsam war, weil hier mit hohem Ernst und großem Engagement nicht nur in einem Hauptkampf, sondern zugleich auf mehreren Nebenplätzen gerissen und verrissen wurde.

Bleibt man beim Bild des Kampfes, lassen sich die Möglichkeiten der Erzählung fast wie von selbst entwickeln. Geht man davon aus, dass der Kritiker bei diesem Kampf den aktiven Part übernimmt, und geht man weiterhin davon aus, dass es mit einem einfachen K.-o.-Schlag nicht getan ist (weil man dann nicht wirklich von einer Auseinandersetzung sprechen kann), ergibt sich ein klarer Rahmen: Der Kampf selbst muss über mehrere Runden gehen, die Runden selbst aber müssen in ihrem Ablauf vom Kritiker gestaltet werden. Es kann losgehen mit einem Niederschlag, von dem sich der Gegner nicht mehr erholen wird und deshalb in den folgenden Runden nach Belieben bearbeitet werden kann. Der Schlag muss allerdings sitzen, der Kritiker muss den oder das Gegenüber sehr hart und sehr genau treffen, um dann ein leichtes Spiel zu haben.

Es gibt aber auch eine andere Möglichkeit, zu der man beim Boxen sagt, dass man sich den Gegner „zurechtlegt". Diese Taktik zielt nicht auf den schnellen Niederschlag, sondern versetzt dem Gegenüber eine ganze Reihe fast unscheinbarer Treffer, die aber über die Länge des Kampfes eine ungeheure Wirkung entfalten. Um den Kampf zu beenden braucht man dann keinen großen Schlag mehr. „Zurechtgelegt" ist der Gegner in dem Sinn, dass er vor dem Schlussgong fast von selber fällt.

Bleibt man beim Boxen, drängt sich auch noch eine dritte Möglichkeit auf, für die sich – mehr oder weniger freiwillig – Muhammad Ali in seinem berühmten Kampf gegen George Foreman 1974 beim *Rumble in the Jungle*-Treffen in Zaire entschieden hat. Da ließ er sich siebenundeinhalb Runden in die Seile drängen, um unglaublich wuchtige Schläge auf Kopf und Körper einzustecken – um schließlich den vom vielen Schlagen völlig verausgabten und zunehmend unkonzentrierten Foreman in der achten Runde einfach umzuhauen. Diese *Rumble in the Jungle-Methode* ist riskant, weil es sein kann, dass man am Ende, wenn man den Gegner erst einmal so stark gemacht hat, um dann die Wirkungslosigkeit seiner Stärke zu zeigen, die Kurve nicht mehr bekommt und den Kampf verliert. Es gehört viel Selbstvertrauen dazu und natürlich eine Menge Kondition und Kraft, um die Sache doch noch umzubiegen. Der dramatische Effekt ist allerdings enorm, denn der K.-o.-Schlag kommt wie aus dem Nichts. Und doch ist jedem Beobachter klar, wenn er den Kampf Revue passieren lässt, dass alles so kommen musste, wie es gekommen ist.

Will man nicht so viel vom Boxen sprechen, sondern hält sich an die etwas zivilisiertere Topik der Gerichtsverfahren, kann man diese drei Möglichkeiten gut reformulieren. Dem Kritiker geht es dann nämlich nicht um einen Niederschlag, sondern darum, als Staats- oder Buchanwalt gute Argumente und eine gute Erzählung dafür zu finden, dass der Angeklagte verurteilt wird. Überträgt man die Idee vom ersten Zentralschlag auf diese Rede vor Gericht, so eröffnet der Kritiker mit Nachdruck: Der Angeklagte ist schuldig, das Buch ist misslungen, die Aufführung mies, die Ausstellung unglaublich schlecht. Das muss so wirkungsvoll gesetzt sein, dass man sich im Folgenden immer wieder auf diese erste definitive Festlegung berufen kann, um Schritt für Schritt zu zeigen, dass man keineswegs übertrieben, vielleicht eher untertrieben hat, weil das Buch noch viel misslungener ist, die Aufführung noch viel schlechter ist usw..

In der zweiten Variante legt sich – wie der Boxer den Gegner – der Staatsanwalt den Angeklagten zurecht. Das tut er nicht, indem er mit der Forderung einer Verurteilung beginnt (nicht zuletzt, um das Gericht nicht dadurch zu verschrecken, dass man allzu aggressiv auftritt). Stattdessen rekonstruiert er den Fall so, dass sich am Ende die Verurteilung wie von selbst ergibt. Mit der Rekonstruktion jedes neuen Details soll der Angeklagte immer nachdrücklicher belastet werden, es sind nur kleine Hinweise und Schlüsse, die hier vorgetragen werden, aber in der Summe sollen sie dann doch zu einer Klarheit führen, der man sich nur schwer entgegenstellen kann.

Im dritten Fall arbeitet der Staats- und Buchanwalt ganz anders. Hier kommt die trickreichste Variante zum Zug: Der Gegenstand wird nicht gerade gelobt. Aber es wird ausdrücklich auf das verwiesen, was an ihm gut gemacht ist, die künstlerische Unternehmung wird als interessant und notwendig vorgeführt, ihre Durchführung Punkt für Punkt nachgezeichnet, ohne dass es einen deutlichen Hinweis darauf gibt, dass hier irgendetwas zumindest fragwürdig sein könnte. Dann aber kommt es. Durch einen einzigen Dreh wird plötzlich alles in Frage gestellt: „Aber wozu das alles?"; „Die Frage ist am Ende, wodurch sich ein solcher Aufwand rechtfertigt"; „Das alles mag an und für sich gelungen sein, doch erinnert es auf fatale Weise an eine Ästhetik, die in den 50er Jahren in Mode gewesen sein mag, in die heutige Zeit aber nicht mehr richtig passen will"; „Sollte man wirklich Interesse daran haben, solchen im Grunde belanglosen Auseinandersetzungen um den Einkauf, das Abwaschen und um das Wechseln der Bettwäsche mit einer völlig ungerechtfertigten Genauigkeit und Detailversessenheit auf über fünfhundertfünfzig Seiten zu folgen, dann hat man das richtige Buch erwischt"...

Klar ist: Die Wendepunkte dieser dramatischen Erzählungen müssen sehr genau gesetzt sein. Sie müssen mit einem gut gezielten Schlag beginnen, sie müssen sich Stück für Stück steigern, bis das Ganze von selbst ins Rutschen gerät. Oder sie müssen die ganze bisherige Geschichte so grundsätzlich drehen, dass sich alles, was zuvor gesagt wurde, auch als komplettes Gegenteil lesen lässt – nämlich nicht als Lob, sondern als Verriss, den man zuerst gar nicht gespürt hat.

Da es sich beim Verriss um die vielleicht stärkste dramatische Erzählung handelt, müssen diese Wendepunkte sogar *perfekt* gesetzt sein, weil sonst die Wirkung verpufft. Wenn der erste Schlag nicht sitzt, wenn sich der Gegner nicht zurechtlegen lassen will und die ganze Sache nicht wirklich gedreht werden kann, dann verliert man als Kritiker die Auseinandersetzung – und zwar mit genau derselben Wucht, mit der man den anderen treffen wollte. Also Vorsicht! Verrisse scheinen einfach, und sie machen vielleicht am meisten Spaß, weil man sich geradezu ungezügelt der Wut hingeben kann, die ein Text, eine Aufführung, ein Film oder sonst irgendetwas auslöst. Aber tatsächlich muss diese Wut in Verrissen so stark gezügelt und so nachdrücklich kanalisiert sein, dass man sie am Ende mit dem Leser teilen kann. Wer seine Unbeherrschtheit nicht auf beherrschte Weise vorführt, wird mit seinen Verrissen keinen Erfolg haben. Man sollte einmal erfahrene Boxtrainer fragen. Die wissen, warum das so ist.

6.5 Das Lob

Das Lob hat auf den ersten Blick nicht ganz so viele dramatische Qualitäten wie der Verriss. Und doch darf man es nicht unterschätzen. Denn das Lob kann ein kühler Eintrag eines Lehrers ins Notenheft oder die Zusammenfassung des Fachgutachters sein: „Der Kandidat hat bestanden". Es kann aber auch mit leidenschaftlicher Hingabe formuliert werden. Das kann im Affekt passieren, in einem Zustand der Unzurechnungsfähigkeit, in den zuweilen Liebende, Betrunkene oder Besessene geraten. Es kann aber auch in Form einer Heiligsprechung in Szene gesetzt werden, die sich auf lange Diskussionen und Meditationen stützt, die aber jetzt mit allem notwendigen Ernst und Respekt vor dem Gegenstand und dem Heiligen vollzogen wird. Nicht zuletzt kann das Lob auch als Ablauf eines Festmahls vonstatten gehen, bei dem alle Gänge noch einmal mit Genuss durchgekostet werden. Es kann auch bloß ein Augenzwinkern sein, ein fast unauffälliger Hinweis, den nur die Person sehen soll, der es gewidmet ist, und selbst die kann durchaus blind dafür sein oder denken, dass dem Kritiker gerade mal nervös das Augenlid gezuckt hat.

Für das Lob gilt in allen Fällen auch das, was für den Verriss gilt: Es muss erzählt sein. Wer nur loben will, ohne vorzuführen, *was* gelobt wird und *warum* es gelobt wird, schreibt keine Kritik, sondern äußert nur eine Meinung.

Also erzählen. Die Kritik des Lehrers oder Fachgutachters gleicht dem trockenen Referat, an dem aber in jedem Absatz zu sehen ist, dass er dem Text mit einer Zuwendung begegnet, die herausstellt, was besonders gut funktioniert. Das Thema, die Form, die einzelnen Abschnitte, die Durchführung im Ganzen – sachlich hakt der Lehrer oder Fachgutachter ab, was abzuhaken ist, nichts wird ausgelassen. Vor allem geht es ihm um eins: Beim Leser soll nicht der Verdacht aufkommen, der Kritiker bevorzuge den Kandidaten, niemand soll denken, es sei ein persönliches Lob, das sich nicht von der Sache her rechtfertigt, sondern durch verworrene Beziehung, die vielleicht dem Betrieb und dem Klatsch im Allgemeinen, aber nicht der Literatur oder dem Theater, dem Film oder der Kunst im Besonderen geschuldet sind. So kalt ist die Vorstellung und doch ist am Ende das Lob so deutlich, dass sich der Leser schon wieder wundern mag, warum durch alles hindurch doch eine Wärme zu spüren ist, die sich aber eigentlich nirgendwo festmachen lässt.

Das Lob im Affekt gefällt sich dagegen (wie auch der Verriss im Affekt) in seiner Unbeherrschtheit daher. Denn der Kritiker scheint, wenn er seinen Text schreibt, immer noch hin und weg, jeder Satz sprudelt aus ihm heraus, er ist kaum zu stoppen und muss deshalb sagen, wie alles unmittelbar auf ihn gewirkt hat, was er da gerade gesehen, gelesen und gehört hat. Der Kritiker zeigt, dass er angesteckt ist und dass gerade etwas in ihm ausbricht (oder aufbricht): *Wahnsinn! Unglaublich!* „Es passiert selten, dass man ein Buch wie dieses in die Hände bekommt"; „Gleich eins vorweg: Mit dieser Inszenierung von Dostojewskis Dämonen hat Castorf einmal mehr die Maßstäbe für die zukünftige Theaterarbeit mit Romanvorlagen verschoben"; „Seit Jahren wird in den Feuilletons gefordert, dass endlich der große Roman zur Wiedervereinigung geschrieben wird: Hier ist er!"; „Wer aus diesem Film kommt, muss erst einmal wieder die Einzelteile aufsammeln, die in den 120 Minuten zuvor auf sensationelle Weise durch den Kinosaal geschleudert worden sind".

Für den leidenschaftlich Lobenden wird es allerdings schwer, den Text auf dieser Höhe zu halten. Einerseits muss er natürlich zeigen, dass er hin und weg ist. Andererseits aber muss er auf ganz kontrollierte Weise den Gegenstand durch seine Leidenschaft hindurch ins Bild bringen. Vor allem muss er zeigen, an was sich diese Leidenschaft entzündet – und wie es dazu gekommen ist, dass nun der Kritiker in Flammen steht. Weil sie genau diesen Moment ins Bild bringen müssen, sind Leidenschaftsgeschichten meist „Ich"-Geschichten, die allerdings durchaus auch mit einem „Wir" absolviert werden können und die individuelle Erfahrung als eine ausgeben, die jeder von „uns" machen kann: Sind wir nicht alle bereit, leidenschaftlich und bedingungslos zu lieben?! Solche Geschichten können gut – wenn auch nicht ohne das Risiko, den Sprung vom Individuellen zum Allgemeinen nicht wirklich klar machen zu können – als Erlebnisberichte aufgebaut sein, in denen die Initiation den entscheidenden Wendepunkt markiert.

Am Anfang eines solchen Erlebnisberichts steht dann die Skepsis, vielleicht sogar Widerwille: „Es fällt schwer, noch einen nächsten Roman in die Hand zu nehmen, von dem Autor und Verlag gleichermaßen behaupten, hier sei jetzt endlich *der* Roman über die deutsche Wiedervereinigung zu lesen, nachdem so viele andere Romane bislang auf erbärmliche Weise gefloppt sind, weil sie sich an diesem Thema verhoben haben". Die Skepsis hält dann noch ein bisschen an: „Wer die ersten hundert Seiten von *Grenzfall* liest, wird sich in seinem Widerwillen gegen einen derartigen Hype bestätigt fühlen. Es sind einmal mehr dieselben Gestalten mit denselben Geschichten mit derselben Leere um sich herum und in sich drin, die sich diesmal auf Seiten der DDR in der Nähe eines Todesstreifens irgendwo auf dem platten Land in Brandenburg durch die Nacht bewegen". Doch plötzlich kippt es: „Hat man sich durch diese hundert Seiten durchgearbeitet, verwebt sich plötzlich das, was vorher so leer schien, auf zauberische Weise zu einer wunderbaren Erzählung, in die der Leser immer bestimmter und immer zarter zugleich hineingewoben wird". Bis dann die Dämme brechen: „Es ist ein Rausch, in den man da gerät, ein Sog der Stimmen und der Geschichten, die sie erzählen und von denen man nicht mehr weiß, ob sie noch Kontakt zur Erde haben oder schon auf dem Weg zu den Sternen sind, von denen hier unablässig die Rede ist. Fast scheint es zwischendurch, die Erzähler blickten gemeinsam mit dem Leser, der ja längst einer von ihnen ist, von dort oben selbst auf sich zurück und sehen sich an der Grenze stehen und hören sich aus der Ferne zu und sind vom eigenen Sprechen selbst so fasziniert, dass sie nie wieder mit dem Erzählen aufhören möchten…"

Das Lob als Heiligsprechung wird sich vor solchen Ekstasen hüten. Es hat viel zu viel Respekt vor dem Heiligen, als dass es so tun wollte, sich durch den Rausch hindurch mit ihm vereinigen zu können. Bei der Kritik als Heiligsprechung ist klar: Der Lobende selbst bleibt weit unter dem zurück, was er da lobt. Bei einem solchen Ritual greift man selten zum „Ich", um nicht in den Verdacht zu kommen, eine Privat-Religion zu pflegen. (Aber Achtung: Auch das lässt sich durchaus nutzen, etwa wenn man einen Künstler, einen Autor oder einen Musiker entdeckt oder wieder entdeckt, den man als Kritiker erst einmal allein, ohne Mitstreiter zu haben, in den Himmel loben muss). Für die Heiligsprechung muss der Kritiker immer einen Überblick über die Leistung geben. Denn auch hier muss deutlich werden, dass nicht jeder in den Himmel, ins Pantheon oder in den Kanon kommt, sondern nur Künstler mit wirklich großen künstlerischen Leistungen, die sich in einem einzigen Werk verkörpern können, meist aber in einer Reihe von Werken hoher Qualität, am besten in dem, was man dann bei der Heiligsprechung ein „Lebenswerk" oder – um es noch mehr zu veredeln – ein „Oeuvre" nennen kann. Dieses Lob kennt nur den hohen Ton, die edle, zurückhaltende, hier und da etwas ausgreifende Sprache. Die Würdigung bezieht sich auf das Werk, ihr folgt die porträtierende Vorstellung der Person, um dann den Künstler und das Werk mit seiner Zeit zu verknüpfen, denn niemand kommt in den Himmel, ins Pantheon oder in den Kanon, der nicht aus der Perspektive des Laudators auf irgendeine Weise kulturtragend und damit hoch symptomatisch (meist symptomatisch für eine andere, eine bessere Kultur) geworden ist. Das Fazit hat dann nicht mehr viel zu leisten. Es schließt ab, um das besprochene Werk in seiner ganzen Rundheit und großen Abgeschlossenheit zu zeigen. Oder es reißt noch einmal die Horizonte auf, es öffnet die Tore zum Pantheon, um das Werk und seinen Künstler einzulassen. Und dort, wo die Türen aufgehen, sehen wir auf der anderen Seite (wo wir einfachen Menschen selbst nie hingelangen) eine freundliche, ruhige Weite, eine strahlende Helligkeit, und wenn der Kritiker nicht mehr an sich halten kann, lässt er noch eine kleine Schar von Engeln auftreten und glockenhell singen.

Bleibt noch das kulinarische Lob, das selbstverständlich nur von einem Kenner der Kochkunst mit ausgeprägtem Geschmack in Szene gesetzt werden kann. Er kennt die Zutaten, die man zu einem guten Werk braucht, er kennt die Regeln der Komposition und der Aufführung, er weiß, wie Teile zusammenspielen, um ein Ganzes (und damit dann immer mehr als die Summe der Teile) zu kreieren. Er weiß, dass dieses Ganze wiederum nur dadurch entsteht, dass es selbst über mehrere Gänge, über Sätze, Absätze, Abschnitte, Szenen, Kapitel, Akte in Szene gesetzt werden kann und erst im Ablauf der Zeit seine Wirkung entfaltet. In seiner Kritik wird er genau das vorführen. Der Text wird das, was der Künstler vorgelegt hat, als Mahl inszenieren. Er wird eine Vorspeise liefern, einen kurzen Absatz als Appetizer, zur Begrüßung und Einstimmung, aber auch zur unmerklichen Ankündigung von dem, was da noch kommen wird, alles für den Vorgeschmack, aber in Form eines selbstständigen Häppchens: eine Anekdote, eine kurze Szene, ein Hauch von Literaturbetrieb, ein zarter Hinweis auf die Situation des europäischen Romans, der Medienkunst, der Performancekultur, nichts Großes, etwas Kleines, Zartes, aber sehr gut gesetzt. Dann folgen in einzelnen Gängen und Absätzen immer neue kleine Kreationen, mit denen dem Leser gezeigt wird, wie im vorliegenden Werk die Figuren geführt werden, wie das Thema entfaltet wird, wie sich Zartheit und Nachdrücklichkeit miteinander verbinden. Dabei klingt fortwährend das Motiv mit, das im ersten Absatz gesetzt worden ist: der Betrieb, der Roman, die Kunst, die Kultur, was auch immer. Alles baut aufeinander auf, aber immer wieder wird neu angesetzt, es wird gezeigt, ohne allzu viel Fülle zu liefern (der Leser soll nicht abgefüllt werden, sondern genießen), eins fügt sich zum anderen und trägt vorsichtig das Leitmotiv weiter, bis der Leser selbst versteht, wie das alles komponiert ist. Und für einen kurzen Moment könnte man denken, der Kritiker selbst ist der Künstler. Durchaus versteht er sich auch so im Geheimen, hier aber dient er als eine Art Chef de Cuisine der Kunst. Am Ende gibt es ein wunderbares Soufflé, sehr luftig, sehr locker, fast meint man, dass man Luft mit Geschmack serviert bekommt, und ganz zum Schluss folgt etwas Stärkendes, eine Verdauungshilfe, etwas Handfestes, etwas Hochprozentiges, aber nur kurz und knapp, nicht zu viel davon: Ein Abschluss in ein bis zwei Sätzen, die die ganze Kritik könnenerhaft abschließen. Man möchte applaudieren.

6.6 Gemischte Formen

Einem alten Vorurteil zufolge sind Lob und Verriss als *eindeutige* Formen der Kritik einfacher zu schreiben als die *gemischten*, die nicht nur loben oder verreißen, sondern abwägend verfahren und am Ende eher unentschieden bleiben. Doch das ist eben nur ein Vorurteil. Man muss das Erzählen nur ernst nehmen und genauer hinschauen, um zu sehen, wie komplex gute Verrisse oder Hymnen erzählt sein müssen, wenn sie wirken wollen. Wollte man das Vorurteil einfach umdrehen, so ließe sich ebenso gut sagen: Es sind die Verrisse und Hymnen, die höhere Ansprüche an den Autor stellen, weil er die eigene Argumentation mit großer Kontrolle in eine Richtung drücken muss und sich dabei angreifbarer macht, als es bei gemischten Formen der Fall ist, die sich zur Not ins Unbestimmte zurückziehen können.

Doch auch das ist nur ein Vorurteil. Auch für die gemischten Formen gilt: Nimmt man das Erzählen ernst und will auch die ausgewogene und abwägende Kritik *gut* erzählen, muss auch sie mit der gleichen Sorgfalt gearbeitet sein. Insofern auch hier ein exemplarischer Lektüreweg nachgezeichnet und dem Leser als symptomatischer Lektüreweg vorgestellt wird, über den sich der jeweilige Gegenstand in seiner Bedeutung als kulturelles Artefakt erkennen lässt, muss der Kritiker auch hier eine exemplarische, symptomatisierende Geschichte anbieten, der man probeweise folgen kann.

Bei der *Verteidigungsrede* ist das vielleicht noch am offensichtlichsten. Als Verteidiger tritt man immer schon in einen bestehenden Diskurs ein. Man muss Vorwürfe und Angriffe voraussetzen oder imaginieren, auf die es nun zu antworten gilt. Vielleicht hat der Staats- und Buchanwalt schon gesprochen, nun muss man seinen Mandanten in Schutz nehmen. Dass die Rede des Verteidigers genauso überzeugend, wenn nicht sogar überzeugender sein muss als die des Staats- und Buchanwalts liegt auf der Hand. Dass sie mindestens genauso gut erzählt, wenn nicht sogar besser erzählt sein muss, natürlich auch. Der Verteidiger kann versuchen, die Vorwürfe zu ignorieren und dadurch für null und nichtig zu erklären. Er kann auch den Kritiker diskreditieren, der seinen Verriss etwa aus persönlichen Gründen oder aus Befangenheit formuliert hat, nicht aber weil der Gegenstand selbst einen solchen Verriss rechtfertigt (auch so eine Geschichte muss sehr gut erzählt sein, weil sie den Leser auf heikle Weise vom Gegenstand fast gänzlich ablösen und auf die Person des Kritikers lenken will und dabei alles auf eine Karte setzt – denn will der Leser der Ablenkung nicht folgen, kann der Verteidiger nicht nur seine Verteidigung, sondern auch seine eigene Reputation verlieren). In der Regel aber nimmt der Verteidiger die Vorwürfe auf, um sie zu entkräften, umzudefinieren oder um am Gegenstand zu zeigen, dass sie vielleicht im Ansatz richtig, aber in der Konsequenz bei weitem nicht so dramatisch zu bewerten sind, wie der Staats- und Buchanwalt behauptet. Die Verteidigungsrede muss deshalb fast immer mit Stärken und Schwächen zugleich umgehen. Und sie muss dabei den längst existierenden Diskurs, in den sie einsteigt, transparent machen. Die Erzählung kann gut im ersten Absatz mit dem Rekapitulieren dieses Diskurses beginnen, um im Anschluss daran Vorwurf nach Vorwurf aufzurufen und ihn zu entkräften und den Mandanten im Schlussabschnitt (vielleicht mit kleinen Einschränkungen) zu loben und den Leser aufzufordern, ihn freizusprechen.

Mit einer solch kalkulierten Mischung kann übrigens auch der Staats- und Buchanwalt verfahren. Wenn der Fall nicht wirklich eindeutig ist und es zu einem richtigen Verriss nicht hinreicht, kann er die ganze Verhandlung rekapitulieren und dabei die Anschuldigungen und ihre mögliche Auslegung und Bewertung so vorführen, dass er Schritt für Schritt abwägt, um dann ganz am Ende das Strafmaß zu bestimmen.

Letztlich verfahren alle gemischten Formen der Kritik nach diesem Schema: Nennung, Rekapitulation, Abwägung und Urteil. Je dramatischer sie formuliert sind, umso eher nähern sie sich der Rede und Gegenrede von Buchanwalt und Verteidiger an und holen beide Positionen entweder so in den Text hinein, dass beide immer abwechelnd vorgeführt werden (wobei der Part, der als erster kommt, natürlich der schwächere ist, weil der zweite näher ans Urteil führt), oder sie inszenieren eine Art Streitgespräch, vielleicht aber auch nur ein abwägendes Pro und Contra, das dann am Ende unter dem Strich gegeneinander aufgerechnet wird.

Während das *Streitgespräch* als leidenschaftliches Hin-und-Her in Szene gesetzt werden kann, dem das Hin- und Hergerissensein des Kritikers noch deutlich anzumerken ist, so tendiert das *Pro- und Contra* zur distanzierten Abhandlung. Der Kritiker, der das Gelungene und das Schwache gleichmütig Schritt für Schritt abarbeiten kann, erscheint jedenfalls nicht mehr wirklich erregt zu sein. Sein Modus ist die kühle Beobachtung, die mal freundschaftlich, mal feindlich, mal skeptisch vorgeführt wird. Im besten Fall führt das zu einer *sehr genauen, strengen Lektüre*, die in jeder Zeile signalisiert, dass es der Gegenstand wert ist, so genau angeschaut und vorgeführt zu werden. Im schlechtesten Fall führt das zur ganz und gar *indifferenten Kritik*, der nicht in einer einzigen Zeile anzumerken ist, warum jetzt ausgerechnet dieser Gegenstand und nicht irgendein anderer so ausführlich besprochen werden muss. Dass das Gegenteil von Liebe nicht Hass, sondern Gleichgültigkeit ist, ist eine Einsicht der Psychoanalyse, deren Wahrheit sich bei solchen Referaten gut nachvollziehen lässt. Denn noch der schärfste Verriss, noch die schlimmste Oberlehrer-Attitüde, die ihren Gegenstand der Lächerlichkeit preisgibt, scheint etwas von ihrem Gegenstand zu wollen, weil sie ihm einige Mühe widmet, um ihn auf exemplarische Weise als symptomatisch vorzustellen. Das indifferente Referat will aber gar nichts, und weil es gar nichts will, könnte man es auch weglassen.

Aber gerade deshalb lässt sich das Referat sehr gut polemisch verwenden. Wer das überall gehypte Debüt einer Autorin bloß gleichgültig abhakt oder den neuen Roman eines „Großschriftstellers" mit unverhohlener Gleichgültigkeit (die gerade noch das Gähnen unterdrücken kann) abfertigt, zeigt deutlich, dass hier eigentlich ein Verriss zu schreiben gewesen wäre, man sich allerdings nicht die Mühe für etwas machen will, was dann doch lieber schnell vergessen werden sollte.

Ein solcher Einsatz des indifferenten Referats folgt einer Gattung, die man auch *die verdeckte Kritik* nennen könnte. Sie wertet nicht offen, sondern setzt auf einen Effekt, der erst langsam während der Lektüre oder auch erst danach einsetzt. Die offensichtlichste Variante ist der beabsichtigte Fehlgriff in der Form: Ein Bändchen mit enigmatischer Lyrik wird auffällig naiv besprochen; ein im Verkauf erfolgreicher Band mit armseligen Reim-Gedichten wird auf hoch intellektualistische Weise rezensiert und auf so eine verschraubte Weise gelobt, dass der Gegenstand unter der Last geradezu zusammenbricht.

Die verdeckte Kritik kann ein verdecktes Lob sein, sie kann einen Verriss mehr oder weniger offensichtlich verstecken, sie kann aber auch ein verdecktes Hin-und-Her oder gar eine verdeckte indifferente Abhandlung sein, die sich nur zum Schein leidenschaftlich gibt, aber eigentlich doch nichts zu sagen hat und deshalb auch nichts sagen will (eine bekannte Form des Freundschaftsdienst für einen Autoren, über den man nur schlecht die Wahrheit sagen kann, aber eben irgendetwas sagen muss). Gerade weil die verdeckte Kritik aber nicht nur mit dem Verdecken, sondern auch mit dem Sichtbarmachen arbeiten muss, ist sie schwierig zu handhaben und bedarf einiger Übung: Der Verriss, der sich so sehr als Lob verkleidet, dass niemand auch nur im Ansatz merkt, dass es sich hier um eine Besprechung handelt, die ihren Gegenstand vorführt, ist kein Verriss. Es ist ein Lob. Und umgekehrt darf ein Verriss, den der Leser gleich im zweiten Absatz erkennt, eben nicht zur verdeckten Kritik gerechnet werden, auch wenn der Autor es aufs Verdecken angelegt hat. Die verdeckte Kritik erfordert Feinarbeit, ein sehr feines Justieren und Nuancieren, ein Arbeiten mit sehr feinen, aber sehr genauen Stichen und Sticheleien oder den sehr gekonnten Einsatz von Goldglanz, der den Gegenstand glänzen lässt, ohne dass man sagen könnte, wo genau der Glanz herkommt.

Aber eins ist auch hier klar: Es ist – ganz gleich, ob es ums Sticheln oder ums Vergolden geht – erzählerische Feinarbeit gefordert. Es ist keine feinere Feinarbeit als die, die der Kritiker für die Formulierung eines Verrisses braucht, auch wenn es scheint, dass er mit der Axt ans Werk gegangen ist. Aber es ist eben auch eine feine Feinarbeit, die immer dann vonnöten ist, wenn man den jeweiligen Gegenstand mit einer exemplarischen Lektüre so präzise symptomatisieren will, dass etwas an ihm erkennbar wird, was so vorher noch nicht zu sehen war.

Es ist der Verstoß gegen dieses Feinheitsgebot des Erzählens, das schlechte von guten Kritiken unterscheidet. Unter Architekten benutzt man den Ausdruck „banana-fingered architecture". Bezeichnet werden damit Bauten, die aussehen, als hätte ein Architekt mit bananenförmigen Riesenfingern den Entwurf gezeichnet und das Modell gebaut. Man kann sich gut vorstellen kann, was gemeint ist. Und es lässt sich gut auf das Erzählen von Kritiken übertragen. Es gibt Texte, die offensichtlich mit bananenförmigen Fingern entworfen und zusammengebaut worden sind. Gemeint sind keine groben Verrisse oder jauchzenden Hymnen. Gemeint sind Kritiken, in denen hinten und vorne nichts zusammenpasst, die Übergänge nicht funktionieren, die Dramaturgie nicht stimmt, in denen es keine Erzähllinie gibt und sich kein Sound einstellt. Stattdessen gibt es vielleicht ein paar gut gemeinte Ansätze, aber nichts Zusammenhängendes, es gibt vielleicht eine Menge Plattitüden, die sich der Kritiker irgendwo abgeschaut und in seinen Text geraspelt hat, aber ohne dass daraus eine exemplarische Erzählung geworden ist, die der Leser als ästhetische Einheit begreifen kann.

Um aber genau das zu erreichen, muss der Kritiker über eine Feinmotorik verfügen, mit der die Details exakt gesetzt und die Nuancen genau variiert werden können. Auch hier gilt also: Er muss ein Erzähler sein. Und er muss seinen Text an jeder Stelle als Erzählung behandeln. Tut er das nicht, erzählt er zwar immer noch – aber erstens nicht gut und zweitens nur irgendwas. Um das zu tun, muss man nicht Kritiker werden.

Übung 21: Erzählanalyse

Wenn Erzählen also heißt, sich zu entscheiden,

- in welche Richtung
- auf welchem Weg
- in welchen Zusammenhängen und Übergängen
- mit welcher Geschwindigkeit
- in welcher Tonlage
- mit welchen Figuren
- in was für einem dramatischen Bogen man erzählen will
- und in welcher Rolle dabei der Erzähler selbst in Erscheinung tritt,

dann kann man bei jeder Kritik, die man liest, nachvollziehen, wie sich der Autor entschieden hat – oder ob er sich *nicht* bzw. *falsch* entschieden hat.
Es folgen drei Kritiken, bei denen sich die Autoren ganz offensiv entschieden haben, etwas zu erzählen. Da sie es auf drei verschiedene Weisen tun, eignen sie sich hervorragend, um gelesen, genossen und analysiert zu werden.

Aufgabe 1: Wie wird erzählt?
Lesen Sie die Kritiken, machen Sie sich für jeden einzelnen Stichpunkt auf der Liste der Erzählparadigmen kurze Notizen: In welcher Richtung wird hier jeweils auf welchem Weg in welchen Zusammenhängen und Übergängen mit welcher Geschwindigkeit in welcher Tonlage mit welchen Figuren in was für einem dramatischen Bogen erzählt – und in welcher Rolle tritt dabei der Erzähler in Erscheinung?
Denken Sie aber daran: Nicht alle Punkte müssen in der Kritik abgehakt werden. Die Individualität der Kritik stellt sich vielmehr dadurch her, dass bestimmte Aspekte gar nicht berücksichtigt werden und die anderen in ihrer spezifischen Umsetzung dem Ganzen beigemischt werden.

Aufgabe 2: Typenkunde
Identifizieren Sie den jeweiligen Erzähler-Typ. Geben Sie ihm einen Namen und fügen ihn mit einer kurzen Profilbeschreibung zu der Typenliste, die Sie anlässlich von ÜBUNG 16 begonnen haben.

Im ICE „Siegfried Lenz"
Eine beschaulich-beflügelte Fahrt durch Lenz' neues Werk, mit Musik, Tee, Remy Martin und einer Wirklichkeit, fast wie im Roman
Von Hanns-Josef Ortheil

Wir besteigen den ICE *Siegfried Lenz* im Hamburger Hauptbahnhof, ohne zu ahnen, wohin es geht. Wir verstauen unser Gepäck und nehmen Platz, seltsamerweise verlassen wir Hamburg ganz pünktlich. Wir lehnen uns zurück und erstarren ein wenig, in unserem ICE-Großraumwagen ist es still wie immer, ICE-Großraumwagen sind meditative Oasen, kurz schauen wir aus dem Fenster, da ist es auch schon, das trügerisch schöne Landschaftsbild, das mit jener souveränen Langsamkeit vor dem Fenster vorbeigezogen wird, die uns noch ruhiger macht.
Über einer Durchgangstür signalisiert uns eine Leuchtschrift, welch ungeheure Geschwindigkeit unser ICE gerade fährt, auch das ist aber ein Trug, nichts ist im Innern von diesem Tempo zu spüren, im Gegenteil, ICE-Züge erwecken fahrend den Eindruck einer in sich gekehrten Weltabgewandtheit, wodurch Atmosphären und Stimmungen entstehen, die es nur in ICE-Zügen gibt.
Und so werden wir hineingezogen in den ICE-Stimmungssog, sodass wir den Kontakt zur Außenwelt langsam verlieren, etwas tief in uns drinnen tut sich jetzt auf, ein Quell nicht mehr für möglich gehaltener Freundlichkeit, wir geraten richtiggehend in eine Freundlichkeits-Trance, aber wir sind damit nicht allein, denn so ergeht es fast allen.
Die älteren Herrschaften geben den Ton an, sie haben es sich in ihrem sorgfältig ausgewählten Reisedress schon bequem gemacht, wir unterhalten uns mit ihnen über Verwandte, Freunde und die wahren Dinge des Lebens, aber auch die jungen Reisenden sind plötzlich ganz anders als sonst, liebenswert offen,

herzlich, ohne den geringsten Ehrgeiz, den Karrierestress der bemitleidenswerten Laptop-Herren mitzumachen.

Der Mittelpunkt unserer Reisegesellschaft ist Henry Neff, Henry ist vierundzwanzig und hat gerade eine kleine Stelle in einem Bahnhofs-Fundbüro angetreten, er kommt mit jedem, aber auch jedem gut aus und erzählt uns von den Szenen, die das Leben im Fundbüro schreibt, denn das Fundbüro ist für Henry eine Art Schicksals-Zentrale, aber auch ein kleines Theater, vielleicht ist es sogar etwas Symbolisches, wo die Werte des Lebens auf den Prüfstand geraten, aber wir wollen Henry mit genaueren Fragen danach nicht überfordern, denn ICE-Gespräche haben nichts von Schärfe oder verquälter Nachdenklichkeit, ICE-Gespräche passen sich den trügerischen Effekten der scheinbaren Reise vollkommen an.

Natürlich lernen wir bald auch einen Weitgereisten kennen, in jedem ICE sitzt ein solcher Weitgereister, der dann von seiner fernen, allen unbekannten Heimat erzählt, diesmal ist es Doktor Lagutin, der ist Baschkire, und zu Hause ist er in Samara, uns zuliebe spielt er dann auch auf seiner baschkirischen Flöte, und die älteren Herrschaften schenken selbst gekochten Tee aus ihren Thermoskannen aus, während Doktor Lagutin davon erzählt, wie gesund Tee mit Wildbienenhonig sein kann, leider, muss er zugeben, mangelt es hier in Deutschland an Wildbienen.

Schon wechselt Henry aber geschickt das Thema, er berichtet uns jetzt von seiner Eishockey-Passion, Henry ist sogar ein aktiver Eishockey-Spieler, und Barbara, seine Schwester, die ein Auge auf Doktor Lagutin geworfen hat, ist eine Amateurkanutin, das aber nur in ihrer Freizeit, versteht sich.

Hannes Harms ist der, der das Fundbüro leitet, und es gibt noch den alten Bußmann, dem die Entlassung droht. Henry nimmt das sehr ernst und macht das Angebot, sich an Bußmanns Stelle wegrationalisieren zu lassen, dann wäre er, vermuten wir, arbeitslos, das aber kann ja nicht sein, denn in einem ICE fahren keine Arbeitslosen, eine ICE-Reisegesellschaft wird vielmehr schon nach kurzer Fahrt zu einer wahren ICE-Lebensgemeinschaft, die eng zusammenrückt und die ganze Fahrt über zusammenhält und mithilfe der sich immer magischer ausbrei-

tenden Herzlichkeit alle trüben Themen beinahe vollständig verdrängt.
Leider lauern aber vorn im ICE-Bistro, da wo ja meistens die unbelehrbaren Kettenraucher und Dauersäufer rumlungern, einige fiese Motorradtypen herum, die unseren Doktor Lagutin anmachen, sie haben die spezifische ICE-Stimmung noch nicht inhaliert, und deshalb setzen wir sie dann auch mit der von uns sonst natürlich verachteten Gegengewalt an die Luft, zum Glück hat Henry einen seiner Eishockey-Schläger im Gepäckfach bereit, da kann er uns gleich mal zeigen, wie man so etwas als Waffe einsetzt, nicht übertrieben draufgängerisch, eher sozial-medizinisch, damit die gute Stimmung erhalten bleibt.
So fahren wir und fahren doch auch wieder nicht, wir führen ein typisches ICE-Leben, und irgendwann kommt der mobile Getränkeverkäufer vorbei, und wir bestellen für den alten Bußmann einen guten Remy Martin, der so etwas bringt wie Erleuchtung und Wärme, ohne daran zu denken, dass es in einem ICE keinen Remy Martin gibt. Darf es auch etwas anderes sein?, fragt uns der mobile Getränkeverkäufer in seinem ICE-Deutsch und empfiehlt uns einen Aquavit, und wir sagen, gut, dann eben Jubiläums-Aquavit, und dann schweigen wir, bis die Gläser vor uns stehen, und nippen daran und sind für kurze Zeit ein wenig beflügelt.
In jedem ICE sind die Lebensgemeinschaften am Ende ein wenig beflügelt, aber nicht laut, die hausgemachten Brote sind schließlich verputzt und die Thermoskannen geleert, und selbst die kleinste Cognac-Bohne bietet uns keinen Erzählstoff mehr, und dann ist der schlimme Moment da, wir müssen uns trennen, der ICE hält, wir steigen aus und sind den älteren Herrschaften noch beim Aussteigen behilflich, dann aber verlieren wir uns sofort aus den Augen, wir werden uns nie mehr begegnen und würden uns auch nicht mehr erkennen, das harte, reale Leben hat uns jetzt wieder, Hamburg-Hauptbahnhof, ein paar Stunden sind wir wunderbar entrückt im Kreis gefahren, im ICE *Siegfried Lenz,* dem philanthropischsten Roman, den wir seit langer, langer Zeit gelesen haben.
Zeit, 31.7.2003

Aufgabe 3: Der Kritiker auf Reisen

Hanns-Josef Ortheil nimmt den Leser mit auf eine Reise, die in jeder Zeile metaphorisch klären soll, was es mit dem neuen Roman von Siegfried Lenz auf sich hat. Dafür wählt er eine Zugfahrt. Überlegen Sie sich, welche metaphorischen Reisen unternommen werden könnten, wenn man eine Kritik schreibt

- zu einer punkigen Inszenierung eines Shakespeare-Stücks,
- zu einer neuen Compilation der größten Hits von Rex Gildo (wahlweise auch Hildegard Knef, Robbie Williams oder der *Drei Tenöre*),
- zu einer Ausstellung über junge britische Kunst.

Sie müssen dafür nicht wissen, was konkret gespielt, gesungen oder gezeigt wird. Spinnen Sie ein bisschen rum, es geht darum, ein paar Möglichkeiten für metaphorische Reisen zu entwickeln und kurz zu sagen, wie die Reise aussehen würde und was die einzelnen Stationen wären (etwa bei einer Reise durch die Geisterbahn, durch eine Wüste, auf einem Luxusliner durch die Karibik, eine Forschungsreise ins Herz der Finsternis…).

Geröchel von klassischer Strenge

Slipknot und Slayer spielten in der Arena

Von Harald Peters

Das Tourpaket war prominent geschnürt und die Erwartungen dementsprechend hoch. Unter dem Namen „The Unholy Alliance" machten am Sonntagabend die beiden beliebten Metalformationen Slayer und Slipknot in der gut gefüllten Arena in Treptow Station, um auch die Berliner Jugend mit ihren asozialen Botschaften zu erfreuen.

Slayer gelten als eine der extremsten Bands, die der Speedmetal der Achtzigerjahre hervorgebracht hat, und setzten 1986 mit ihrem fröhlich antichristlichen Werk „Reign In Blood" Maßstäbe in Sachen Geschwindigkeitsüberschreitung und frei flottierender Geschmacklosigkeit. Die neun maskierten Finstermänner von Slipknot sind hingegen technisch eher der Sparte NuMetal zuzurechnen, wobei sich ihre Musik aber so halsbrecherisch, brutal und rücksichtslos gestaltet, dass sie mit scheinbaren Genregenossen wie Linkin Park deutlich weniger verbindet als mit Slayer.

Tatsächlich weisen die beiden Bands diverse Gemeinsamkeiten auf. Beide ließen ihre aktuellen Alben von Rick Rubin (Johnny

Cash, Jay-Z) produzieren, beide gelten unter Moralwächtern und Elternvertretern als besonders gemeingefährliche Verderber und Verroher der Jugend. So wurden Slayer 2001 angeklagt, an dem Mord an der 15-jährigen Elyse Palmer mitschuldig gewesen zu sein, weil die eigentlichen Täter angaben, sie hätten Slayer am Tag der Tat des öfteren gehört. Und nachdem Robert Steinhäuser seinen Rachefeldzug im Erfurter Gutenberg-Gymnasium durch Selbstmord beendet hatte, hieß es, dass erst der Slipknot-Song „School Wars" ihn zu einem Amokläufer werden ließ. Slipknot wurden daraufhin aus Radio und Fernsehen verbannt, bis jemandem auffiel, dass der entsprechende Song überhaupt nicht existiert.
Andererseits wäre ein Song namens „School Wars" durchaus im Repertoire von Slipknot denkbar, hat die Band doch eine ausgesprochene Schwäche für alle unerfreulichen, verwirrenden und gewalttätigen Themen. Um das live angemessen umzusetzen, schwören sie auf das Prinzip der konsequenten Reizüberflutung, was sich vor allem darin ausdrückt, dass während der gesamten Show in jeder Ecke der Bühne etwas geschieht. Mindestens drei Musiker sind nach musikalischen Gesichtspunkten völlig überflüssig und die gesamte Zeit damit beschäftigt, Baseballschläger zu schwingen und auf Ölfässer einzudreschen. Oft marschieren sie auch angsteinflößend über die Bühne und starren durch ihre Masken grimmig ins Publikum, das dank einer ausgeklügelten Lichtregie ununterbrochen mit Stroboskopgeflacker geblendet wurde.
Dem Chaos von Slipknot setzten Slayer eine Show von geradezu klassischer Strenge entgegen. Vor einem schwarzen Vorhang, der stimmungsvoll mit satanistischen Botschaften bekritzelt war, hatten sie aus insgesamt 24 Marshall-Verstärkerboxen zwei schöne, schlichte Wände bauen lassen, in deren Mitte es sich Paul Bostaph mit seinem Schlagzeug gemütlich machte. Davor trollten sich auf der linken und rechten Seite die beiden Gitarristen Jeff Hanneman und Kerry King, während Sänger und Bassist Tom Araya in der Mitte einsam vor seinem Mikrofon stand und schrie. Nach jedem Lied gingen stets für einige Sekunden die Lichter aus, gerade so, als solle das Publikum das gerade Gehörte erst einmal in aller Ruhe verdauen.

Waren die Lichter wieder an, sah man Tom Araya allein auf der Bühne eine Ansage machen, die er meist in einer relativ normalen Tonlage begann. Nach wenigen Worten vernahm man jedoch nur noch zutiefst unverständliches Geröchel und Geschrei, das von den anwesenden Massen dann aber stets einwandfrei als irgendein Songtitel identifiziert wurde. Daraufhin brach spontaner Jubel aus, plötzlich waren auch wieder King und Hanneman zur Stelle, um abwechselnd mit denkbar übergeschnappten Soli zu glänzen. So ging es eigentlich die gesamte Zeit.

Überhaupt haben sich Slayer in ihrer über zwanzigjährigen Geschichte als eine besonders stabile Kraft erwiesen, die selbst kleinsten Veränderungen und Experimenten skeptisch gegenübersteht. Während sich bei anderen Metalbands das Besetzungskarussell munter drehte, haben sie nur einmal ihren Schlagzeuger ausgetauscht. In den Neunzigern haben sie sich – im Gegensatz zu Weggefährten wie Anthrax oder Metallica – nicht einmal ansatzweise dem damals erfolgreichen Segment Alternative Rock angenähert, sondern blieben musikalisch stets schnell, hart, unzugänglich und überaus kompliziert.

Auch textlich dreht es sich bei ihnen nach wie vor um zeitlose Themen wie Krieg, Verstümmelung, Serienmord und Religion. Und so prügelten sie das Publikum mit Klassikern wie „Mandatory Suicide" und „Raining Blood" wie auch mit Titeln des aktuellen Albums „God Hates Us all" windelweich, das sich für diese Abreibung am Rande der Erschöpfung mit viel Beifall bedankte.

Berliner Zeitung, 28. September 2004.

Aufgabe 4: „Hoch" vs. „niedrig"

Der Text von Harald Peters lebt nicht nur von einer wunderbar vorgeführten Kennerschaft. Er lebt vor allem davon, dass er eine Spannung zwischen Zugriff und Stil auf der einen Seite und der Wertigkeit des Gegenstandes auf der anderen Seite in Szene setzt. Zugriff und Stil werden in der Regel für Gegenstände der Hochkultur gewählt (das Klavierkonzert in der Philharmonie, die Ausstellung im Museum für Moderne Kunst, die Lesung des Büchner-Preisträgers…). *Slipknot* und *Slayer* aber gehören definitiv zur Populärkultur, und im Rahmen der Populärkultur gehören sie wiederum zu einer Subkultur, die zu Showzwecken auf Lärm, auf Finsternis und die Beschwörung des Bösen setzt. Der Witz ist, dass Peters den „niedrigen" Gegenstand" im „hohen" Ton angeht – dadurch

signalisiert er, dass er ihn voll und ganz ernst nimmt und sich doch zugleich über ihn lustig machen kann. Und der Witz ist auch, dass er das Konzert als symptomatisches Event im Kontext der Subkultur im Besonderen und der Popkultur im Allgemeinen ausleuchten kann.
Überlegen Sie sich, auf was man dieses Spannungsmuster von „hoch" und „niedrig noch übertragen kann.

- Wählen Sie sich einen Gegenstand aus der Populärkultur, dem definitiv nicht der „hohe" Ton ansteht: eine neue Ausgabe einer Zeitschrift der Yellow-Press (*Das goldene Blatt, Frau im Spiegel* o. Ä.), ein Poster für das Jugend-Zimmer mit Fantasy-Motivik, ein Pornomagazin…
  Schreiben Sie die ersten zehn bis fünfzehn Zeilen ihrer Kritik im „hohen" Ton. Aber achten Sie darauf: Sie sollen *nicht* zeigen, wie verächtlich Sie den Gegenstand finden, Sie sollen ihn soweit ernst nehmen, dass man plötzlich etwas an ihm sehen kann, was so vorher noch nicht zu sehen war und was ihn als kulturelles Artefakt ausweist. (Schauen Sie auch noch mal in ÜBUNG 14 den Text von Dr. Pauser an, der sich mit hoher Ernsthaftigkeit der Felgenkultur der Automobil-Frisier-Szene gewidmet hat.)
- Jetzt drehen wir es um und machen es etwas schwieriger. Wählen Sie sich einen Gegenstand aus der so genannten Hochkultur: einen Roman von Arno Schmidt, einen Gedichtband von Ingeborg Bachmann, einen Essay von Theodor W. Adorno, eine neue Einspielung der Walzer von Chopin, die aktuelle Ausstellung im Museum.
  Schreiben Sie die ersten zehn bis fünfzehn Zeilen Ihrer Kritik in einem Ton, der so „niedrig" ist, dass Sie selbst merken, dass er vielleicht einem Gespräch über Feuerzeuge an der Imbissbude oder in der Discothek angemessen ist, nicht aber dem von Ihnen gewählten Gegenstand. (Bevor Sie sich aber völlig im Niveau vergreifen, lesen Sie die nächste Kritik. Da können Sie sehen, in welchem Ton Alexander Gorkow ein Album der Band *New Order* bearbeitet. Wenn Ihnen nichts einfällt, versuchen Sie, ihn zu imitieren.)
  Aber Achtung! Auch diesmal gilt: Sie sollen nicht unter Beweis stellen, dass Sie einen Gegenstand aus der Hochkultur durch so einen Zugriff lächerlich machen können. Das wäre zu einfach. Sie sollen durch den Ton hindurch einen Zugang zu Ihrem Gegenstand finden, durch den man plötzlich etwas sehen kann (und *wirklich* erkennen kann), was man so vorher noch nicht gesehen hat und was ihn damit als kulturelles Artefakt der besonderen Art ausweist.

Zähle bis 10, bevor du etwas falsch machst!
In den Achtziger lehrten New Order, wie man Rock und Elektronik und Disco zu einem schicken Fummel zusammenschneidert, und heute ist klar, dass es immer noch keine bessere Jungsband gibt als die hier
Von Alexander Gorkow

Hoffentlich täuscht man sich, aber es könnte ja sein, dass ein paar Bübchen aus dem deutschen Kulturbetrieb gerade ihr Zwergenleiden am Lebenssinn wegmachen wollen, indem sie an einer Biedermeiergroßhandlung basteln.
Man wähnt sich fast umzingelt von Damen und Herren, die als Großschriftstellerdarsteller herumtun, von im Akkord Leinwände mit lauwarmem Öl vollpinselnden Malern aus Leipzig, von cremefarbenen Architekturbüros, die Berlin wieder herschinkeln sollen, weil wenn alles schon den Bach 'runtergeht, dann wie damals, mit Im-Tässchen-Rühren und Fingerchen-Abspreizen.
Womöglich müssen da ein paar Hohlräume hinter Mauern und Stirnen bis zum Regierungswechsel zugekalkt werden, damit man die Po-Öffnung in die richtige Richtung halten kann, nämlich in die, aus der dann bald der Wind weht, gell? Aaah, joldene Zwanziga. Wenn die ersten Kollegen mit Gamaschen und Ärmelschonern ins Büro kommen, gehen wir jedenfalls einen saufen und sagen dann superleise Servus.
Dass vorläufige Rettung durch eine Musik-CD nahen soll, ist gewagt, aber dann eben wieder nicht. Die Rettung naht natürlich aus England, dem Land, in dem man Schlösser nicht wieder aufbauen muss, dem Land des sinnlosen Humors und der grundlosen Zuversicht (aber immerhin der Zuversicht), der Heimat Gautama Buddhas, in der man 7 Pfund für einen Capuccino bezahlt und dann nichts übrig hat für den Herrn in der Unterführung Knightsbridge, der so schön „Something" von den Beatles auf der Gitarre spielt, dass man noch draußen vorm Harrods das Sicherheitspersonal anheult und sofort herzeigen muss, was man in der Plastiktüte hat, weil ja eine Bombe hochgehen könnte.
Die Musiker von New Order haben vier Jahre lang den Erfolg ihrer CD „Get Ready" zu Recht genossen. 2001 wagte man noch

nicht, es zu schreiben, aber man ahnte bereits: Diese Platte war derartig gut, dass in den Feuilletons und angeschlossenen Funkhäusern nun für Jahre eine Konferenzschaltungsratlosigkeit anheben würde, gegen die die Weimarer Republik der reinste Kindergeburtstag war. So kam es dann auch.
Man tritt sicher niemandem zu nahe, wenn man feststellt, dass seit zirka 2001 sämtliche Hypes der Nullerjahre eher Doppelnullen waren. Das war nur viertelniedlich, wie Franz Ferdinand versuchten, Roxy Music nachzuspielen, wie die White Stripes versuchten, T. Rex nachzuspielen, wie die kleine Nervensäge Adam Green (Wertung im englischen Musikmagazin Q: „So wertlos, wie Musik nur sein kann.") in natürlich Berlin als Achtelkafka zum lokalen Star wurde, wie der Autist Beck bei Harald Schmidt eine schöne Brille aufsetzte und ein schlechtes Lied sang.
Das will alles immer so irre dringend was sein und ist dann nix, und dass nun wiederum New Order im 25. Jahr ihrer Bruderschaft was sein wollen, glaubt man der neuen Platte nicht anzuhören, dass sie was sind, aber schon und sofort.
Die Entstehung dieser Platte stellt man sich wie folgt und zum Durchdrehen simpel vor. Einen um den anderen Tag leuchtete über der Rübe von Bernard Sumner ein Lämpchen wie damals bei Wickie im Kinderfernsehen. Flugs hatten New Order ein paar hinreißende Songs zusammen, und dann haben sie im Studio noch dran 'rumgebastelt.
Man muss sagen: 1. so einfach geht das und 2. auch das Gebastel hört man der Platte an, die so viel Spaß macht wie unseren Kleinen ein Abenteuerspielplatz, auf dem sie ständig neue Verlockungen vorfinden.
Es sind Sumners stürmische Gitarren zum Fäuste-in-die-Luft-werfen drauf, es sind dahinter lilafarbene und seelenprügelnde Streicher, natürlich ist Peter Hooks großartiger Bass drauf, der einst lehrte, wie das klingt, wenn Stahlseile Geschichten erzählen. Dazu kommt heiteres Geplucker und „Piupiu!" und „Doingdoing!" aus dem Computer wie damals in der Italodisco, und dazu kommen Gitarrendreiklänge lupenreinster Schönheit und Melodien, für die man die Welt umarmen möchte, die englische natürlich, nicht deutsche.

Die CD trägt den Titel „Waiting For The Sirens" Call", und der ist in seiner Sehnsuchtshaftigkeit ebenso für 1 zu 1 zu nehmen wie die Texte, in denen sich Äkschn auf Sätisfäkschn reimt, die Mutmacher Hey und Allright zu vernehmen sind, und in denen Briten, die die alte Labour Party wiederhaben wollen und zum Fußball gehen, immer noch auf der Suche nach sich selbst oder der Liebsten sind. Das Reizende an dieser Platte ist ihr ernst gemeinter Sturm und Drang, der im Kleid lasziver Wurschtigkeit daherkommt. Und 25 Jahre nach dem Selbstmord von Ian Curtis, der den New Order-Vorgänger Joy Division kraft Finsternis anführte, schreiben die Familienpapis heute idealistische Texte, in denen empfohlen wird, die gewalttätige Fernsehkiste nicht mit dem Fenster zur Welt zu verwechseln, denn: „Out there the world is a beautiful place/With mountains, lakes and the human race/And this is where I wanna be...".
In den Achtzigern lehrten New Order, wie man Rock und Elektronik und Disco zu einem schicken Fummel zusammenschneidert, und heute ist klar, dass es immer noch keine bessere Jungsband gibt als die hier, wobei es der Musik gut tut, dass diese Jungs daheim so normale Familiensorgen haben wie andere Jungs um die 50 auch, solange sie noch halbwegs dicht sind und nicht den lieben blöden Tag lang auf die eigenen Stiefelspitzen schauen und auf was Großes warten. Man könnte auch sagen: Wenn hier schon wieder eine Band eine Band nachspielt, so ist es großartig, wie es New Order hinkriegen, im Jahr 2005 noch toller zu klingen als New Order 1980.
Dass sie wegen Stur- und Faulheit nie so groß geworden sind wie U 2, darüber wurde von ihrem armen Manager viel geklagt, der aber vergaß, anzufügen, dass New Order wegen ihrer Stilsicherheit auch nie so behämmert wurden, wie U 2 es immer bleiben werden.
Der einzige Hype, der in den letzten Jahren Freude bereitete, war die lustige Homotruppe Scissor Sisters aus New York, und – wir sprachen gerade von Stilsicherheit – prompt krallt sich Sumner deren Sängerin Ana Matronic für ein Duett in dem umwerfend räudigen Tanzknaller „Jetstream", um den herum man umgehend eine Party mit netten Frauen und Männern ohne Gamaschen modellieren will. Wem das zuviel ist, der wird immerhin noch

das Fenster aufreißen und die liebe Sonne zurückgrüßen, die es also doch gibt.

So lehrt dieser Diamant von einer Platte, dass gerade in Zeiten, in denen es – wie ja eigentlich immer – total superschlecht läuft, schon elf brillante Kopf-hoch-Songs einen sehr guten Sommer machen. Man muss wissen, woran man glaubt, und wenn man das weiß, weiß man eben auch, wo die Feinde stehen und immer stehen werden. Auf dem Plattencover sehen die, die es immer noch nicht begriffen haben, groß die Initialen der Band. Sie machen eine Ansage, die mal wieder nötig war: No.

Oder, wie es in unserem Lieblingssong heißt: „Hey now what you doing?/Don't go down the road to ruin/Look back at where you came from/Count to ten before you go wrong." Touched by your presence, gentlemen!

Süddeutsche Zeitung, 24./25. März 2005

Aufgabe 5: Absolute Gegenwärtigkeit

Es ist nur folgerichtig, dass Alexander Gorkow im Pop-Jargon über eine neue Pop-CD schreibt. Die Kritik holt die Atemlosigkeit ein, mit der das „Ich" als „Wir" das neue Album zum ersten Mal hört, und die Sätze fügen sich so, als könnte man hier genau verfolgen, was dem Kritiker alles durch den Kopf jagt, während er das hört. Die Kritik ist eine Jetztzeit-Kritik, weil sie auf absolute Vergegenwärtigung aus ist.

Diese Rhetorik der absoluten Gegenwärtigkeit lässt sich auf jede Kritik übertragen, die man zu Gegenständen schreibt, die darauf angelegt sind, den Hörer, den Leser, den Zuschauer, den Teilnehmer *hier und jetzt* zu affizieren und emotional zu überwältigen.

- Welche Gegenstände könnten das sein? Bei was für Gegenständen würde es sich lohnen, die Rhetorik der Gegenwärtigkeit einzusetzen? Notieren Sie sich ein paar und schreiben Sie dazu, warum es sich lohnen würde – was man also dadurch am Gegenstand sichtbar machen könnte, was sonst nicht an ihm zu sehen ist.
- Denken Sie an das letzte Mal, als Sie etwas gelesen, gesehen oder gehört haben, das Sie überwältigt hat. Entwerfen Sie dafür eine ganz und gar „gegenwärtige" Kritik, die von dieser Überwältigung Auskunft gibt. Wichtig ist: Versuchen Sie einen Ton zu treffen, der dem Gegenstand selbst gerecht wird (Gorkow schreibt im dynamisierten Pop-Jargon über dynamische Pop-Musik – wie müsste man etwa über einen Band mit poetischen Großstadt-

miniaturen sprechen, über einen großen Boxkampf im Schwergewicht, der nach 15. Runden mit einem Unentschieden endet?). Wichtig ist aber auch: Wenn Sie die Kritik entwerfen, dann bauen Sie in den Text selbst einen klaren Wegverlauf ein, den Sie trotz (oder gerade wegen) der Darstellung von unmittelbarer Faszination genau verfolgen.

6.7 Drei Erzählmodelle: Boulevard, Frauenmagazin, Szene-Magazin

Um das Erzählen von Kritiken zu trainieren (und um zu schauen, wie und was die Kollegen erzählen), sollte man sich immer mal wieder Zeitungen und Zeitschriften zuwenden, die man eigentlich nur selten liest, wenn man sich über Neuerscheinungen oder über neueste Entwicklungen im Kulturbetrieb informieren will: Boulevardzeitungen, Yellow-Press-Produkte, Frauenzeitschriften, Szene-Magazine.

Bei der Lektüre wird man schnell von der Vorstellung geheilt, dass es nur *eine* Art und Weise gibt, Kritiken zu schreiben. Denn in diesem Bereich der Presselandschaft zählt die große, komplexe, genaue, thesenreiche, konzentrierte, auf hohem Niveau formulierte Besprechung eines neuen Romans ausgesprochen wenig. Stattdessen dominieren die kurzen, prägnanten, oft auch etwas unbeholfenen Leseempfehlungen. Die Kritiken, die in diesen Zeitungen und Zeitschriften erscheinen, führen aber auch vor, wie sich etwa auf literarische Neuerscheinungen mit ganz unterschiedlichen Erzählweisen zugreifen lässt. Wer sich mit ihnen beschäftigt (und wer sie auf experimentelle Weise beherrscht), kann deshalb eine Menge für das eigene Erzählen lernen.

Natürlich spricht nichts dagegen, den eigenen Anspruch als Kritiker an den großen Feuilletons und den gehobenen Literaturzeitschriften auszurichten. Doch sollte man die anderen Formen der Kritik, die vielleicht trivialer, schlichter, einfacher und vielleicht auch „ungerechter" erscheinen, schon allein deshalb nicht ignorieren, weil auch sie weitreichender und einflussreicher definieren, was Kritik bedeuten und leisten kann. Ignorieren sollte man sie aber auch nicht, weil sich gerade in der Auseinandersetzung mit diesen Formen der Kritik innovative Erzählweisen entwickeln lassen. Den vielleicht spektakulärsten Einfluss auch auf das traditionelle Feuilleton haben in den 80er Jahren Zeitgeist-Zeitschriften wie *Tempo* oder *Wiener* und in den 90er Jahren Musikmagazine wie *Spex* gehabt, in deren Buch- und Plattenkritiken wie in einem Labor auf experimentelle Weise gezüchtet wurde, was heute Popjournalismus genannt wird und sich durch eine stark autorbezogene, hochironische und den Artefakten der Populär- und Alltagskultur fasziniert zugewandte Schreibweise auszeichnet. Alexander Gorkows Besprechung des neuen *New Order*-Albums, die wir in der letzten Übung vorgestellt haben, ist zwar im Feuilleton der *Süddeutschen Zeitung* erschienen. Doch wäre sie ohne die jahrelangen Vorarbeiten in den Szene-Magazinen nicht einmal im Ansatz denkbar. Das Suchen nach den anderen, den neuen Erzählweisen in ungewöhnlichen Szenen und ihren zuweilen eigenartigen Publikationsforen (die sich heute wohl am besten im Internet entdecken lassen) und das Experimentieren mit neuen Strategien der Kulturbeobachtung und mit neuen Erzählformen, Erzählmustern und Stilen, gehört in diesem Sinn zum Alltagsgeschäft eines Kritikers, dem es nicht um die Festigung eines Unterschieds von hoher und niederer Kultur geht, sondern der an der komplexen Dynamik von Kultur überhaupt interessiert ist. Insofern der Kritiker immer auch ein Beobachter des Marktes und ein Trendforscher ist, kann er gerade das nicht ignorieren, was auf den ersten Blick befremdlich erscheint.

Zum Beispiel das hier – von den Online-Seiten der BILD-Zeitung:

Sexhölle Königspalast

Marie-Christine von Belgien erlebte als kleines Mädchen am Hof den Horror. Die kleine Prinzessin und ihr Vater, König Leopold III. Bei Tisch liebte er es, laut zu rülpsen

Brüssel – Ein Palast war ihr Gefängnis. Sie schlief voller Angst auf seidenen Kissen. Sie flüchtete in die stumpfe Welt der Drogen.

Prinzessin Marie-Christine von Belgien (53) erlebte in der königlichen Familie Vergewaltigung und Vertuschung.

Ihr Vater war ein rülpsender Rüpel, ihre Mutter schwieg feige über das Leid ihrer Tochter!

Jetzt hat die Prinzessin ein Buch über ihre Jugend geschrieben: „La Brisure" (Der Bruch).

Eine Hof-Beichte, vor der Belgien zittert. Sie enthüllt, was nie jemand erfahren sollte.

Als junge Frau flüchtete Prinzessin Marie-Christine 1978 nach New York.

- Als junge Frau wurde sie vergewaltigt! Als Marie-Christine 18 war, verging sich ihr Cousin an ihr.
  Ihre Mutter Mary Lilian nahm den Vergewaltiger in Schutz – und gab der Tochter die Schuld. Sie empfahl Marie-Christine eine schnelle „Hochzeit mit einem alten Ausländer".

- Ihr Vater, König Leopold III. († 81, König von 1931 bis 1954), war ein unflätiger Monarch. Bei Tisch rülpste er gern und laut, forderte andere zu Wettbewerben auf.
- Die junge Prinzessin flüchtete in die USA. Sie feierte ausschweifende Drogenpartys und jobbte als Unterwäschemodell in schummerigen Cowboy-Bars.
- Während ihr Vater sich in Belgien weigerte, ein Abtreibungsgesetz zu unterschreiben, war Marie-Christine ungewollt schwanger. Ihr Halbbruder Baudouin schickte ihr Geld aus dem Palast nach Amerika – und sie ließ davon abtreiben.

Die Beichte der Prinzessin erscheint heute. Marie-Christine lebt noch immer in den USA. Weit weg von dem Palast, der für sie zum Alptraum wurde.

Der Text führt vor, was ein Buch aus der Perspektive des Boulevards braucht, um überhaupt wahrgenommen zu werden. Inszeniert wird ein finsteres postmodernes Märchen vom verlorenen Königskind, das in seinem Leben keiner Demütigung entkommt. Es geht natürlich um Sex, angereichert mit Gewalt und Tabubruch, und es geht um die Spannung, die sich aus dem Widerspruch von hohem Stand und ordinärer Lebensweise ergibt. Das alles wird in kurzen Sätzen in einer harten Schnittfolge mit Spiegelstrichen abgearbeitet. Vorgeführt werden die wichtigsten Facts der Autobiografie, wobei jeder einzelne Spiegelstrich eine neue Unglaublichkeit bieten soll. Diese Unglaublichkeiten sind aber in einem ganz und gar sachlichen Ton vorgetragen, der den Text offensichtlich in die Nähe der Nachricht bringen (deshalb auch gleich zu Beginn die nachrichtenübliche Ortsmeldung: „Brüssel") und zugleich eine Art historische Chronik mit einem Hauch von Operette vorstellen soll („König Leopold III. [† 81, König von 1931 bis 1954], war ein unflätiger Monarch"). Diese operettenhaft angehauchte Sachlichkeit verzichtet darauf, die einzelnen Unglaublichkeiten ausführlich vorzustellen. Hier wird vielmehr darauf gesetzt, dass die Abschnitte ihre doppelte und dreifache Wirkung in der Vorstellung des Lesers gerade dadurch tun, dass ihm über die nackten Fakten hinaus nichts geliefert wird: Was konkret passiert ist, muss er selbst imaginieren. In diesem Sinn setzt der Text darauf, den Leser zu affizieren. Es geht dabei ganz offensichtlich um sexuelle Erregung. Die aber wird mit einer Empörung über die Sauereien des Adels als Ausdruck der eigenen (bürgerlichen) Sittlichkeit so ins Spiel gebracht, dass sie gehemmt und zugleich gesteigert wird. Durch die Mischung von Nachricht und Operette, die das sachliche „Brüssel" an den Anfang setzt und das märchenhafte „weit weg von dem Palast, der für sie zum Alptraum wurde" an den Schluss, wird diese Hemmung und Steigerung strukturell und sprachlich unterstützt.

Keine Frage: Das Stück ist *gut erzählt.* Es ist ein kleines Edelstück des boulevardesken Kulturjournalismus, den man schnell im Verdacht haben kann, dass er sich ohnehin an die Gegenstände hält, die fürs Boulevard gemacht worden sind.

Doch das greift zu kurz. Denn anders verhält es sich mit der auf den Online-Seiten von BILD zu lesenden Besprechung eines Buches mit Schlafzimmerbildern der bekannten Fotografin Herlinde Koelbl, dem sich auch namhafte Kritiker in den etablierten Feuilletons gewidmet haben.

Intimer Blick in fremde Betten

Was Promis und Normalos so in ihren Schlafzimmern treiben

Das Schlafzimmer anderer Leute – ein Privatbereich! Fremde dürfen da eigentlich keine Blicke reinwerfen...

Eigentlich! Denn die Star-Fotografin Herlinde Koelbl durfte. Für ihren neuen Bild-Band „Schlafzimmer" reiste sie nach Berlin, Paris, London, New York, Moskau und Rom. Dort besuchte sie Promis und Unbekannte, Arme und Reiche, Exzentriker und Durchschnittsbürger, Singles und Paare – um sie in ihren ungewöhnlichen Schlafzimmern zu fotografieren.

Viel Überzeugungsarbeit war nötig, bis man ihr die Aufnahmen gestattete. Herausgekommen ist ein Buch, das tiefe Einblicke in die Seele der Menschen bietet. Schließlich ist das Schlafzimmer das privateste und intimste Zimmer jeder Wohnung.

Möchten Sie mal einen Blick in das Schlafzimmer von Modeschöpfer Wolfgang Joop werfen? Oder sehen, wie ein Moskauer Zirkusartist schläft? Oder warum sich Soldat Olaf in einem riesigen Pappkarton zur Ruhe legt?

Der intime Blick in fremde Betten – klicken Sie sich durch!

Hier fehlt zwar die große Dynamik, wie sie der Text über die Autobiografie der belgischen Prinzessin entfaltet. Doch setzt er auf denselben Effekt: Er will den Leser affizieren. Er setzt an der Neugier des Lesers an und stachelt sie auf: Der Superlativ „das privateste und (!) intimste Zimmer", kombiniert mit der direkten Ansprache („Möchten Sie...") und der Aufforderung, nun selbst einen „intimen Blick in fremde Betten" zu werfen, verwandelt den Text in eine kleine Einladung, etwas zu tun, was eigentlich verboten ist.

Auch hier wird wieder – mehr oder weniger heimlich – auf Sex gesetzt. Doch damit ist die Erzählweise des boulevardesken Kulturjournalismus noch nicht hinreichend definiert. Was die Texte gemeinsam haben, ist viel eher die Erzählweise, die dem Leser im Zuge der Lektüre ein erregendes Erlebnis verschaffen will, das sexuelle Erregung ebenso wie bloße Empörung oder auch die Aussicht auf die Befriedigung von Neugier, am besten aber eine Mischung von allem sein kann.

Liest man Kritiken zu Koelbls Buch, die im etablierten Feuilleton erschienen sind, die auf kontextualisierende und symptomatisierende Reflexion setzen, kann man das Spezifische des boulevardesken Erzählmodells besser erkennen. So schrieb Uwe Wittstock in der *Welt*: „Herlinde Koelbls Bilder [haben] heute eine ganz besondere Aktualität. Zeigen sie doch den Schauplatz, an dem sich Politikern und Demographen zufolge die Zukunft Deutschlands entscheiden wird. Es sind ja nicht nur Foto- oder Fernsehlinsen, die sich ins Schlafzimmer drängen, und narzisstische oder exhibitionistische Gemüter, die sich dort gern vor möglichst vielen Augen räkeln." Das zielt auf Reflexion. Die boulevardeske Kritik setzt dagegen genau dort an, wo sich „sensationelle" Erlebnisse des Lesers, Hörers oder Zuschauers erzeugen lassen. Diese Erlebnisse müssen bereits bei der Lektüre der Besprechung im Ansatz spürbar werden – und die Lektüre des Buches, der Kino- oder Theaterbesuch, der Rundgang auf der Ausstellung müssen dieses Erlebnis dann tatsächlich realisieren.

Wenn gute boulevardeske Kritiken genau das leisten müssen, dann ist Kritiken in *Frauenzeitschriften* etwas anderes aufgegeben. Ein Beispiel aus der *Brigitte*, deren Besprechungen bei Verlegern äußerst beliebt sind, weil sie die Leser tatsächlich zu Käufen animieren.

Spielarten der Liebe
(Angelika Klüssendorf: *Alle leben so*)

Da ist der 30-jährige Schriftsteller, der immer noch vom Geld seiner Mutter lebt und grundsätzlich mit den falschen Frauen schläft. Da ist seine Mutter, die sich einem Heiratsschwindler zuliebe einer Schönheitsoperation unterzieht, obwohl sie genau weiß, dass der Mann nur an ihr Vermögen will. Da ist der Heiratsschwindler, der nach dem Ableben all seiner Gönnerinnen an eine schöne Frau gerät, für die er sich, offenbar zum ersten Mal in seinem Leben, tatsächlich interessiert. Da ist die schöne Frau, die sich nun ihrerseits als Betrügerin erweist. Liebe aus Mitleid, Liebe aus Angst, Liebe aus Einsamkeit, Liebe aus Kalkül – die Berliner Autorin Angelika Klüssendorf beschreibt alle

Spielarten bis ins psychologische Detail. Nur die reine Liebe, die existiert nicht in diesen wunderschönen, auf subtile Weise miteinander verknüpften Kurzgeschichten.

Der kleine Text scheint auf den ersten Blick recht konventionell. Er listet geradezu monoton verschiedene Figuren, Rollen und dramatische Konstellationen auf („Da ist... Da ist... Da ist..."), um dann einen Satz zu ihrer Autorin und zu ihrem psychologisierenden Erzählmodell zu sagen und zuletzt zu konstatieren, dass es in dieser Erzählwelt mit ihrer Fülle an einzelnen Geschichten doch am Eigentlichen mangelt. Dieser Mangel aber ist kein erzählerischer, im Gegenteil, es ist eine Aussparung, die so gekonnt eingesetzt ist, dass das Urteil klar und prägnant ausfallen kann: „wunderschön" und „subtil".

Konventionell ist dieser Text für Frauenzeitschriften aber nicht nur, weil er strukturell die üblichen Erwartungen erfüllt (man wird in Frauenzeitschriften selten überraschende, exzentrische, über die Stränge schlagende Kritiken finden). Konventionell – und damit *gut* – ist er vor allem, weil er einen Zugriff auf Literatur markiert, der für *Brigitte* und verwandte Zeitschriften symptomatisch ist. Im Zentrum stehen die Figuren und ihre Geschichten. Immer geht es um Erzählmodelle, die dem Leser Angebote zur Identifikation machen. Auch diese Kritiken versprechen ein Erlebnis. Allerdings ist es keins, das auf starke Weise erregen will. Adaptiert wird Literatur immer dort, wo sie dem Leser das Angebot macht, ein Schicksal zu teilen. „Teilhabe" ist deshalb der entscheidende Begriff, der die Zielrichtung von Kritiken für Frauenzeitschriften definiert. Der Leser soll sich den Gegenstand nicht erarbeiten müssen, sondern das Zusammensein mit den Helden genießen (auch das Leid soll und will ja genossen sein!).

Wichtig ist deshalb: Es müssen die Figuren und ihre Schicksale vorgestellt werden; es müssen klare Attribute zur Einordnung gefunden werden („wunderbar", „subtil"); und es müssen Ängste vor der Anstrengung der Lektüre zerstreut werden, im Vordergrund muss das Vergnügen stehen oder – im Falle eines Verrisses – das Missvergnügen. Ein zweites Beispiel aus der *Brigitte:*

Das Liebes-Leck

(Jonathan Lethem: Als sie über den Tisch kletterte)

Der Amerikaner Jonathan Lethem hat einen entzückenden Liebesroman geschrieben, dessen Handlung so merkwürdig klingt wie sein Titel. Eigentlich wollten die Physikerin Alice Coombs und ihre Kollegen den Urknall reproduzieren. Das Experiment schlägt fehl, und im Labor entsteht ein Nichts. Dieses Nichts fängt an,

> eine Art Persönlichkeit zu entwickeln: Es verschluckt, was es mag, und verschmäht, womit es nichts anfangen kann. Alice verfällt dieser rätselhaften Persönlichkeit und ihr Freund Philipp kämpft mit allen Tricks gegen seinen ungreifbaren Nebenbuhler. Das ist bizarr und komisch, aber auch zärtlich und klug. Große Unterhaltung, für die man garantiert keinerlei Kenntnisse in theoretischer Physik braucht...

Elke Heidenreich, die neben Marcel Reich-Ranicki wohl bekannteste Literaturkritikerin (weil sie ebenso wie Reich-Ranicki im Rahmen einer eigenen Sendung im Fernsehen Bücher vorstellt und deshalb die größte Ausstrahlungskraft besitzt), steht für das *Brigitte*-Erzählmodell als Person ein. Nicht nur schreibt sie für *Brigitte*, auch hat sie für die Zeitschrift eine ganze Buchreihe herausgegeben, die mit einem Satz beworben wird, der am genauesten den strategischen Kern der Buchbesprechungen trifft, die in der *Brigitte* zu lesen sind: „Wenn wir lesen, sind wir ganz bei uns – und doch ganz woanders: In den Geschichten anderer Menschen."

In den *Brigitte*-Kritiken, aber auch in Heidenreichs Buchvorstellungen im Fernsehen, müssen die Identifikationsangebote literarischer Texte genannt und als Teil der Bestätigung und Erweiterung der Persönlichkeit des Lesers erklärt werden. Literatur gehört diesem Verständnis nach zu einem größeren Wellness-Programm für *Mind & Body*. Heidenreich – genauso wie die Kollegen, die für die *Brigitte* schreiben – fungiert dabei als Kritikerin, die ebenso stellvertretend die Identifikation mit den Helden vollzieht und die Geschichten „ganz bei sich – und doch ganz woanders" durchlebt. Kritiken sind, wenn sie umfangreicher sind, immer auch subjektive Erfahrungsberichte, die dem Leser als Erlebnisangebote vorgestellt werden. So ist es der Leser, der sich wiederum mit der Kritikerin identifizieren kann, um ein ähnliches Wellness-Programm zu absolvieren: „Komisch und traurig", so heißt es in der Werbung für die *Brigitte*-Edition, „melancholisch und heiter, leicht und weise – und vor allem wunderbar subjektiv: Elke Heidenreichs Empfehlungen. 26 Bücher über das Leben."

Wenn gute Kritiken in Frauenzeitschriften genau diese Mischung von Melancholie und Heiterkeit, Leichtigkeit und Weisheit herstellen müssen, dann ist Kritiken in *Szene-Magazinen* wiederum etwas anderes aufgegeben, auch wenn es sich in einem ganz wichtigen Punkt mit den Aufgaben der Kritiken in Frauenzeitschriften trifft: Sie müssen immer dem Lifestyle dienen und der Arbeit am Lebensgefühl und am Selbstbild nachhelfen – und bei all dem muss sich eine Art Rundum-Wellness-Gefühl einstellen. So etwa auch in *Spex*, dem *Magazin für Popkultur:*

Bridge and Tunnel: Without Ghosts

Von René Hamann

Auf der Vorderseite sehen wir: alpine Schneelandschaft mit Dorfkirche. Wir hören: langsame Tracks, mal entspannt, mal bedrohlich, mal mit Stimme, mal ohne. Ein- bis zweimal eine Bassgitarre, was sich immer gut macht auf Elektrobeats. Öfter: akustische oder elektrische Gitarren. Störgeräusche (Radio, Telefon). Die Abwesenheit von Geistern. Die dann doch da sind. Wir erkennen: Jeder Tag ist ein Tribut an die vorherigen. Was ich zwischen dem 01. April und dem 08. Mai zu fassen versuchte und mir dann entwischt ist. Bridge and Tunnel, Amerika und England, Industrial-Wave und Hardcore, was die Hintergründe der beiden Macher Bennett und Bihler (hier wieder als Duo) sind. Was man nicht deutlich, aber merklich hören kann. Auf dieser modernen Elektrokrautrockplatte. Die gesampelten Radiostimmen sprechen deutsch. Das neue Label sitzt in Hamburg. Bridge And Tunnel galten als New Order-beeinflusst, diesmal suchen sie wieder die Nähe zu Appliance, die als Bonus einen Mix von „Phantom Semaphore" draufgepackt haben. Wer amerikanische Referenzen bevorzugt: Trans Am. Gegenüber dem Vorgänger „The Great Outdoors" verhält sich „Without Ghosts" als elektronische Weiterentwicklung. Das Equipment haarklein im Booklet aufgezählt. Von Nord Lead 1 bis Prog Rock. Der Sound epischer, digitaler, die Grundstimmung ziselierter, die Bandbreite ausgeglichener. Keine Ausfälle. Für jedes Wetter gut, man muss nur die nötige Grundstimmung mitbringen. Auf der Rückseite sehen wir: dieselbe alpine Landschaft mit Dorfkirche, nur ohne Schnee.

Spex, 18.4.2005

Bekannt ist die Tonlage bereits von Alexander Gorkows *New Order*-Kritik aus ÜBUNG 21. Das „Wir" steht hier gleich für eine ganze Generation von Hörern, das „Ich" steht mit seiner Erfahrung mittendrin. Sie alle werden eingestimmt auf ein Lebensgefühl, in dem das, was einem entgegenkommt, schlicht vermerkt wird. Das Affiziertsein des Kritikers durch die Musik wird nicht als Leidenschaft in Szene gesetzt. Es ist ein Zustand, in dem die einzelnen Komponenten, aus denen das Ganze zusammengesetzt ist, klar und distinkt vor Augen stehen. Die Kritik wird zu einem Erlebnisprotokoll, das mit der Vorderseite des Covers beginnt und (als wäre es ein Buch) mit der Rückseite endet. Dazwischen geben sich die Sätze

Mühe, so prägnant wie möglich zu sein. Was zu hören ist, wird genauso aufgeführt wie das, was gedacht wird – allerdings nicht als große, ausufernde, essayistische Reflexion, sondern als klares und prägnantes Statement: „Wir erkennen: Jeder Tag ist ein Tribut an die vorherigen. Was ich zwischen dem 01. April und dem 08. Mai zu fassen versuchte und mir dann entwischt ist."

Die Wertung am Ende ist ebenso klar und prägnant, ist aber zugleich ironisiert, weil sie wie ein Zitat aus einer Werbung für Haarspray eingesetzt ist. Immerhin ist klar, auch wenn es zitiert ist: Wenn man die richtige Grundstimmung mitbringt, funktioniert die Musik bei jedem Wetter wunderbar. Welche Grundstimmung, mag man fragen. Die Antwort ist in der Kritik selbst aufgehoben: Denn die Stimmung der größtmöglichen Klarheit, des prägnanten Sehens und Hörens, der Moment des Erkennens, den man erreicht (oder durchschreitet), wenn man die Bewusstseinsstufe wechselt, das ist die Stimmung, die im Text selbst inszeniert wird und die Auskunft vom Affiziertsein des Kritikers gibt.

Diese Unmittelbarkeit ist wichtig. Wo sie sich in Distanz verwandelt, wird in den Kritiken in Szene-Magazinen meist ein Befremden artikuliert: Der Kurzschluss zwischen Lebensgefühl und Artefakt hat dann nicht stattgefunden – und das ist wohl das Schlimmste, was sich über eine CD oder über ein Buch in solchen Kritiken sagen lässt.

Aber das heißt nicht unbedingt, dass der Kritiker zeigen muss, in was für einen raum-, zeit- und syntaxauflösenden Rausch er beim Hören einer genialen CD oder beim Spielen eines neuen Killer-Spiels gekommen ist. Auch die distanzierte Reflexion kann Ausdruck des Erregtseins sein. Sie ist dann Ergebnis der Rezeption, die den Kritiker auf eine höhere Bewusstseinsstufe gehoben hat, auf der die Dinge mit einer geradezu unglaublichen Deutlichkeit zu sehen sind. Wer viel von diesen bewusstseinssteigernden Gegenständen konsumiert hat, kann zum Großmeister oder Guru der Kritik werden. Solche Weltweisen (oder Weisen der Popmusik, der Literatur oder des Theaters), die man daran erkennt, dass sie sich in jedem Satz als Weltweise in Szene setzen, sind sonst nur noch im intellektuellen Feuilleton zu finden. Ein derart durchblickender Kritiker zeigt, dass er aufgrund einer jahrelangen Hör-, Seh- oder Spiel-Erfahrung über alle nur denkbaren Kontexte verfügt, beliebig symptomatisieren kann und den Szene-Jargon beherrscht, den nur die Eingeweihten verstehen (oder denjenigen, die noch nicht eingeweiht sind, Bewunderung abnötigt) – noch einmal *Spex:*

Ariel Pink: Worn Copy

Frank Eckert

„Worn Copy", das ist ernst zu nehmen. Das klingt wie dreimal durch den iPod gezogen und dann mit dem Diktiergerät remixt – unter Umgehung sämtlicher Klangbereinigungs- und Übersteuerungsschutzmechanismen. Es geht also eindeutig um große Kunst und kleine Rahmen. Verzettelter Selbstbau-Absurdorock aus den exquisitesten Sperrmüllabfuhren der vergangenen vierzig Jahre – Red Crayola und R. Stevie Moore lassen grüßen (und werden gegrüßt). Ariel Pink ist der erste Fremdkünstler auf dem Animal Collective-eigenen Paw Tracks Label. Aber wer hätte besser in die fremdseltsame Welt dieser Eigenfleischer gepasst als eben der. Einer, der das Schlimmste aus Prog mit dem vergessensten aus Avantgarde und Politpunk collag(en)iert, das harte Brot der Neuen Musik in alte Scherben aus debilem Entertainment weicht. Bobby Conn sieht dagegen aus wie ein Spießer mit Perücke. Eine ziemlich gemeine und umso gerechtere Dekonstruktion, nein eher Destruktion der ermüdenden Schwemme an „tighten" Retro-Rockern und großmäuligen Frisurenträgerbands gibt's noch gratis obendrauf. Genau da, wo es weh tut.

Spex, 16.5.2005

Übung 22: Kritik fürs Milieu

In dieser Übung geht es darum, Erzählmodelle für Kritiken zu entwerfen, die für verschiedene Zeitungen und Zeitschriften und damit dann auch für verschiedene Leserprofile verwendbar sind. In einem ersten Schritt sollen die im letzten Abschnitt vorgeführten Erzählmodelle übertragen werden. Im Anschluss daran gilt es, Erzählmodelle zu bestimmen, die zu den Milieus passen, die der Soziologe Gerhard Schulze in seinem Buch *Erlebnisgesellschaft* skizziert hat (Frankfurt am Main, New York 1992).

Aufgabe 1: Anpassen an Zeitschriftenprofile

In Übung 20 wurde eine Kurzkritik zu einer Erzählung von Haruki Murakami vorgestellt, an der ein paar Stilübungen zu absolvieren waren. Übersetzen Sie den Text jetzt in die Erzählmodelle für *Boulevardzeitungen* (mit dem Ziel der Erregung des Lesers), für *Frauenzeitschriften* (mit dem Ziel der Teilhabe, der Vorführung von Identifikationsangeboten und dem Nacherleben von Ge-

schichten) und für *Szene-Magazine* (mit dem Ziel der Erzeugung eines szenespezifischen Sounds, mit dem sich ein Lebensgefühl nachspüren lässt, dass sich von dem Gefühl anderer Szenen und Generationen unterscheidet).
Der Text soll nur um ein paar Zeilen länger als die Vorlage werden. Auch diesmal gilt: Schreiben Sie den Text auch dann, wenn Sie die Erzählung von Murakami nicht gelesen haben. Sie dürfen wieder einiges dazuspinnen, um Ihren eigenen zeitschriftenspezifischen Text schärfer zu profilieren.

Haruki Murakami: Tony Takitani
Wie viel vom Menschen bleibt in den Kleidern seiner Frau zurück, wie viel in den Schallplatten seines Vaters? Dinge können einem die Luft nehmen, aber sie halten auch die Seele fest. Die kurze Geschichte vom Vater, einem Jazzposaunisten, und seinem Sohn, einem erfolgreichen Illustrator, hängen nicht zufällig zusammen. Er eignet sich nicht zum Vater, er eignet sich nicht zum Sohn. Murakami erzählt vom Glück, als sei es unhaltbar. Als Tony liebt, lebt und seine Frau stirbt, können die Dinge die Gefühle nicht mehr fassen. Die glückliche Einsamkeit wird zur unglücklichen Einsamkeit.

Aufgabe 2: Milieuspezifisch kritisieren
Gerhard Schulze hat 1994 eine Studie vorgelegt, die sich nicht nur zum Klassiker der Soziologie entwickelt, sondern mit ihrem Titel auch ein Schlagwort zur Beschreibung der Gegenwart geliefert hat: *Die Erlebnisgesellschaft*. Für unseren Zusammenhang ist diese Studie interessant, weil mit ihr die Grundanforderungen für milieuspezifische Erzählmodelle geliefert werden, die sich nicht zuletzt auch auf die Kritik übertragen lassen. Die Erzählmodelle für Kritiken, wie sie für Boulevardzeitungen, Frauenzeitschriften und Szene-Magazine definiert sind, lassen sich in den Modellen, wie sie Schulze nahe legt, problemlos wiederfinden.
Berühmt ist die Studie zur *Erlebnisgesellschaft* vor allem deshalb geworden, weil Schulze die Gesellschaft nicht mit Hilfe der Unterteilung von Klassen oder Schichten beobachtet, sondern in Milieus aufteilt. Diese Milieus sind durch ihre je spezifische Strategie geprägt, das Leben zu erleben. Denn einen unmittelbaren, also nicht strategischen Zugang zum Leben – so konstatiert Schulze – gibt es in Gesellschaftsformationen nicht mehr, in denen nicht mehr der Mangel zu Entscheidungen zwingt, sondern der Überfluss dem Menschen zur Aufgabe macht, sich mit jeder Wahl eines Konsumgegenstandes selbst zu verwirklichen. Was

kann ich womit zu welchen Kosten erleben? Das ist die Frage, die im Vordergrund steht. Ihr folgt die identitätsstiftende Frage, wie diese Wahl bei der Stabilisierung der eigenen Persönlichkeit helfen kann. Diese Identitätsstiftung gelingt gleichsam über die alltägliche Orientierung an den Erlebnisangeboten und an den Wahlentscheidungen, die Mitglieder des gleichen Milieus treffen.
Das klingt reichlich abstrakt, ist aber einfach zu begreifen, wenn man sich die einzelnen Milieus und ihre Erlebnispragmatik anschaut, die Schulze identifiziert hat und (nach mehreren hundert Seiten wissenschaftlicher Fundierung) in großartigen kleinen Feuilletons vorstellt. Es gibt das Niveau-, das Integrations-, das Harmonie-, das Unterhaltungs- und das Selbstverwirklichungsmilieu. Wer sich umfassend über Schulzes Bestimmung der Milieus informieren und seine feuilletonartigen Skizzen dazu lesen will, muss sich die *Erlebnisgesellschaft* selbst zur Hand nehmen und dort das 6. Kapitel studieren.

(a) Milieuspezifische Erzählmodelle skizzieren. Im Folgenden werden die fünf von Schulze identifizierten Milieus kurz mit Hilfe längerer Zitate aus der *Erlebnisgesellschaft* definiert. Die Milieus werden Ihnen bekannt vorkommen, Leute die sie kennen, werden problemlos hineinpassen.

- Notieren Sie sich weitere erlebnispragmatische Details, die Ihnen zu den einzelnen Milieus einfallen.
- Machen Sie sich während der Lektüre bereits Notizen, die Ihnen im Hinblick auf die Entwicklung von Erzählmodellen für Kritiken hilfreich sein können. Die Frage wird sein, wie Kritiken auf die jeweiligen Milieus zugeschnitten werden können.

Das *Selbstverwirklichungsmilieu* definiert sich darüber, dass alles, was hier erlebt wird, immer ein Moment von Offenheit, von Inkommensurabilität und interaktiver Verfügbarkeit haben muss, um das eigene – der Idee nach noch nicht ganz verwirklichte, ausgebildete oder entdeckte – Ich-Potenzial zu stimulieren: von der Einrichtung zuhause (provisorische Möbellösungen) bis zum Entwurf der eigenen Karriere (so genannte offene Biografie). Zentrale Identifikationsgestalt ist der Künstler. Er ist „zum Vehikel der Ich-Visionen des Selbstverwirklichungsmilieus geworden […] In der Vorstellung des Milieus ist der Künstler jemand, der ‚verdammt hart an sich arbeitet', oft in Einsamkeit, aber unbeirrbar, einzig sich selbst verpflichtet. Zum Erlebnisparadigma gehört freilich der Durchbruch dazu. Die narzisstische Pointe des Künstlermythos bemüht die große Öffentlichkeit als Kulisse für den Triumph des inneren Kerns." (317)

Das *Unterhaltungsmilieu* setzt auf Action: „Gefragt sind", so Schulze, „Erfahrungen mit starkem objektivem Erlebnisanreiz und geringer Anforderung an subjektive Erlebniskompetenz. […] Es genügt, mit dem Auto oder dem Motorrad durch die Gegend zu fahren, um sich Stimulationen und Erlebnisillusionen zu verschaffen. Das Fernsehgerät, die Sportveranstaltung, das Rockkonzert, die Discothek, der Animateur, der Spielautomat sind Beispiele für Erfindungen, die sich zur Erzeugung von Stimulationen nutzen lassen." (325)

Das *Harmoniemilieu* bevorzugt die Heimlichkeit in den eigenen vier Wänden. „Man bleibt, wo man sich am sichersten fühlt: zu Hause. […] Das Harmonieideal wird umgesetzt im politischen Ziel einer statischen, geführten und disziplinierten Gesellschaft. Keine Experimente. […] [Groß] ist die Distanz gegenüber solchen ästhetischen Zeichen, deren Kodierung Bildung und Reflexion voraussetzt, vor allem, wenn es sich um ästhetische Zeichen der Neuen Kulturszene handelt, die nicht durch längere Tradition im Kollektiv etabliert sind (etwa freie Theatergruppen und Kleinkunstbühnen). Stattdessen triumphieren Blasmusik, deutscher Schlager, Heimatfilm, Fernsehquiz, Naturfilme, leichte Unterhaltungsmusik. Die milieuspezifischen Lektürepräferenzen richten sich auf Bestsellerromane […] und vermeiden ‚gehobene' Literatur und Sachliteratur. Goldenes Blatt, Neue Post, Frau im Spiegel, Bildzeitung haben hier ihre Abnehmer, nicht dagegen die Zeit, Spiegel und die Stadtzeitung, überregionale Tageszeitungen." (294–297)

Das *Niveaumilieu* definiert sich dagegen durch die strikte Ablehnung schlicht unterhaltender Erlebnisangebote. Wer sich dazuzählt, wendet sich den kanonisierten, akzeptierten oder von namhaften „Rezensenten, Theater- und Musikkritikern, Kunsthistorikern, Kommentatoren, Essayisten und Wissenschaftlern" empfohlenen Erlebnisschemata zu: dem guten Buch, der großen Kunstausstellung, der Theaterpremiere… allerdings muss die Gültigkeit des Kanons fortwährend erarbeitet werden: „Im Wirklichkeitsmodell des Niveaumilieus ist [die] Rangordnung der Dinge das Gegebene, auch wenn die Rangordnung oft unklar ist und erst von der Priesterkaste der hauptberuflichen Einschätzer vordefiniert werden muss. Gerade in der Situation der Einschätzungsunsicherheit wird die Unterstellung eines schon vorgegebenen Ranges deutlich. Die Bildung des Urteils gilt als Vorgang objektiver Erkenntnis. Dabei scheint die Hierarchieposition, die dem beurteilten Objekt zuerkannt wird, unabhängig vom Beurteilenden zu sein. Nach dieser Vorstellung von Wirklichkeit ist das Subjekt nicht selbst das Kriterium des Ranges; man sieht sich nicht als Resonanzkörper, sondern als Experten, der sich eines objektiven Kriteriums bedient. Rang wird in mühevollen Rationalisierungsritualen allmählich als innerer Wert konstruiert. Beispielhaft und prägend für diese Haltung ist die implizite Erkenntnistheorie hochkultureller Ästhetik. Die Bedeutung eines Werkes wird als geheimnisvolle, vom Betrachter unabhängige Eigenschaft gesehen, die er vorfindet und nicht etwa selbst definiert". (285)

Das *Integrationsmilieu* schließlich versucht, sich nicht festzulegen und die Ansprüche des Harmoniemilieus mit denen des Niveaumilieus zu verbinden, Unterhaltung und Selbstverwirklichung mit der Idee der Ruhe und Heiterkeit aufzuwerten, um keine der Milieuanforderungen aufzugeben – was allerdings zu eigenartigen Neuformungen führt. „Kontemplation wird nicht – wie häufig im Niveaumilieu – so weit getrieben, dass sie anstrengend und ungemütlich würde; umgekehrt hat auch die Gemütlichkeit im Integrationsmilieu einen beschaulichen Charakter, der sie von der ‚primitiven' Variante der Gemütlichkeit im Harmoniemilieu unterscheidet. [...] Wichtigster Lebensbereich ist das Heim und die darum gezogenen konzentrischen Kreise – Haus, Garten, Küche, Nachbarschaftskontakte, angenehme Wohnumgebung, bei vielen auch kirchliches Leben und lokale Vereine. [...] Höhere Reflexivität und intensivere Auseinandersetzung mit öffentlichen Angelegenheiten senken die Angst vor der Komplexität des Unbekannten, die im Harmoniemilieu so stark ausgeprägt ist. Trotzdem herrscht eine eher konservative Grundstimmung vor."

(b) Die Milieu-Spezifik von Kritiken bestimmen. Im letzten Abschnitt wurden die Erzählmodelle für Kritiken in Boulevardzeitungen (*BILD*), Frauenzeitschriften (*Brigitte*) und Szene-Magazinen (*Spex*) skizziert. Nehmen Sie die beiden Kritiken zu dem Romanprojekt *Dessen Sprache du nicht verstehst* von Marianne Fritz hinzu, die in ÜBUNG 16 abgedruckt sind.
Unternehmen Sie folgendes Gedankenspiel: Für welche Leser aus welchen Milieus könnten diese Kritiken jeweils geschrieben sein? Sie müssen nicht unbedingt auf ein Milieu allein passen, auch können die genauen Unterteilungen der Milieus probehalber aufgelöst werden, wenn Sie dadurch besser erkennen können, welche Milieu-Spezifik den Kritiken jeweils zugrunde liegt.

(c) Merkblatt für milieuspezifische Kritiken. Wählen Sie sich zwei Milieus aus und denken Sie sich Titel für zwei Zeitschriften aus, die ausschließlich für Leser aus einem dieser Milieus gemacht sind. Stellen Sie sich jetzt vor: Für jede dieser Zeitschriften müssten Sie ein kleines Merkblatt formulieren, auf dem für

Kritiker ein paar Hinweise zur groben Orientierung stehen, welchem Erzählmodell die jeweiligen Texte zu folgen haben. Was müssen die Kritiker berücksichtigen? Auf was müssen Sie besonders achten? Wie müssen sie schreiben, damit die Leser die Kritiken auch tatsächlich lesen und nicht befremdet weiterblättern?

Aufgabe 3: Milieu-Profile erstellen

Wer den Redaktionen von Zeitungen und Zeitschriften Kritiken anbieten will, sollte sich vorher intensiv mit dem kulturjournalistischen Profil des jeweiligen Blattes auseinander gesetzt haben. Die Fragen, die man sich dabei stellen sollte, sind:

- In welchem Umfang werden Kritiken platziert, wie lang sind die Artikel, welchen Raum nehmen sie im Kulturteil ein?
- Was wird besprochen – Literatur, Theater, Kunst, Architektur, Film...?
- Was genau wird z. B. im Bereich Literatur besprochen: Erzählende Literatur? Romane von Bestseller-Autoren? Krimis? Science Fiction? Debüts aus dem Bereich „gehobene" Literatur? Experimentelle Literatur? Lyrik? Bildbände? Reiseliteratur? etc.
- Wie wird über die Gegenstände geschrieben? Gibt es einen bestimmten (sprachlichen und erzählerischen) Zugriff, der in den Kritiken immer wieder variiert wird?
- Für welche Leser (aus welchem Milieu) wird über die Gegenstände geschrieben?
- In welchem Zusammenhang stehen die Kritiken mit anderen Artikeln im Kulturteil? Gibt es Porträts, Interviews, Reportagen, Essays und daneben dann einen Abschnitt mit Kritiken als „Service-Teil"? Orientieren sich die anderen Artikel generell an literarischen oder im weiteren Sinn kulturellen Themen der Gegenwart? Oder beschäftigen sich die anderen Artikel mit anderen Medienangeboten? Oder mit Mode-Accessoires?
- In welchem Zusammenhang steht der Kulturteil mit dem Rest der Zeitung oder Zeitschrift? Ist er prominent oder eher versteckt platziert? Wie wird in der Zeitung oder Zeitschrift selbst auf den Kulturteil oder auf die Kritiken hingewiesen?

Will man vermeiden, dass man Texte über Gegenstände schreibt, mit denen Redaktionen gar nichts anfangen können, weil es weder für die Länge oder die Erzählweise noch für den Gegenstand einen Platz in der Zeitung gibt, sollte man sich diese Fragen vorher explizit beantworten.

Ausgeschlossen ist damit keineswegs, dass man einer Redaktion etwas ganz und gar Revolutionäres, zumindest etwas Überraschendes oder „Frisches" anbietet, um zu zeigen, dass man etwas kann und das Profil des Blattes kreativ mitbestimmen will. Doch Grenzen überschreiten oder Tabus brechen kann nur, wer die Grenzen und die Tabus kennt. Mit anderen Worten: Auch der Versuch, Redaktionen mit eigenwilligen Texten zu provozieren, setzt voraus, dass man das kulturjournalistische Profil der Zeitung oder Zeitschrift studiert hat, an die man sich als Kritiker wendet.

Aufgabe 4: Kulturjournalistische Profile erstellen
Um das zu trainieren, wählen Sie sich aus den folgenden fünf Gruppen drei Zeitungen oder Zeitschriften aus, die Sie über einen Zeitraum von mindestens vier Wochen sehr genau studieren, um sie anschließend zu begutachten.

Gruppe A: die tageszeitung, Neue Zürcher Zeitung, Frankfurter Rundschau, Frankfurter Allgemeine Zeitung, Berliner Zeitung, Süddeutsche Zeitung, Die Welt.
Gruppe B: Stern, Focus, Spiegel, Zeit, Freitag.
Gruppe C: Freundin, Gala, TV Spielfilm, Emma, konkret.
Gruppe D: Cosmopolitan, Literaturen, Park Avenue, Neon, Galore, Theater heute.
Gruppe E: www.literaturkritik.de, www.uni-muenchen.iasl.de, www.lit06.de

- Entwerfen Sie für die ausgewählten Zeitungen oder Zeitschriften ein kulturjournalistisches Profil, das alle oben genannten Fragen beantwortet. Es sollte auf keinen Fall länger als eine Seite sein.
- Wenn Sie in der Gruppe arbeiten, sollten alle genannten Zeitungen und Zeitschriften vergeben sein. Um sich einen Überblick über die kulturjournalistische Publikationslandschaft zu verschaffen, sollten auch noch weitere Blätter vorgeschlagen werden.

Im Seminar sollten alle Analysen gesammelt und so zusammengeheftet werden, dass ein kleiner Reader entsteht, über den sich jeder informieren kann, der Kritiken schreibt und bei Zeitungen und Zeitschriften anbieten will.

7 Medien und Erzählmodelle

7.1 Druckschrift

Erzählmodelle für Kritiken lassen sich nicht nur entwickeln, wenn man sich einen Überblick über aktuelle Erzählmodelle verschafft und mit ihnen experimentell zu arbeiten beginnt. Man kann sich genauso gut Gedanken über die medialen Rahmungen machen, von denen die Erzählmodelle grundsätzlich formiert werden.

Dass die Kritik historisch an das Medium Druckschrift gebunden ist, liegt auf der Hand. Dass sie aber durch das Medium Druckschrift ganz grundsätzlich geformt wird, muss man sich erst einmal verdeutlichen.

Erst mit der Druckschrift werden „kritische" Massen geschaffen, die durch ihre Komplexität und Dynamik in der Lage sind, sich selbst zu transformieren. Durch die neuen Vervielfältigungsmöglichkeiten sind immer mehr Schriften im Umlauf, die von immer mehr Lesern rezipiert, ausgelegt und diskutiert werden. Immer mehr Leser verwandeln sich dabei in Autoren, die selber Schriften verfassen und vervielfältigen, um sie von immer mehr Lesern rezipieren, auslegen und diskutieren zu lassen, von denen sich wiederum immer mehr in Autoren verwandeln…

Aber es werden nicht allein immer mehr Druckschriften auf einen Markt geschwemmt, der in den Jahrhunderten, die auf die Etablierung des Buchdrucks folgen und in denen die Drucktechniken immer weiter rationalisiert werden, einen unglaublichen Boom erlebt. Publiziert wird auch in immer kürzeren Abständen. Mit dem Buch, dem Flugblatt, der Zeitung und der Zeitschrift entstehen vom 15. bis zum 18. Jahrhundert eine Reihe äußerst erfolgreicher Medien, die ihre Autoren und Leser dazu zwingen, die Welt anders wahrzunehmen – vor allem komplexer und dynamischer. Schnell stellen sich Unübersichtlichkeiten ein. Und das nicht nur, weil man nicht mehr komplett überblicken kann, was überhaupt alles gedruckt, erzählt und behauptet wird. Unübersichtlich wird die Welt auch, weil sich mit dem Journalismus eine Beobachtung der Kultur von Tag zu Tag etabliert, die gegenwartsorientiert ist und alles das, was Geschichte und Tradition definiert, ziemlich alt aussehen lässt: Was sein Recht aus der Vergangenheit zieht, hat es zunehmend schwer in einer Kultur, die sich nachdrücklicher über das definiert, was immer *jetzt* stattfindet.

Die immer stärkere Orientierung an der Gegenwart hat zur Folge, dass alte Gewissheiten und Überzeugungen und damit dann auch Orientierungssicherheiten aufgelöst werden. Mit zunehmender Publikationswut multiplizieren sich die Wahrheiten und Wirklichkeiten so schnell, dass Schrift und Lektüre von einigen unter den Generalverdacht gestellt werden, für den Niedergang der Kultur verantwortlich zu sein. Tatsächlich hat man es mit dem Entstehen einer ganz neuen Kultur zu tun. Den Niedergang bedeutet das für gesellschaftliche Strukturen, die auf starre, übersichtliche, hierarchische Ordnungen setzen, in denen Machtverhältnisse nicht in Frage gestellt werden und jeder an dem Platz bleibt, den nach allgemeiner Überzeugung Gott ihm zugewiesen hat. Die Flut von Publikationen spült langsam aber sicher das Fundament dieser Ordnungen weg. Wer sich auf göttliche oder zumindest unanfechtbare Wahrheiten und Wirklichkeiten beruft, sieht sich in Debatten und Diskussion hineingezogen, denen er diskursiv nicht gewachsen ist, weil plötzlich Regeln gelten, die Gott so nicht bestimmt hat und die man selbst nicht mehr bestimmen, allenfalls durch Zensurmaßnahmen stückweise und zeitweise regulieren kann.

So beginnt mit der Erfindung des Buchdrucks das Zeitalter der „Kritik": Kritisch betrachtet wird alles, was die Gegenwart zu bieten hat und was Anspruch darauf zu haben meint, die Gegenwart bestimmen zu wollen. Wo nichts mehr sicher ist, weil es nicht mehr über Traditionen definiert werden kann („das war schon immer so und muss deshalb immer so bleiben"), kann alles auf den Prüfstand gestellt werden.

Die literarische Öffentlichkeit fungiert als ein solcher Prüfstand. Mit ihr bezeichnet man den Gesamtzusammenhang von Autoren und Lesern, die über das diskutieren, was die Gegenwart bestimmt. Um sich mit dem Wissen über die Gegenwart zu versorgen, greifen sie auf Zeitungen, Zeitschriften und Bücher zurück. Und dafür speisen sie ihre eigenen Beobachtungen und Diskussionsbeiträge in die Zeitungen, Zeitschriften und Bücher ein, um sie für neue Diskussionen zur Verfügung zu stellen. Über diesen neuen Umgang mit Medien findet statt, was man *Aufklärung* nennt. Gemeint ist damit ein Prozess der persönlichen Aus- und Weiterbildung von Individuen, die sich als selbstbewusste Teilnehmer eines größeren, gesamtkulturellen Erkenntnis- und Verständigungsprozesses verstehen.

Die Kritik als kulturjournalistische Form wird in solchen Zusammenhängen Kult! Denn in der Kritik wird eine bestimmte Position, ein bestimmtes Thema, ein bestimmtes Werk auf den Prüfstand gestellt. Der Kritiker nähert sich seinem Gegenstand als Individuum, ist aber der Idee nach darum bemüht, die eigene kritische Position so vorzutragen, dass sie sich vermitteln lässt. Überzeugt werden sollen nämlich die anderen Leser. Und wo die sich nicht überzeugen lassen, sollen sie doch in eine Debatte gezogen werden, in der für die richtige Position gefochten wird.

Weil in Kritiken Positionen, Themen oder Werke vorgestellt und in ihrer Bedeutung für die Gegenwart eingeschätzt werden, schaffen sie in der ganzen zunehmenden Unübersichtlichkeit eine vage Orientierungssicherheit. In dieser Zeit entwickeln sich die Kritiker zu Navigatoren, die sich auf kundige Weise durch ein

Gelände bewegen, in dem man sich nicht richtig auskennt. Und sie zeigen über ihre Auseinandersetzung mit den Gegenständen die Laufwege an, auf denen sich die Gegenwart (wahrscheinlich) weiterbewegen wird oder zumindest nach Auffassung des Kritikers weiterbewegen sollte.

Doch genau dieser Versuch, Übersichtlichkeit in einem unübersichtlichen Gelände zu schaffen, steigert die Unübersichtlichkeit auf geradezu dramatische Weise. Je mehr Kritiker sich an den Einschätzungen beteiligen, umso mehr Orientierungshilfen gibt es, die sich nun aber keineswegs gleichen, sondern miteinander konkurrieren. Jeder Wertungsvorschlag wird begleitet von unzähligen anderen Wertungsvorschlägen, und die Wertungsvorschläge werden selbst in einer Kritik der Kritik schnell wieder neuen Wertungen unterzogen, die wiederum parallel laufen und um die Aufmerksamkeit und die Zustimmung der Leser werben.

Die Grundbedingungen des Erzählmodells „Kritik" lassen sich auf diese Weise mediengeschichtlich rekonstruieren:

- Dass Kritiken in der Gegenwart für die Gegenwart geschrieben werden, ist durch neue Technologien bedingt, mit denen immer schneller immer größere Auflagen gedruckt werden können;
- dass sie relativ kurz und prägnant ausfallen, erzwingt die Erscheinungsweise der Zeitungen und Zeitschriften, die selbst keinen großen Umfang haben und relativ schnell durch eine neue Ausgabe abgelöst werden;
- dass sie ebenso definitiv formuliert wie vorläufig positioniert, deshalb immer strittig und im emphatischen Sinn immer Streitschriften sind, ist durch die eigenartige neue mediale Zeittaktung bedingt, die gleichermaßen Gegenwärtigkeit und Anspruch auf überzeitliche Gültigkeit integrieren muss;
- dass Kritiken nicht mehr rigoros mit überzeitlichen und allgemein gültigen Regeln operieren können, sondern jeden Gegenstand aufs Neue betrachten, analysieren und bewerten müssen, weil er dem Kritiker eben als etwas Neues entgegentritt, wird durch die Inflation der Druckerzeugnisse und die zunehmende Orientierung der Kultur auf die Jetztzeit (und damit auf Aktualität) erzwungen;
- dass sie Orientierung schaffen und zugleich zur Steigerung von Orientierungslosigkeit beitragen, ist durch Inflationierung von Publikationen bedingt, die von den Kritikern beobachtet und mit jeder Kritik immer auch befördert wird.

7.2 Radio, Fernsehen, Internet

Zählt man all das zusammen, wird klar, warum Kritik zur kulturjournalistischen Kultform der Zeitalter wird, die von der Druckschrift geprägt sind. Das Buch mag das Zentral- und Leitmedium von dem sein, was der Medientheoretiker Marshall McLuhan die Gutenberg-Galaxis genannt hat. Die zentrale Reflexionsform aber ist: die Kritik. Die Erzählmodelle, die in den letzten Abschnitten aufgeführt wurden, sind allesamt von der Druckschrift geformt, denn in jeder Kritik wird das Verhältnis von individuellem Leser und objektivierter, gleichförmiger, massenhaft reproduzierter Schrift reproduziert: Immer steht im Zentrum der Versuch, das Individuum gegenüber einem ausgewählten Gegenstand so zu positionieren, dass an ihm aus einer bestimmten Perspektive etwas sichtbar wird, was ihn als Artefakt in seiner Bedeutung im kulturellen Gesamtzusammenhang der Gegenwart bestimmt. Der Einsatz von Individualität ist dabei ebenso wichtig wie ihre Vermittlung. Denn durch den individuellen Zugriff hindurch soll eine Position markiert werden, die Anspruch auf Allgemeingültigkeit macht und zumindest diskussionswürdig ist.

Wenn aber Kritik die zentrale Reflexionsform der Gutenberg-Galaxis ist, was passiert dann mit ihr, wenn sie nicht mehr im gedruckten Medium erscheint, sondern elektrifiziert und digitalisiert wird – wenn sie also ins Radio, ins Fernsehen kommt und ins weltweit gespannte Datennetz eingespeist wird? Die Frage ist dann, ob ihre Funktionen erhalten und die Erzählmodelle konserviert werden, ob sie transformiert werden oder ob sie sich auflösen, um durch neue Reflexionsformen ersetzt zu werden.

Schaut man sich an, was mit der Kritik als kulturjournalistischer Form im Radio, im Fernsehen, aber auch auf den Seiten des World Wide Web passiert, könnte man denken, dass ihre Funktion und ihre Erzählmodelle weitgehend konserviert worden sind.

Vor allem im *Radio* tauchen die kulturjournalistischen Formen fast unverändert auf. Liest man Kritiken, die im Radio zu hören sind, als Manuskript, lassen sie sich kaum von denen unterscheiden, die auch in den Zeitungen und Zeitschriften gedruckt werden. Unterschiede lassen sich lediglich zwischen einzelnen Formaten der verschiedenen Sender festmachen, die sich – ebenso wie die Printmedien – auf eins der Marktsegmente spezialisiert haben, die der Soziologe Gerhard Schulze als Milieus identifiziert hat. Grundsätzlich aber beerbt das Radio die Zeitungen und Zeitschriften als Massenmedium, über das der individuelle Kritiker seinen individuellen Zugriff auf kulturelle Artefakte objektiviert, um an ihnen etwas sichtbar zu machen, was so vorher noch nicht zu sehen war und was der Orientierung in unübersichtlichen kulturellen Gemengelagen dienen kann.

Im *Fernsehen* verhält es sich auf den ersten Blick kaum anders. Auch wenn das Medium Schwierigkeiten hat, eine von der Druckschrift geprägte Reflexionsform in Bilder zu übersetzen, so gibt man sich doch alle Mühe, dass es gelingt: Wenn die Kritik im Fernsehen in Szene gesetzt wird, dann in Form eines relativ kurzen Beitrags über eine Neuerscheinung, einen Kinofilm, eine Ausstellung oder eine Inszenierung, für die der Text eingesprochen und von Bildern begleitet wird. Ansonsten tritt der Kritiker selbst ins Bild: Entweder in der Diskussionsrunde (wie etwa beim von Marcel Reich-Ranicki geleiteten *Literarischen Quartett*), als Fachgespräch (zwischen dem fragenden Moderator und dem räsonnierend antwortenden Kritiker) oder als Direktansprache ans Publikum durch den solo auftretenden Kritiker (so etwa Reich-Ranicki in einer Serie von Sendungen, die nach dem Ende des *Literarischen Quartetts* produziert worden sind; so vor allem die im Abschnitt über Kritiken in Frauenzeitschriften gewürdigte Autorin und Kritikerin Elke Heidenreich mit ihrer erfolgreichen Sendung *Lesen!*). Auch hier tritt der Kritiker jeweils als Navigator und Trendscout ins Bild. Und immer ist seine Aufgabe, seinen individuellen Zugriff vor den Zuschauern soweit zu objektivieren, dass andere davon überzeugt werden oder sich zumindest auf eine Auseinandersetzung einlassen.

Auch im *Netz* dominiert immer noch das, was sich in den Zeitungen und Zeitschriften finden lässt. Die Printmedien lagern auf ihren Homepages ein, was sie vorher gedruckt haben. Die Radiostationen speichern ab, was in den einzelnen Sendungen zu hören war. Die TV-Kultursendungen archivieren von ihren Beiträgen meist die Texte, die zu den Bildern gelesen worden sind. Die User oder Surfer können die Texte online lesen und die Beiträge aus dem Radio (manchmal auch die von professionellen Sprechern eingelesenen Beiträge aus den Printmedien) als Audiodatei herunterladen und hören. So bekommt man selbst im Netz den Eindruck, dass die Kritik – als wichtigste Reflexionsform der Gutenberg-Galaxis – auch in dem Universum der Computernetze als Kultform überlebt und deshalb vielleicht zur zentralen Reflexionsform auch des digitalen Zeitalters werden kann.

7.3 Verschiebungen

Doch der Schein trügt. Tatsächlich gibt es – sowohl im Hinblick auf die Funktion der Kritik als auch im Hinblick auf ihre Erzählmodelle – erhebliche Verschiebungen. Sie setzen zeitlich mit der Elektrifizierung der Medien ein, und sie werden im Zuge der Digitalisierung und Vernetzung immer deutlicher sichtbar.

Die wohl entscheidendste Veränderung betrifft den kulturellen Stellenwert der Kritik. Die Elektrifizierung der Medien radikalisiert, was die Drucktechniken in

Gang gesetzt haben: Sie dynamisiert die Kultur und steigert ihre Unüberschaubarkeit um ein Vielfaches. Zugleich führt sie neue Formen von Wahrheiten und Wirklichkeiten ein, für die neue Beobachtungs-, Analyse- und Bewertungsmuster und damit dann auch neue Erzählmodelle gefunden werden müssen.

Steht der Kritiker in der von der Druckschrift dominierten Kultur noch dafür ein, dass der individuellen Perspektive eine streitbare Verallgemeinerung abverlangt und dieser Vorgang erzählerisch in Szene gesetzt wird, so erscheint er in der elektrifizierten (und dann digitalisierten) Kultur zunehmend als Anwalt des Individuellen. Der Kritiker stellt immer stärker den eigenen Zugriff in den Vordergrund. Tendenziell tritt die Aufgabe der Objektivierung des eigenen Zugriffs am Gegenstand in den Hintergrund. In den Vordergrund tritt die exemplarische Inszenierung des individuellen Zugreifens und die Überprüfung einer individuellen Adaptierbarkeit der besprochenen Gegenstände. Die Frage ist, ob sie zum Lifestyle passen, ob sie sich also als kulturelles Accessoire zur Stabilisierung der eigenen Identität verwenden lassen.

Das vielleicht Interessanteste an dieser Entwicklung ist: Wo in den elektrischen und digitalen Medien die Kritik noch ernst genommen wird und der Kritiker die in der Gutenberg-Galaxis geprägten Erzählmodelle erfüllt, tendiert sie zur Unterhaltung. Wenn Kritiker im Fernsehen auftreten, um in der Diskussionsrunde oder im Zweiergespräch den individuellen Zugriff zu objektivieren, dann tun sie das im Rahmen eines Kulturauftrags der öffentlich-rechtlichen Sender, die dem Milieu, das Gerhard Schulze das *Niveaumilieu* nennt, und Teilen des *Selbstverwirklichungsmilieus* einen Programmplatz einräumen: sonntags früh, mittwochs spät abends oder isoliert auf extra eingerichteten Kulturkanälen. Hier wird dem Milieu geboten, was Schulze als eine spezifische Form der Unterhaltung bestimmt hat: der auf hohem Niveau vorgeführten Verallgemeinerung eines individuellen Zugriffs beizuwohnen, über den die Festwerte der Kultur bestimmt werden, an denen man sich im eigenen gehobenen Lebensentwurf orientieren kann.

Wo die Sendungen, in denen Kritiker auftreten, das Publikum über das Niveaumilieu und Teile des Selbstverwirklichungsmilieus hinaus erreichen und deshalb gute Quoten erzielen, steht die Unterhaltung noch viel deutlicher im Vordergrund: Den Auseinandersetzungen im *Literarischen Quartett* wollten so viele Zuschauer nicht etwa deshalb folgen, weil sie unbedingt Neues über Neuerscheinungen wissen wollten, die sie dann selbst nicht lesen mussten. Unterhaltsam war vor allem die Inszenierung der Auseinandersetzung selbst: der Streit zwischen dem Papst (Marcel Reich-Ranicki), dem Knappen (Hellmuth Karasek), der empörten Hofdame (Sigrid Löffler), später der strengen, jung-ältlichen Gouvernante (Iris Radisch) und einem Gast, der die Rolle des jovialen Schriftstellers oder des lässigen Wissenschaftlers zu spielen hatte. Die dabei präsentierten Selbstinszenierungsqualitäten von Reich-Ranicki sind immer wieder gelobt und zugleich mit einem eigentümlichen Hass verfolgt worden – nicht nur, weil mit der Sendung der Marktwert von Büchern gehoben oder gedrückt wurde, sondern weil sich in dieser Form der Verwandlung von Kritik im Fernsehformat ein grundsätzlicher Abschied von genau der Rolle ankündigte, die Reich-Ranicki selbst noch vor den Kameras auszufüllen behauptete: der Hohepriester der Literatur wird zum Entertainer.

Ähnlich verhält es sich mit Elke Heidenreichs Fernsehformat *Lesen!*. Heidenreich steht, wie bereits im Abschnitt über Kritiken in Frauenzeitschriften gezeigt, für die Verwandlung der Kritik in eine Art Wellness-Ratgeberei. Ihre Buchpräsentation sind immer sehr persönlich – „wunderbar subjektiv", wie es in der *Brigitte*-Werbung heißt –, ihre Nacherzählungen und Bewertungen sind immer geleitet vom Prinzip einer zu allem Mitlieben und Mitleiden bereiten Identifikation mit den Helden. Heidenreich macht nicht den Versuch, ihre Einschätzungen zu objektivieren. Sie steht für ihr Urteil als Person ein und macht dem Zuschauer damit selbst ein Identifikationsangebot: Elke Heidenreich beim Kritisieren zuzuschauen heißt, *mit ihr* zu leiden, *mit ihr* zu lieben und *mit ihr* gemeinsam begeistert zu sein. Als Gast lädt sich Heidenreich immer jemanden ins Studio, der den Unterhaltungswert der Sendung vor allem deshalb steigert, weil er nichts mit Literatur zu tun hat: einen Politiker, einen Fernsehmoderator, einen Sportler... Wichtig ist, dass es keine Literaturprofis sind. Es müssen Laien sein, die wegen ihres Laientums als Garanten für einen unmittelbaren, persönlichen Zugang zur Literatur gelten.

So lässt sich gerade an diesen so erfolgreichen Formaten erkennen: *Kritik lebt als zentrale Reflexionsform der Gutenberg-Galaxis in den elektrischen Medien zwar noch weiter. Aber es lässt sich auch erkennen, dass sie gerade deshalb dort überlebt, wo sie die Reflexion auflöst und durch Unterhaltung und durch Adaptionsangebote für Lebensentwürfe ersetzt.*

Hält man im Netz nach Kritiken Ausschau, die nicht für Printmedien oder für das Radio, sondern im Netz und für das Netz produziert worden sind, lässt sich ein ähnlicher Trend feststellen. Zwar wird in vielen Netzzeitschriften die Printkritik noch nachgeahmt. Doch immer rutscht schon etwas von den neuen medialen Bedingungen in die Texte hinein. Zum einen haben natürlich mehr Kritiker (und solche, die sich dafür halten) Zugang zum Netz. Hier stehen ihnen Foren zur Verfügung, die sie zur Not auch selber programmieren. Das führt zu einer Inflation eines zum Teil lustvollen, zum Teil ungewollten Dilettantismus. Die Objektivierungsleistungen der individuellen Zugriffe auf kulturelle Artefakte nehmen deutlich ab. Übrig bleiben oft nur Meinungen, die in eigenen Foren oder auf den Seiten von Onlinebuchhandlungen preisgegeben werden. Die allerdings, das haben Medien- und Marktforscher längst festgestellt, übernehmen mittlerweile – gerade weil sie in Massen auftauchen und über Massenhaftigkeit objektiviert werden –

die Orientierungsfunktion, die Kritik einmal als Reflexionsform hatte. Die zu Beginn dieses Trainingsbuches zitierte „liebelleee" schreibt in diesem Sinn zwar schlechte Kritiken. Die allerdings haben einen erheblichen Einfluss auf Leser, die auf der Suche nach unterhaltsamen Büchern sind.

Die vielleicht interessantesten Formen der neuen Kritik im Netz bilden sich in einem Format heraus, das derzeit Kultcharakter hat: in den *Weblogs*. Hier wird das Grundprinzip des Journalismus radikalisiert. Sie werden von Tag zu Tag geschrieben. Sie perspektivieren Vergangenheit und Zukunft und Gegenwart konsequent aus der unmittelbaren Jetztzeit heraus (geschrieben wird in den Weblogs wie in einem Tagebuch *immer jetzt*). Sie legen sich in ihren Zugriffen nicht fest, sondern zeigen sich lern- und entwicklungsfähig oder – weniger pathetisch gesagt – permanent irritierbar. Die Texte, die in den Weblogs publiziert werden, reduzieren sich deshalb oft auch nur auf flüchtige Zugriffe auf das, was den Autoren gerade so entgegenkommt. Das Erzählmodell, das die Kritik in diesen Foren für sich entwickelt, ist folgerichtig eins, das sich der großen Erzählung, dem einheitlichen Erzählbogen verweigert und auf das Prinzip „Notiz" und das Prinzip „Skizze" zurückgreift, um sich unmittelbar und vorläufig zu präsentieren und um auf diese Weise dem individuellen Surfen durch die Welt als Netzwerk den angemessenen Ausdruck zu geben.

Der hier beschriebene Wandel der Funktion und der Erzählmodelle der Kritik in den elektrischen und digitalen Medien soll keineswegs pessimistisch klingen. Im Gegenteil. Was im Fernsehen und auf den Netzseiten passiert, zeugt zwar von einer Krise des herkömmlichen Verständnisses von Kritik. Es zeigt aber auch, dass das Format Kritik in den neuen Medien einigen Spielraum hat, über den gesondert nachzudenken ist, wenn es gilt, neue Erzählmodelle zu entwickeln.

Fakt ist: Der Einfluss der elektrischen und digitalen Medien auf die Kritik im Printbereich ist größer, als man sich das vielleicht bisher gedacht hat. Zwar dominiert bei vielen Kulturjournalisten noch die Überzeugung, dass man derzeit einem Verfall der traditionellen Formen und Foren des Kulturjournalismus beiwohnt: Die Kulturteile werden kleiner, die Medienteile größer, die Lifestyle-Rubriken weiten sich aus, die große intellektuelle Auseinandersetzung hat kaum noch Platz, nachgefragt werden Formate, die Personen in den Vordergrund stellen und Autoren als Stars in Szene setzen: Porträts, Reportagen, Interviews, die am Ende kurze Hinweise auf Neuerscheinungen geben. Die Kritiken selbst werden popjournalistisch umgekrempelt: mit subjektiven Zugriffen, mit ironischen Wendungen, mit dem Willen, einen Sound zu produzieren, der eher Ausdruck des eigenen Lifestyles als Eindruck des besprochenen Werkes ist.

So verändert sich die Kritik als wichtigste Reflexionsform der Gutenberg-Galaxis immer stärker. Längst auch in den Printmedien. Längst auch dort, wo man –

wie in den großen Feuilletons – mit fortschrittlichem Konservativismus die kulturjournalistischen Reflexionsformen, wie sie sich in der Gutenberg-Galaxis herausgebildet haben, bewahren will. Den Untergang des Abendlandes bedeutet das aber nicht unbedingt. Es bedeutet einen Aufbruch in eine neue Medienlandschaft, die in den nächsten Jahren vom Zusammenwachsen der verschiedenen Medien geprägt sein wird. Telefon, MP3-Player, Buch, Zeitung, Fernsehen, Radio, Schreibmaschine – für Programmierer und Designer gelten sie längst nur noch als Funktionseinstellungen, die *über einen einzigen Apparat* anzuwählen sind, den man zuhause im Wohnzimmer oder auf dem Schreibtisch stehen hat oder aber in kleinerer Form auch in der Jackentasche tragen kann.

Was dieses integrative Medium für die Kritik als Reflexionsform bedeutet, ist noch unklar. Es hängt vom Einfallsreichtum der Kritiker ab. Und natürlich von den Spielräumen, die man diesen Einfällen in den Medienkonzernen noch einräumen wird.

Vielleicht wird sich Kritik in etwas ganz anderes verwandeln. Vielleicht muss man aber auch nur umgekehrt die neuen Medien ganz anders denken, um die Kritik als Reflexionsform weiter zu nutzen und sie sogar zu radikalisieren. „Ich würde gerne im Internet oder im zukünftigen digitalen *TV on demand* ein richtiges Kulturmagazin aufbauen", sagt Manfred Eichel, der für den *Spiegel*, für den *Norddeutschen Rundfunk*, als Redakteur beim *ZDF* gearbeitet und jahrelang das Kulturmagazin *aspekte* moderiert und mit eigenen Beiträgen versorgt hat, um mittlerweile Reisereportagen zu drehen und seine Idee vom Kulturjournalismus an Studierende einer Kunsthochschule weiterzugeben. „Das wäre ein Magazin für die *happy few*. Da gäbe es dann richtig kompromissloses Kulturfernsehen." Und das heißt: „Keine Bestseller, sondern die schwierigen Sachen, die Sachen, die am Rande von dem sind, was man möglicherweise noch ertragen kann." (Porombka/Splittgerber, 72)

Eins ist klar: Um solche Ideen zu realisieren und mit neuen kulturjournalistischen Formen und Formaten zu füllen, braucht man Kritiker, die ihre Gegenwartsbeobachtung und ihr Trendscouting erweitern und auf Zukunftsprogrammierung umstellen. Eine solche Umstellung würde die Kritik komplett verändern. Aber sie würde zugleich die eigentliche Aufgabe der Kritik retten: nämlich etwas sichtbar zu machen, was so vorher noch nicht zu sehen war.

Übung 23: Die Zukunft

Für die Entwicklung neuer Erzählmodelle könnte an dieser Stelle eine letzte Übung eingerichtet werden. Hier wäre der Vorschlag zu machen, sich ein kulturjournalistisches Programm zu überlegen, das auf dem neuen Gerät laufen könnte, das Telefon, MP3-Player, Buch, Zeitung, Fernsehen, Radio, Schreib-

maschine integriert. In diesem Programm müssten Kritiken, wie immer sie auch dann aussehen mögen, ihren festen Platz haben.
Eine Übung einzurichten, die sich mit der Entwicklung eines solchen Programms mit neuen Erzählmodellen für die Kritik beschäftigt, hätte aber nur dann einen Sinn, wenn sich die Aufgabe mit ein paar Skizzen, Notizen und kleineren Texten lösen ließe. Doch beginnt hier für den Kritiker das richtige Leben als fortwährende Übung. Die Übung wird so schnell nicht wieder aufhören, denn sie wird immer wieder den Durchlauf durch das Trainingsprogramm unter dauernd veränderten Bedingungen notwendig machen. Das Schreiben von Kritiken wird auf diese Weise zu einem fortwährenden Medientraining, über das versucht wird, Medienformate zu beobachten, zu verstehen und sie über die Entwicklung immer neuer Formate selbst mizuformatieren. Um das zu üben, muss man sich jetzt nicht unbedingt Notizen machen und Texte schreiben. Jetzt kann man erst einmal die Augen schließen und ein bisschen von den möglichen Zukünften der Kritik träumen. Kritisch natürlich.

Kommentierte Bibliografie

Diese Liste dokumentiert nicht den Forschungsstand zum Thema Kritik. Vorgestellt werden Titel, deren Lektüre sich lohnt, wenn man es als Kritiker auf die Verbindung von Theorie und Praxis anlegt. Die kurzen Kommentare erklären, in welcher Hinsicht die jeweilige Lektüre sinnvoll sein könnte. Titel, über die im Trainingsbuch ausführlicher gesprochen wird, sind hier nicht kommentiert. Für sie gibt es einen Hinweis auf den Abschnitt des Buches, in dem sie besprochen werden.

Moritz Baßler: Der deutsche Pop-Roman. Die neuen Archivisten. München 2002.

Baßler hat etwas gewagt, was Literaturwissenschaftler sonst nicht wagen wollen, weil sie Angst haben, dass man sie als Feuilletonisten verachtet: ein Buch über die Literatur der Gegenwart zu schreiben, das einer starken These folgt. Behauptet wird, dass die Pop-Literatur versucht, die Jetztzeit zu katalogisieren und ihre Artefakte literarisch zu archivieren. Wer wissen will, wie man mit kulturjournalistischen und literaturkritischen Erzählweisen Literaturgeschichte schreiben kann, indem man die Texte mit wissenschaftlichem Anspruch symptomatisierend liest, kann das an diesem Buch studieren.

Walter Benjamin: Charles Baudelaire. Ein Lyriker im Zeitalter des Hochkapitalismus. Hrsg. von Rolf Tiedemann. Frankfurt am Main, 1974.

Walter Benjamin: Das Passagen-Werk. In: W.B.: Gesammelte Schriften Bd. V, 1 und 2. Hrsg. von Rolf Tiedemann. Frankfurt am Main 1990.

ders.: Denkbilder. In: W.B.: Gesammelte Schriften Bd. IV, 1. Hrsg. von Tilman Rexroth, Frankfurt am Main 1991, S. 305–438.

ders.: Berliner Kindheit um 1900. In: W.B.: Gesammelte Schriften Bd. IV, 1. Hrsg. von Tilman Rexroth, Frankfurt am Main 1991, S. 235–304.

Versteht man Kritik als *Kulturwissenschaft der Gegenwart* (also als Versuch, über eine bestimmte Form der Beobachtung, Analyse und Narration die Gegenwart zu bestimmen), lässt sich Benjamins Werk an jeder Stelle aufschlagen, um etwas zu lernen. Es gibt wohl kaum jemanden, der sich mit einer so großen Faszination für alle Details der Kultur interessiert und sie als rätselhafte Verkörperungen größerer Zusammenhänge begreift. Benjamins Aufgabe als Kritiker ist, diese Rätsel aufzuschlüsseln und sie zu übersetzen – aber nicht um sie zu lösen, sondern um sie in neuen Bildern einzufassen. Wer das *Passagen-Werk* liest, sieht Benjamin als manischen Sammler, der alles (aber auch alles!) liest, notiert und in reflektierende Skizzen verwandelt, um die Gegenwart über die Geschichte lesbar zu machen. Wer die *Denkbilder* liest, kann sehen, wie Benjamin Kultur beobachtet und einzelne Ausschnitte so interpretiert, dass sie als etwas erscheinen, worin auf verrätselte Weise das Allgemeine verkörpert ist. Und wer die *Berliner Kindheit um 1900* liest, kann erkennen, wie Benjamin über die individuelle Erfahrung und Erinnerung zur Erkenntnis größerer kultureller Konstellationen gelangt (und umgekehrt: die kulturellen Konstellationen noch in der scheinbar unbedeutenden Erinnerung nachweist).

Berlin im Licht. 24 Stunden Webcam. Hrsg. von Stefanie Flamm und Iris Hanika. Frankfurt am Main 2003.

Vgl. Abschnitt 3.3

Norbert Bolz: Literarisches Kultmarketing. In: Maulhelden und Königskinder. Hrsg. von Andrea Köhler, Rainer Moritz. Leipzig 1998, S. 245–254.

Mit systemtheoretisch geschärftem Handwerkszeug kühlt Norbert Bolz alle Phänomene der Kultur, die mit Vorliebe moralisch (also heiß) betrachtet werden, auf den Nullpunkt runter. Bolz wird damit zu einem der provokantesten Gegenwartsbeobachter. In diesem instruktiven Essay konstatiert er mit großer Kälte, warum Kritiker auf einem unübersichtlichen Buchmarkt zu Kultmarken werden, die den Leser von der Komplexität der Literatur entlasten und ihn mit besser konsumierbaren Lifstyle-Modulen versorgen. Auf diesen paar Seiten lernt man mehr über die Funktion der Kritik als in zwanzig Artikeln, die sich über den gegenwärtigen Stand der Kritik beklagen und mehr Aufrichtigkeit, mehr Theorie, mehr Authentizität, mehr Werkimmanenz fordern (weil Bolz nämlich genau diese Forderungen als Teil der Kultmarken-Inszenierung interpretieren kann).

Das BuchMarktBuch. Der Literaturbetrieb in Stichworten. Hrsg. von Erhard Schütz, David Oels, Stephan Porombka und Thomas Wegmann. Reinbek bei Hamburg 2005.

Wenn die Kritik als Institution unmittelbar mit dem Markt verbunden ist (weil Kritiker den Kauf eines Buches empfehlen oder davon abraten) und wenn der Kritiker zugleich ein Beobachter des Marktes ist (weil er sich für Tendenzen, Trends und Moden interessiert, von denen die Gegenwart bestimmt wird) – dann sollte man über die Funktionsmechanismen des Buchmarktes Bescheid wissen. Das Buch bietet einen Überblick mit über einhundert kleinen Essays.

Friedrich Christian Delius: Die Minute mit Paul McCartney. Memo-Arien. Berlin 2005.

Was Raymond Queneau mit einer Prosaminiatur über eine Fahrt im Autobus angestellt hat, praktiziert Delius mit einer Anekdote über zwei deutsche Studenten, die in London von Paul McCartneys Hund gebissen werden: Er variiert den Ausgangstext, um das Ereignis durch immer neue Schreibweisen anders perspektivieren zu können: *Queneau up to date.* Ein großes Lesevergnügen und ein kleines Begleitbuch fürs eigene Schreibenlernen.

Deutsche Literatur 1985 [ff]. Ein Jahresüberblick. Hrsg. von Volker Hage u. a. Stuttgart 1981 ff.

Wenn man diese Jahresrückblicke aus dem Stuttgarter Reclam-Verlag in die Hand nimmt, weiß man, was für ein Verlust es bedeutet, dass sie nicht mehr erscheinen. Von 1980 bis 2001 kann man sich hier einen Überblick über den Lauf des literarischen Jahres, über die wichtigsten Titel und über die Debatten in den Feuilletons verschaffen. Für Kritiker besonders interessant: Hier sind die einzelnen Besprechungen komplett abgedruckt (hin und wieder auch zwei oder drei, die sich auf unterschiedliche Weise mit einem Buch auseinander setzen). Wo man die Bände auch aufschlägt: Überall lassen sich Modellkritiken finden, mit denen man hervorragend arbeiten kann.

Roger-Pol Droit: Was Sachen mit uns machen. Philosophische Erfahrungen mit Alltagsdingen. Hamburg 2005.

Ab und zu sollten auch Kritiker meditieren. Zum Beispiel über Dinge. Roger-Pol Droit führt in kurzen Texten vor, wie das geht. Sie sind als kleine experimentelle Reflexionen aufgebaut, philosophisch grundiert, kulturjournalistisch (als Kolumne für eine Tageszeitung) ausgeführt. Mit Droits Texten kann man lernen, Dinge so zu betrachten, dass man erkennt, wie sie ihren eigenen Kontext formen (und vom Kontext mitgeformt werden). Man muss nur lange genug auf sie draufschauen und sich ein wenig konzentrieren. Kritiker sollten das als gymnastische Übung nutzen – zum Aufwärmen der Beobachtungsmuskulatur.

Gustave Flaubert: Universalenzyklopädie der menschlichen Dummheit. Ein Sottisier. Frankfurt am Main 2004.

Vgl. Abschnitt 2.7

Uwe Flick: Qualitative Sozialforschung. Eine Einführung. Reinbek bei Hamburg 2005.

Kritiker brauchen vor allem eins: eine gute Einführung in die qualitative Sozialforschung. Denn *zum einen* betreiben sie immer auch Sozialforschung, wenn sie kulturelle Artefakte in ihrer Struktur untersuchen und kontextualisieren. *Zum anderen* sind sie gezwungen, eine qualitative Forschung zu betreiben, weil sie nicht schon vor der Untersuchung über ihren Gegenstand verfügen können, sondern ihn erst einmal in seiner Individualität intensiv studieren und befragen müssen. Uwe Flicks Einführung markiert deshalb für den Kritiker nicht nur Übungs- und Forschungsfelder. Mit ihr lässt sich auch die eigene Methode der Beobachtung, Analyse, Wertung und Erzählung erweitern.

Max Frisch: Tagebuch 1946–1949; Tagebuch 1966–1971. Frankfurt am Main 1985, 2002.

Vgl. Abschnitt 2.7

Glossar der Gegenwart. Hrsg. von Ulrich Bröcking. Frankfurt am Main 2004.

In diesem Band kann man eine Reihe von Modelltexten für Gegenwartsbeobachtung, Gegenwartsanalyse und Gegenwartskritik finden. Die Autoren wenden ein Verfahren an, das sich gut für eigene Übungen verwenden lässt: Sie identifizieren Kultbegriffe, mit denen gesellschaftliche Entwicklung in der Gegenwart etikettiert werden: *Aktivierung, Branding, Erfolg, Erlebnis, Kreativität, Nachhaltigkeit, Performanz, Risiko, Synergie, Wellness usw.* Diese symptomatischen Begriffe werden dann in einzelnen kritischen Auseinandersetzungen re-kontextualisiert: Gezeigt wird, in welchen Zusammenhängen sie entstanden sind und welche (zum Teil bedenkliche) Bedeutungsenergie mit ihnen übertragen wird, wenn sie als Kultbegriffe verwandt werden.

Rainald Goetz: Abfall für Alle. Frankfurt am Main 1999.

Vgl. Abschnitt 2.7

Grenzgänger. Formen des New Journalism. Hrsg. von Joan Kristin Bleicher und Bernhard Pörksen. Wiesbaden 2004.

New Journalism steht für die spannungsreiche Verbindung von Literatur und Journalismus. Grenzgänger sind die Journalisten, die sich in beiden Feldern bewegen, um neue Erzählmuster zu finden, mit denen sich die Wirklichkeit greifen lässt. In den Beiträgen werden alte und neue Helden des New Journalismus vorgestellt, der Hype um neue Doku-Formate diskutiert; und es wird grundsätzlich nach den Bedingungen journalistischen Erzählens gefragt.

Johannes Gross: Nachrichten aus der Berliner Republik 1995–1999. Berlin 2002.

Vgl. Abschnitt 2.7

Peter Gross: Die Multioptionsgesellschaft. Frankfurt am Main 1994.

Vgl. Abschnitt 3.7

Durs Grünbein: Das erste Jahr. Berliner Aufzeichnungen. Frankfurt am Main 2003.

Vgl. Abschnitt 2.7

Annett Gröschner: Hier beginnt die Zukunft, hier steigen wir aus. Unterwegs in der Berliner Verkehrsgesellschaft. Berlin 2002.

Von Annett Gröschner wurde für das Trainingsbuch nicht nur die Idee übernommen, Texte könnten „leuchten" oder „nicht leuchten". Von Gröschner kann man auch lernen, wie man sich als kulturjournalistischer Forscher durch die Stadt bewegen sollte. In *Hier beginnt die Zukunft…* hat sie sich nicht auf einen Platz gesetzt (wie es in ÜBUNG 12 vorgeschlagen wird), sondern ist mit Bussen und Bahnen durch das wiedervereinigte Berlin gefahren, um literarische Querschnitte durch die neue Stadtkultur zu ziehen. Herausgekommen sind auch hier: Modelltexte für Kritiker, die das Beobachten und Erzählen lernen wollen.

Jürgen Habermas: Der philosophische Diskurs der Moderne. Zwölf Vorlesungen. Frankfurt am Main 1988.

Vgl. Abschnitt 5.5

Heinrich Heine: Die romantische Schule [1836]. Stuttgart 1984.

Heines großer Essay über die romantische Schule ist in mehrfacher Hinsicht ein Modelltext für Kritiker. *Erstens* versteht Heine die Literatur der Gegenwart (vor allem die eigene) als etwas, das aus historischen Gemengelagen entstanden ist. *Zweitens* symptomatisiert er dafür einzelne Autoren und Titel und macht aus ihnen kulturelle *big points*, um an ihnen die entscheidenden Entwicklungsschritte der Literatur zu bestimmen und den Betrieb zu sortieren. *Drittens* tut er all das mit einer so ungeheuren polemischen Kraft (und einer selbstironischen Ungerechtigkeit gegenüber den besprochenen Texten und Autoren), dass man aus dieser Schrift – wenn man sie als Modelltext liest – auch heute noch lernen kann, wie man Literaturkritik mit zupackendem und kämpferischem Witz dynamisiert.

Jochen Hörisch: Eine Geschichte der Medien. Von der Oblate zum Internet. Frankfurt am Main 2004.

Hörisch öffnet nicht nur den Horizont der *ganzen* Mediengeschichte, der die Kultur so definitiv zu umschließen scheint, dass er sich nicht überschreiten lässt. Auch legt er es darauf an, pointiert zu schreiben, Formeln zu finden und Bilder zu prägen, mit denen sich die die Geschichte der Medien als *Geschichte* erzählen lässt. Wem Marshall McLuhan über den Medienwandel zu elektrisiert schreibt, der sollte sich an Hörisch halten. Dem Kritiker erklärt er nicht nur, in welchem Horizont er steht und wodurch Kritik grundsätzlich medial definiert ist. Auch führt er vor, wie man narrativ symptomatisiert, um Thesen zu formulieren, mit denen der Leser weiterarbeiten kann. Wer darüber hinaus über die Entwicklung neuer Kritikformate in den neuen Medien nachdenkt, sollte dieses Buch gelesen haben.

E.T.A. Hoffmann: Vetters Eckfenster [1822]. Stuttgart 1980.

Vgl. Kapitel 4.

Nick Hornby: Mein Leben als Leser. Köln 2005.

Es ist ein Glücksfall, wenn ein Kult-Autor Auskunft darüber gibt, was er liest und wie er es liest. Denn dann erklärt sich der Kult auch als Teil der Lektürearbeit, die immer ein Lektürespaß ist. Hornby definiert sich als nervöses System. Er kauft mehr, als er liest – und er zeigt, wie stark auch der Umgang mit ungelesenen Büchern, das Draufschauen, Hinlegen und Durchblättern das Wissen über Formen, Inhalte und Zusammenhänge dynamisiert. Hornbys Texte sind Modelltexte für popjournalistische Sammelbesprechungen. Sie sind durchnummeriert, immer werden mehrere Lektüren gleichzeitig abgehandelt. Gezeigt wird, dass Lesen immer sammeln, rekonstruieren und konstruieren bedeutet – also eine kreative Auseinandersetzung mit Texten, die nicht mit dem Abarbeiten kanonischer Lektürelisten zur Anhäufung von Bildungsgut verwechselt werden darf.

Jean Paul Richter: Leben des vergnügten Schulmeisterlein Maria Wutz in Auenthal. Eine Art Idylle [1790/91]. Stuttgart1980.

Vgl. Abschnitt 2.3

Jonas' Welt. Das Denken eines Kindes. Hrsg. von Reimara und Otto E. Rössler, Reinbek bei Hamburg 1994.

Vgl. Abschnitt 2.7.

Franz Kafka: Tagebücher. Hrsg. von Hans-Gerd Koch u. a., Frankfurt am Main 1990.

Vgl. Abschnitt 2.7

Harry Graf Kessler: Das Tagebuch. Stuttgart 2004 ff [angelegt auf 9 Bände].

Vgl. Abschnitt 2.7

Victor Klemperer: Ich will Zeugnis ablegen bis zum letzten, 8 Bde., Berlin 2001.

Vgl. Abschnitt 2.7

Alexander Kluge: Die Chronik der Gefühle. Frankfurt am Main 2003.

ders.: Verdeckte Ermittlung. Ein Gespräch mit Christian Schulte und Rainer Stollmann. Berlin 2001.

Alexander Kluge ist vielleicht der komplettteste Kulturjournalist, weil er die fortlaufende Beobachtung der Kultur in verschiedenen Medien betreibt (Buch, Film, Radio, Fernsehen), weil er immer mit mehreren Kulturbeobachtungsformen experimentiert (Prosaminiaturen, Abschriften, Anekdoten, Dokumentenanalyse, Bildinterpretationen, Interviews, Experimental- und Erzählfilm…), weil er die eigenen Beobachtungen beobachtet und die Ergebnisse fortlaufend in die eigenen Beobachtungen einbezieht. *Die Chronik der Gefühle* versammelt Texte aus vierzig Jahren in zwei Bänden mit insgesamt 2000 Seiten, die allesamt als Splitter verstanden sein sollen, von denen Kluge jeden einzelnen gesammelt hat, um kulturelle Lernprozesse zu verfolgen oder überhaupt erst in Gang zu setzen. In *Verdeckte Ermittlung* gibt er Auskunft über die Poetik, nach der sein Prinzip der Kulturbeobachtung funktioniert.

Siegfried Kracauer: Kino. Frankfurt am Main 1979.

ders.: Die Angestellten [1930]. Frankfurt am Main 1971.

Neben Walter Benjamin gehört Siegfried Kracauer zu den Schutzheiligen des vorliegenden Trainingsprogramms. Kracauer ist einer der kulturjournalistischen Hauptexperimentatoren der Weimarer Republik. In seinen Kinokritiken führt er die Kontextualisierung und Symptomatisierung von Filmen als journalistische Sozialforschung wie kleine Zaubertricks vor. Wer mit den Kritiken durch ist, sollte unbedingt das Bändchen *Die Angestellten* lesen, in dem Kracauer in einer Reihe von einzelnen Artikeln die Angestelltenkultur der zwanziger Jahre erforscht und in Modelltexten zeigt, wie man ganz heterogenes Recherchematerial in geschlossene kleine Erzählungen überführt, die zusammen wiederum eine große Gesellschaftsdiagnose ergeben.

Karl Kraus: Die Katastrophe der Phrasen. Glossen 1910–1918. Frankfurt am Main 1994.

Jeder Kritiker, der Karl Kraus liest, wird wohl – wenn er denn nur empfindlich genug ist – keinen Satz mehr schreiben können, ohne dass ihn Kraus dabei als unerbittliches Über-Ich begleitet. Die Kraus-Lektüre schult mindestens in dreierlei Hinsicht: Geschult wird *erstens* ein genaues Abklopfen von Texten, durch das sich hohle Stellen, leere Sätze, tumbe Phrasen, dumme Sentenzen finden lassen. Geschult wird *zweitens* eine ungeheure Vorsicht beim eigenen Schreiben, weil man selbst zu hohlen Stellen, leeren Sätzen und tumben Phrasen neigt. Geschult wird *drittens* eine Rhetorik der Wut, mit der man sich den hohlen Phrasen usw. anderer Autoren widmen kann. Und nicht zuletzt gibt es noch etwas ganz Besonderes zu bewundern: eine unglaubliche Energieleistung, mit der Kraus sein publizistisches Großprojekt *Die Fackel* zuerst gemeinsam mit anderen Autoren, schließlich allein vorangetrieben hat, um immer nur eins zu tun: die Kultur (für Kraus: die *Un*kultur) der Gegenwart zu lesen und sie mit Rotstift zu korrigieren.

Der Kulturbetrieb. Hrsg. von Andreas Breitenstein. Frankfurt am Main 1996.

Der Bestseller, der Literaturpreis, der Kongress, der Geheimtipp, der Konzertagent, der Rezensent, die TV-Literaturkritik, der Gedenktag… – in diesem Buch werden dreißig große Institutionen des Kulturbetriebs teils ironisch, teils zynisch symptomatisiert. Die Texte sind für eine Reihe in der *Neuen Zürcher Zeitung* geschrieben worden und damit natürlich auch Teil des Betriebs. Folgerichtig hätte in diesem Sammelband noch ein wichtiger Text stehen müssen: nämlich der über *Das Buch über den Kulturbetrieb*. Weil er fehlt, sollte man ihn nach der amüsanten Lektüre selbst schreiben. Immerhin kann man an den Texten lernen, wie man die skurrile Eigenart der Betriebskultur des Kulturbetriebs zuerst genau beobachten und dann prägnant zuspitzen kann.

Gotthold Ephraim Lessing: Briefe, die neueste Literatur betreffend [1759–1765]. Stuttgart 1986.

ders.: Hamburgische Dramaturgie [1767–1769]. Stuttgart 1996.

Man mag als Kritiker der Gegenwart die Augen verdrehen, wenn einem ausgerechnet Lessing als längst kanonisch gewordener Autor der Aufklärung empfohlen wird. Doch muss man ihn unbedingt neu lesen. Dann kann man von ihm lernen, wie man in großen journalistischen Projekten die Kultur der Gegenwart fortlaufend betrachtet und sich mit kulturellen Artefakten auseinander setzt, um die eigene Position (und damit die Position der Zeit) ebenso definitiv wie vorläufig zu formulieren. Die *Briefe* kümmern sich kontinuierlich essayistisch um Neuerscheinungen und um eine aktuelle Ästhetik, die fortlaufend durch innertextuelle, intertextuelle und extratextuelle Exkurse kontextualisiert werden. Die *Dramaturgie* ist als journalistisches Projekt entworfen worden, mit dem die konkrete Theaterarbeit beobachtet und kommentiert werden sollte, um sie über sich selbst aufzuklären.

Georg Christoph Lichtenberg: Aphorismen. Frankfurt am Main 2000.

Vgl. Abschnitt 2.7

Rolf Lindner: Walks on the Wild Side. Eine Geschichte der Stadtforschung. Frankfurt am Main, New York 2004.

Wenn die Leser im vorliegenden Trainingsbuch immer wieder in die Stadt geschickt werden, um zu beobachten, zu fixieren, zu kontextualisieren, zu symptomatisieren und zu erzählen, sollten sie das Buch von Rolf Lindner als eine Art Reiseführer mitnehmen. Denn es erzählt, wie die Stadt als Ort der Moderne eine moderne Form der Stadtbeobachtung hervorbringt – und damit dann auch eine moderne Form des Erzählens über die Stadt. Wenn Kritik mit diesem Beobachten und Erzählen verbunden ist, dann lässt sich die Geschichte, die Lindner erzählt, immer auch als Geschichte der Kritik lesen.

Sigrid Löffler: Gedruckte Videoclips. Vom Einfluss des Fernsehen auf die Zeitungskultur. Wien 1997.

Der Titel lässt es ahnen: Es ist ein kulturpessimistischer Essay der Herausgeberin der renommierten Zeitschrift *Literaturen*, die zur Zeit der Veröffentlichung des Bändchens noch Mitglied des *Literarischen Quartetts* (also Mitarbeiterin der TV-Unterhaltungsindustrie) war. Gegen die Entwicklung, dass es in der Literaturkritik immer weniger um Urteilskompetenz, kritische Fachmeinung und Urteilsbegründung geht, aber immer mehr „um die flotte Wortspende, [...] um das Testimonial, aber möglichst von jemanden, dem man aus dem Fernsehen kennt", empfiehlt die Kritikerin eine *flexible response* aus Widerstand und Anpassung.

Literaturkritik. Geschichte, Theorie und Praxis. Hrsg. von Thomas Anz und Rainer Baasner. München 2004.

Dieses Buch eignet sich als Begleitbuch für das Schreibtraining. Im ersten Teil verfolgen die Autoren die historische Entwicklung des „Projekts Literaturkritik" seit dem 18. Jahrhundert. Im zweiten Abschnitt listen sie die Anforderungen an eine gute Kritik auf und zeigen die Möglichkeiten, die man hat, wenn man als Mensch mit Universitätsdiplom Kritiker werden will. Interessant ist das Buch, weil es Anspruch darauf macht, Literaturkritik nur dann verstehen und betreiben zu können, wenn man sie selbst kritisch – und das heißt: in größeren historischen Kontexten und als kulturelle Praxis versteht.

Robert S. Lynd, Helen Merrell Lynd: Middletown. A Study In Modern American Culture. Orlando, Florida o. J.

Vgl. Abschnitt 4.4

Alberto Manguel: Tagebuch eines Lesers. Frankfurt am Main 2005.

ders.: Eine Geschichte des Lesens. Reinbek bei Hamburg 1999.

Manguel hat sich vorgenommen, seine alten Lieblingsbücher wiederzulesen: *Don Quichote*, einen Sherlock Holmes-Roman, Chamissos *Peter Schlemihl*, H.G. Wells *Insel des Dr. Moreau* usw. Eine Systematik gibt es nicht. Manguel ist, sagt er selbst, ein „eklektischer Leser". Die zwei Grundregeln aber sind: Jeden Monat ein Buch. Und jeden Monat aufschreiben, wie die Lektüre die Wahrnehmung der Welt verwandelt. So betreibt Manguel etwas, was man *inspirierte Kontextualisierung* nennen kann: Er lässt das Buch in der Jetztzeit wirken, um auf diese Weise mehr über sich, über die Gegenwart, vor allem aber auch über das Buch zu erfahren. *Inspirierte Kontextualisierung* – und um noch eine Formel zu finden, die mit diesem Lesespiel dem Kritiker als Leser aufgegeben ist und die man von Manguel lernen kann: *reflexive Vergegenwärtigung*. (Und wer Manguels *Geschichte des Lesens* dazu liest, kann lernen, wie diese individuelle Leseerfahrung immer kulturell vorgeprägt ist und wie man durch die Beobachtung der individuellen Erfahrung diese kulturelle Prägung erkennen kann.)

Marshall McLuhan: Die magischen Kanäle [1964]. Düsseldorf, New York 1992.

Wer sich nicht nur für den Wechsel von der Druckschrift zu den elektrischen Medien interessiert, sondern auch für eine Beobachtungs- und Schreibweise, die diesen Medienwechsel an sich selbst vollzieht (indem sie sich durch ein impulshaftes Denken steuern und durch die unmittelbare Erfahrung neuer Medien elektrisieren lässt), sollte unbedingt McLuhan lesen. In den *Magischen Kanälen*, die erstmals 1964 erschienen sind, schreibt er funkelnde kleine Essays über alle nur denkbaren Medien, zu denen das Radio ebenso wie das Auto, die Handschrift ebenso wie die Kleidung gezählt wird. McLuhan ist zum wohl meist zitierten Medientheoretiker geworden, weil er es immer darauf anlegt, das Beobachtete auf Pathosformeln zuzuspitzen, die den Leser selbst elektrisieren sollen. „The Medium is the Message" ist die bekannteste. Der Kritiker lernt mit McLuhan, wie man sich das Denken und das Schreiben elektrisieren lässt und damit der kulturellen Wirkungsmacht von Medien nachspürt.

Ulrich Oevermann: Beckett's ‚Endspiel' als Prüfstein hermeneutischer Methodologie. Eine Interpretation mit den Verfahren der objektiven Hermeneutik (Oder: Ein objektiv-hermeneutisches Exerzitium). In: Neue Versuche, Becketts Endspiel zu verstehen. Sozialwissenschaftliches Interpretieren nach Adorno. Hrsg. von Hans-Dieter König. Frankfurt am Main 1996, S. 93–251.

Vgl. Abschnitt 5.1

Horst W. Opaschowski: Deutschland 2010. Hamburg 2001.

Opaschowski betreibt „Zukunftsforschung", um Zukunftsalternativen und Handlungsoptionen zu entwickeln. Dafür beobachtet er (mit der Logistik seines Hamburger Freizeitforschungsinstituts) die Kultur der Gegenwart über quantitative Befragungen und über die qualitative Auseinandersetzung mit einzelnen symptomatischen Entwicklungen. Die Interpretation, die in einzelnen Aufsätzen, Büchern und eben auch in dieser Zukunftsstudie dokumentiert werden, können Kritiker gut gebrauchen. Denn in ihnen wird eine brauchbare Methode der Bestimmung von mittelfristigen und langfristigen Veränderungen der Kultur vorgeführt. Mit ihrer Hilfe lassen sich die Gegenstände, mit denen man sich beschäftigt, probeweise als Symptom der kulturellen Entwicklung bestimmen.

Hanns-Josef Ortheil: Das große Fest der Schrift. Aufzeichnungen zum Literaturfestival ‚Prosanova'. Hildesheim 2005.

Vgl. Abschnitt 2.7

Wolfgang Pauser: Dr. Pausers Autozubehör. Zürich 1999

ders.: Dr. Pausers Werbebewusstsein. Texte zur Ästhetik des Konsums. Wien 1995.

Vgl. Übung 14

Stephan Porombka: Gemengelagen lesen. Plädoyer für einen kulturwissenschaftlichen Umgang mit Literaturkritik. In: Zeitschrift für Germanistik. Neue Folge XV – 1/2005, S. 109–121.

In diesem Essay wird das Programm, das dem Trainingsbuch zugrunde liegt, etwas umfassender erläutert. Gezeigt wird, warum der literaturwissenschaftliche Umgang mit Literaturkritik kulturwissenschaftlich grundiert und an der Praxis ausgerichtet werden sollte. Während der alte germanistische Umgang mit unscharfen und unpraktikablen Begriffen wie „Gerechtigkeit" operiert und auf den Dienst am Werk angelegt ist, öffnet der kulturwissenschaftliche Zugang den Blick für die Kritik als operative Literatur innerhalb komplexer kultureller Gemengelagen. Die Einübung in die Praxis ermöglicht, diese Gemengelagen und die operative Ausrichtung von literaturkritischen Texten selbst zu erkunden und damit an anderen Texten besser zu verstehen.

Stephan Porombka, Kai Splittgerber: Über Theater schreiben. Werkstattgespräche mit Theaterkritikern. Hildesheim 2005.

Versammelt sind hier sieben ausführliche Interviews, die – wie es im Vorwort heißt – etwas über die kreativen Prozesse in Erfahrung bringen wollen, die dem Schreiben von Kritiken zugrunde liegen. Die Kritiker werden nicht nur über ihren individuellen Zugriff befragt, sondern über die Probleme, die sich ergeben, wenn man ins Theater muss, im Theater sitzt und hinterher darüber schreiben muss. Im umfangreichen Nachwort wird gezeigt, was eine kulturwissenschaftlich orientierte Theaterkritik über die Beschäftigung mit einzelnen Inszenierungen hinaus für die Beschreibung der Gegenwart leisten kann.

Positionen der Literaturkritik. (Sonderheft der Zeitschrift Sprache im technischen Zeitalter). Hrsg. von Norbert Miller und Dieter Stolz. Köln 2002.

Hier sprechen die Kritiker selbst. Zwar sind es keine Werkstattgespräche, in denen sie sich über das befragen lassen, was sie wirklich tun, wenn sie lesen und schreiben. Aber immerhin sind es Statements, die auf einem Podium abgegeben wurden, damit ein Überblick über die aktuellen Zugriffsmöglichkeiten der Literaturkritik auf ihren Gegenstand ermöglicht wird.

Raymond Queneau: Stilübungen. Frankfurt am Main 1985.

Vgl. Übung 20

Wolfgang Rademacher: Akute Literatur. Berlin 2003.

Vgl. Abschnitt 2.3

Marcel Reich-Ranicki: Lauter Verrisse. Stuttgart 1990.

Reich-Ranicki erzählt gern, dass er ein Buch mit lauter Verrissen und eins mit lauter Lobreden zusammengestellt hat. Am besten verkauft hat sich das mit den Verrissen. Beweisen will er mit dieser Statistik nicht zuletzt, dass man sich zwar gern über seine Vernichtungsunternehmen aufregt, aber wegen ihrer großen Unterhaltsamkeit doch lieber den Hinrichtungen beiwohnen möchte. Reich-Ranicki führt vor, dass Verrisse zuweilen grob mit ihrem Gegenstand umgehen und simplifizieren müssen, dass sie aber eben auch äußerst fein gearbeitet sein müssen, um ihre Wirkung zu entfalten.

Marcel Reich-Ranicki: Die Anwälte der Literatur. München 1992.

Der Großkritiker schreibt über Großkritiker und führt dabei nicht nur in die Technik des literarischen Porträts ein. Auch schreibt er anhand der großen Namen und großen Projekte eine kleine Geschichte der literarischen Öffentlichkeit und ihrer Betriebsprobleme. Das Programm das Reich-Ranicki verfolgt, ist das eigene: Essay für Essay plädiert er für Kennerschaft, für den bewusst reduzierenden Zugriff, für die zuspitzende, die kämpferische Auseinandersetzung mit der Literatur der jeweiligen Gegenwart. Auch wenn man auf Reich-Ranicki idiosynkratisch reagiert, so bleibt es doch dabei: Das hier sind Modellkritiken, an denen sich sehr viel lernen lässt.

Holger Rust: Trend-Forschung. Das Geschäft mit der Zukunft. Reinbek bei Hamburg 1996.

Vgl. Abschnitt 4.4

Michael Rutschky: Auf Reisen. Ein Fotoalbum. Frankfurt am Main 1986.

ders.: Berlin. Roman einer Stadt. Berlin 2001.

Rutschky bringt mit diesen Bänden seine kulturjournalistische (und damit kritische) Methode auf den Punkt. Er gehört zur Familie der Flaneure, die sich wie unter Zwang durch Städte und Landschaften (aber auch auf Partys oder in Kneipen) bewegen, um so etwas wie eine „Ethnografie des Inlands" zu entwickeln (so lautet der Titel eines anderen Buches von Rutschky, das dem Kritiker ebenfalls zu empfehlen ist). Dabei nimmt er punktuell auf, was zu sehen ist, verwandelt es in Snapshots, die er dann einer Imaginationsarbeit unterzieht: Rutschky spinnt die Bilder aus, um ihre kulturelle Symptomatik von innen nach außen zu drehen. Deshalb gibt es kaum ein Buch von ihm, das ohne Fotografien auskommt, die er selber schießt. Daneben stehen dann die Texte, die Ergebnis der Imaginationsarbeit sind. Breitet man alle Bände vor sich aus, die Rutschky in den letzten dreißig Jahren geschrieben hat, hat man ein großes Bild-und-Text-Mosaik als Röntgenbild der Kultur der alten und neuen Bundesrepublik vor sich.

Edmund Schalkowski: Rezension und Kritik. Konstanz 2005.

Schalkowski kümmert sich vor allem um die Auseinandersetzung mit den Künsten (und lädt dafür einzelne Kritiker ein, die aus ihrer jeweiligen Rezensions- und Besprechungspraxis berichten). Zentrale Idee des Buches ist, Kunstwerke *von innen her, in ihrer Eigengesetzlichkeit* zu verstehen. Folgerichtig entfaltet Schalkowski zuerst die Grundbegriffe der Kunst, aus denen dann die Grundbegriffe der Kunstkritik abgeleitet werden.

Friedrich Schiller: Über naive und sentimentalische Dichtung [1795]. Stuttgart 1970.

Als Philosoph wird Schiller gern überschätzt. Als Literaturkritiker wird er unterschätzt. Wer *Über naive und sentimentalische Dichtung* als literaturkritischen Essay liest, kann das endlich geraderücken. Denn dann wird er zu einem Modelltext, der die Orientierungs- und Werbefunktion der Kritik vorbildlich in Szene setzt: 1. *Attraktive Labels erfinden!* „Naiv" und „sentimentalisch" erfüllen in Schillers Text genau die Funktion, die heute der Zusatz „Pop" hat: Eigentlich fassen die Kategorien nichts Bestimmtes. Aber jeder weiß sofort, was mit ihnen gemeint ist. *2. Das Durcheinander im Betrieb ordnen!* Mit „naiv" und „sentimentalisch" setzt Schiller ein literaturgeschichtliches Modell ein, um den unübersichtlichen Literaturmarkt der Gegenwart zu ordnen und klare Orientierungen zu geben. *3. Die eigene Ästhetik hypen!* Der Essay ist eine Kampfschrift, mit der Schiller sich selbst und den Bündnispartner Goethe an der Spitze (und das heißt: auf dem Gipfel) der Literaturgeschichte platzieren will. – Ein Klassiker…für Kritiker!

Jan Schmidt: Weblogs. Eine kommunikationssoziologische Studie. Konstanz 2006.

Vgl. Abschnitt 7.3

Gerhard Schulze: Die Erlebnisgesellschaft. Kultursoziologie der Gegenwart. Frankfurt am Main, New York 1992.

Vgl. Übung 22

Eckhard Schumacher: Gerade Eben Jetzt. Schreibweisen der Gegenwart. Frankfurt am Main 2003.

Im Suhrkamp-Verlag sind rund um die Jahrhundertwende einige Bücher erschienen, die sich auf eine faszinierte Weise mit der Popkultur auseinandersetzen. Das Buch von Schumacher gehört dazu. Es lässt sich fast als Begleitbroschüre zum Verlagsprogramm lesen. Man spürt es an der Schreibweise, die selbst immer seriös, aber eben auch Pop sein will. Was Schumacher (vor allem im ersten großen Kapitel) sehr genau an literarischen und kulturjournalistischen Texten herausarbeitet, sind die Regeln einer Jetztzeit-Rhetorik, durch die signalisiert werden soll, dass alles, was man tut und schreibt, „gerade eben jetzt" stattfindet.

Jürgen Schutte: Einführung in die Literaturinterpretation. Stuttgart 1990.

Vgl. Abschnitt 5.1

Gustav Seibt: Literaturkritik. In: Grundzüge der Literaturwissenschaft. Hrsg. von Heinz Ludwig Arnold und Heinrich Detering, München 1997, S. 623–637.

Vgl. Abschnitt 2.2

Benjamin von Stuckrad-Barre: Soloalbum. Roman. Köln 1998.

ders.: Remix. Texte von 1996–1999. Köln 1999

ders.: Liverecordings. Gelesen von Benjamin von Stuckrad-Barre. Mit Gastauftrittseinsprengseln von Christian Kracht, Harald Schmidt und Christian Ulmen. CD, 1999.

Vgl. Abschnitt 4.5

Rudolf Stöber: Deutsche Pressegeschichte. Von den Anfängen bis zur Gegenwart. Konstanz 2006.

Wenn Kritik die Kultur in der Gegenwart, durch die Gegenwart für die Gegenwart beobachtet, dann tut sie das in der Gutenberg-Galaxis vor allem durch die Medien Zeitung und Zeitschrift. Was Kritik ist, wird durch diese Medien definiert. Die Bedingungen der Formatierung wandeln sich. Damit wandelt sich natürlich auch das Verständnis von Kritik. Und weil der Kritiker diese Abhängigkeit seines Tuns und seines Selbstbildes von der Medienentwicklung und der Medienpolitik immer mit bedenken muss, gehört die *Pressegeschichte* von Rudolf Stöber für ihn zur Pflichtlektüre.

Anselm Strauss/Juliet Corbin: Grounded Theory: Grundlagen Qualitativer Sozialforschung. Weinheim 1996.

Vgl. Abschnitt 3.4

Klaus Theweleit: Buch der Könige. Bd. 1: Orpheus und Eurydike. Frankfurt am Main 1988.

Von Klaus Theweleit kann man als Kritiker lernen, wie sich die interpretative Auseinandersetzung mit Texten aller Art (vom *Sonett an Orpheus* bis zum Songtext von Elvis Presley, vom Hamsun-Roman und Ernst Jünger-Essay bis zum Comicstrip) der psychoanalytischen Selbstreflexion annähern lässt. Theweleit selbst erzählt, dass er nur liest, wenn die Schreibmaschine oder der Computer daneben steht, damit er fortlaufend kommentieren kann, was er liest, und alle Assoziationen, die ihm durch den Kopf gehen, fixieren kann. Die Bücher, die er schreibt, sind folglich voluminöse Arbeiten, die sich Themen widmen, die mit dem Schreibenden selbst zu tun haben: *Männlichkeit* und *Macht*. Faszinierend aber ist noch etwas anderes: Theweleit sammelt Bilder aus Zeitungen, Zeitschriften, Comics, Kunstbänden, Biografien etc., um sie so assoziativ in seine Texte einzufügen, dass die spezifische Symptomatik der besprochenen Gegenstände geradezu emblematisch eingefangen wird. Seine Bücher werden damit zu selbstreflexiven Kulturjournalen, die an der individuellen Auseinandersetzung immer das Große und Ganze fassen wollen.

Gert Ueding: Rhetorik des Schreibens. Eine Einführung. Königstein/Ts. 1985.

Die Einführung enthält zwar nur ein stichpunktartig abgefasstes Kapitel zum Schreiben von Kritiken. Doch lohnt sich die Lektüre des ganzen Buches, weil sie der Fixierung entgegenwirkt, unter der Auseinandersetzungen mit Kritik sehr oft leiden: Die Grundregeln der Kritik werden hier nämlich nicht am Problem der Gerechtigkeit, an Fragen der Werkimmanenz oder im Hinblick auf einen „guten" Journalismus vorgeführt, sondern im System der Rhetorik kontextualisiert. Folgerichtig wird Kritik als spezifische Form des „wirkungsbezogenen Schreibens und Redens" verstanden – was jeden Kritiker dazu zwingt, das eigene Tun stärker von außen her (statt vom Inneren des Werks her) zu bestimmen.

Enrique Vila-Matas: Bartleby & Co, Zürich 2001.

Vgl. Abschnitt 2.3

Rolf Vollmann: Die wunderbaren Falschmünzer. Roman-Verführer 1800–1930. Frankfurt am Main 1997.

Vgl. Übung 11

Günter Waldmann: Produktiver Umgang mit Literatur im Unterricht. Grundriss einer produktiven Hermeneutik. Theorie, Didaktik, Verfahren, Modelle. Hohengehren 2004.

Dass man über Literatur etwas lernen kann, wenn man selbst schreibt (und das heißt, Texte mitschreibt, nachschreibt und weiterschreibt), ist eine Überzeugung, die sich vor allem in schulischen Zusammenhängen entwickelt hat. Günter Waldmann entwickelt aus diesen Zusammenhängen heraus die theoretischen Grundlagen und führt Anwendungsmöglichkeiten vor. Für die Kultur- und Geisteswissenschaften, aber auch die Ausbildung von Journalisten steht eine solche Grundlegung noch aus. Immerhin kann sich, wer davon überzeugt ist, dass das Schreiben (und das Verständnis von Geschriebenem) mit der Verbindung von Theorie und Praxis arbeiten muss, von Waldmanns Buch inspirieren lassen.

Was vom Tage bleibt. Das Feuilleton und die Zukunft der kritischen Öffentlichkeit in Deutschland. Hrsg. von Thomas Steinfeld. Frankfurt am Main 2004

Sammlung der Beiträge einer Tagung, auf der Redakteure und Autoren des deutschen Feuilletons über die Schwierigkeiten diskutiert haben, den Kulturjournalismus gegen die Beliebigkeit, gegen die Politisierung und vor allem gegen Einsparungsmaßnahmen zu retten. Die Stimmung war nicht besonders gut... Der Band gibt einen guten Überblick über den Stand der Dinge.

Peter K. Wehrli: Katalog von Allem. 1111 Nummern aus 31 Jahren. München 1999.

Vgl. Abschnitt 3.2.

Hubert Winkels: Gute Zeichen. Deutsche Literatur 1995–2005. Köln 2005.

Eine Sammlung von äußerst präzisen Kritiken (und ein paar ergänzenden Essays zur Literaturkritik, zum Literaturbetrieb, zum Literaturhaus), von denen die meisten in der *Zeit* erschienen sind. Winkels engagiert sich wie kaum ein anderer dafür, die Auseinandersetzung mit dem Werk in den Vordergrund zu stellen und alle betrieblichen Show-Effekte weitgehend auszublenden. Winkels' Kritiken eignen sich deshalb als Modelltexte, an denen man sehen kann, wie sich Gegenstand und individueller Zugriff genau ausbalancieren lassen.

Emile Zola: Frankreich. Mosaik einer Gesellschaft. Unveröffentlichte Skizzen und Studien. Wien, Darmstadt 1990.

Vgl. Abschnitt 2.7.

Register

M

N

O

P

Q

R

S

T

U

V

W

Y

Z

pro Studium

Walter Hömberg,
Renate Hackel-de Latour (Hg.)
Studienführer Journalismus, Medien, Kommunikation
2005, 624 Seiten, broschiert
UTB 2711
ISBN 3-8252-2711-1

Bernd Klammer
Empirische Sozialforschung
Eine Einführung für Kommunikationswissenschaftler und Journalisten
2005, 346 Seiten
UTB 2642
ISBN 3-8252-2642-5

Rainer Kuhlen
Informationsethik
Umgang mit Wissen und Information in elektronischen Räumen
2004, 444 Seiten, broschiert
UTB 2454
ISBN 3-8252-2454-6

Wulf D. von Lucius
Verlagswirtschaft
Ökonomische, rechtliche und organisatorische Grundlagen
2005, 368 Seiten, broschiert
Mit zahlreichen Abbildungen und Übersichten
UTB 2652
ISBN 3-8252-2652-2

Michael Meyen
Mediennutzung
Mediaforschung, Medienfunktionen, Nutzungsmuster
2004, 302 Seiten, broschiert
UTB 2621
ISBN 3-8252-2621-2

Lothar Mikos
Film- und Fernsehanalyse
2003, 368 Seiten, broschiert
UTB 2415
ISBN 3-8252-2415-5

Lothar Mikos, Claudia Wegener (Hg.)
Qualitative Medienforschung
Ein Handbuch
2005, 616 Seiten, gebunden
UTB 8314
ISBN 3-8252-8314-3

Marion G. Müller
Grundlagen der visuellen Kommunikation
Theorieansätze und Analysemethoden
2003, 304 Seiten, broschiert
UTB 2414
ISBN 3-8252-2414-7